求·是·书·系 ▨ 新闻与传播硕士

丛书主编 ◎ 王哲平

本书受浙江工业大学首批创新团队项目资助

新媒体
与社会舆情

NEW MEDIA

AND

SOCIAL SENTIMENT

韩素梅 等 — 著

ZHEJIANG UNIVERSITY PRESS
浙江大学出版社
·杭州·

前　言

本研究尝试将舆情分析与新媒体研究及社会变迁进行对接；强调新媒体背景下舆论向着舆情的范式转换，强调传播泛化与社会参与、社会治理的深度连接。传统媒体的特质决定了舆论的理性、整合及官方特征，新媒体背景下舆论走向新的范式，在传播速度、传播范围和传播特征的变化之外，舆论的情绪导引以及难以把控的特性都越加明显。与此同时，全球范围内传播技术、新媒体资本在不断扩张，全球、国家民族、地方范围内多层级、跨领域的社会风险及社会的自我保护等也频繁发生。

以上背景决定了对新媒体与舆情的理解不应仅仅局限于技术主导引发的传播范式转换，更需关注宏观社会语境下民众权利意识、政府管理模式、全球网络社会的形成等因素。对新媒体背景下的舆情关注也是对群体与社会、群体与政府、人类与自然等相互关系的关注。只有在这样的前提下，才能更好地理解新媒体背景下的社会舆情，寻找到更加切合民情、切合新媒体传播特征、应对社会公共危机的社会治理模式。

本研究以案例为纲，每一章通过具体案例分析某一类型的舆情特征、内涵及应对得失；涉及的理论或理念包括风险社会、话语理论、社会治理、"双向运动"和公共危机管理理论等。在舆情分析方面，各章涉及的主要内容有：舆情与风险社会、群体性事件、谣言、"意见领袖"、媒体审判以及舆情的性别视角与阶层议题、舆情回应、大数据等。基本上，本研究尽可能包罗新媒体与舆情研究的背景、产生过程、形态特征及不同视野如阶层与性别视野的观察，也关照到大数据与政府应对等的实践；尽可能在理论分析与实践策略之间有所平衡，以期在理论的深入与实践的浅出中均有价值。

本研究第一、二、七、八、九章为韩素梅执笔；第三、第四、五、六章的初稿由章叶菲、方子民、陶陶、秦海珍分别撰写，并由韩素梅修改、统筹、定稿。

目　录

第一章　新媒体与社会舆情 ·· 1

一、新媒体与社会舆情的关系 ·· 1

二、新媒体背景下社会舆情的类型 ·· 9

三、新媒体背景下社会舆情的特点与热点 ··································· 17

第二章　舆情、媒体建构及风险社会 ····································· 28

一、案例：山东问题疫苗舆情事件 ·· 28

二、舆情传播与媒体角色 ·· 37

三、社会舆情与风险社会 ·· 47

第三章　群体性事件与新媒体舆情 ······································· 54

一、案例：北京家长抵制"毒跑道"事件 ····································· 54

二、群体性事件 ·· 58

三、群体性事件的新媒体演化机制 ·· 67

第四章　谣言与新媒体舆情 ··· 72

一、案例："吃酸菜鱼感染 SB250 病毒死亡"谣言传播事件 ·················· 72

二、新媒体与谣言传播 ·· 80

三、舆情与谣言 ·· 87

第五章　"意见领袖"与新媒体舆情 ······································ 97

一、案例：崔永元与转基因话题 ·· 97

二、新媒体与意见领袖 ·· 106

三、意见领袖对新媒体舆情的触发与延展 ··································· 114

第六章　"媒介审判"与新媒体舆情 ················· 119

一、案例：湖南产妇事件与医患矛盾事件 ············· 119

二、关于"媒介审判" ····························· 125

三、舆情与"媒介审判" ··························· 131

第七章　性别议题与新媒体舆情 ················· 139

一、与性别有关的舆情案例 ······················· 139

二、舆情的性别视角 ····························· 149

三、舆情空间的多样化 ··························· 161

第八章　阶层议题与新媒体舆情 ················· 169

一、案例：上海女孩逃离江西农村及其他 ············· 169

二、与阶层有关的舆情特点 ······················· 179

三、舆情与社会进程 ····························· 186

第九章　新媒体舆情的应对法则与理念 ··········· 194

一、新媒体舆情的应对法则 ······················· 194

二、舆情回应的理念 ····························· 204

三、大数据及多方协调 ··························· 215

参考文献 ··································· 218

图目录

图 1-1　象形字"舆" ··· 1
图 1-2　人民网舆情频道栏目设置 ······························· 9
图 1-3　中国舆情网栏目设置 ···································· 10
图 1-4　新华网舆情频道的栏目设置 ··························· 10
图 1-5　中青在线舆情频道栏目设置 ··························· 10
图 1-6　不同类型网络舆情的政府应对策略 ··················· 17
图 1-7　2010—2014 年舆情事件的集中领域 ·················· 20
图 1-8　2007 年重庆市民吴苹、杨武夫妇拒绝拆迁的房子 ······ 24

图 2-1　澎湃新闻新浪微博截图 ·································· 31
图 2-2　百度指数关于山东疫苗的整体趋势图 ················· 32
图 2-3　百度指数关于山东疫苗在 PC 端的指数趋势 ··········· 32
图 2-4　百度指数关于山东疫苗在移动端的指数趋势 ··········· 33
图 2-5　"问题疫苗事件"发文公众号行业分布 ················· 33
图 2-6　"问题疫苗"话题公众号意见领袖 ····················· 34
图 2-7　"问题疫苗事件"相关公众号热点文章 Top10 ··········· 35
图 2-8　澎湃新闻新浪微博关于疫苗的部分话题 ··············· 41

图 3-1　2016 年 6 月 23 日网络新闻、论坛及微博涉及"毒跑道"的统计 ····· 55
图 3-2　百度指数关于"毒跑道"检索指数的整体趋势 ··········· 55
图 3-3　2016 年 6 月 2 日温言公众号标题截图 ··············· 69

图 4-1　@健康肇庆官方微信截图 ······························ 73
图 4-2　"吃酸菜鱼感染 SB250 病毒死亡"的谣言事件时间分布图 ······ 75
图 4-3　《人民日报》关于《谣与防谣　都有新变化》的调查 ······ 81

图 5-1 人民网舆情监测室 2013 年 9 月 7 日至 13 日转基因相关话题媒体关 注度监测截图 …………………………………………………… 103

图 6-1 湖南湘潭产妇死亡事件网友观点倾向性(抽样:198 条) ………… 123

图 7-1 "读秀"收录的近十余年"女司机"的报道量 ………………… 145
图 7-2 2000 年以来民用车保有量统计表 ……………………… 145
图 7-3 近年中国网民性别结构比 ………………………………… 151
图 7-4 《中国妇女报》2017 年 2 月 13 日新浪微博截图 …………… 160
图 7-5 三个舆论场 …………………………………………… 166

图 8-1 "有点想分手了"帖子所附图片 …………………………… 170
图 8-2 "上海女孩逃离江西"舆情过程 …………………………… 173
图 8-3 1990—2016 年中国基尼系数 ……………………………… 187

图 9-1 @古宣发布 2017 年 2 月 25 日引发争议的官微截图 ………… 202
图 9-2 @古宣发布 2017 年 2 月 26 日继续引发争议的官微截图 ……… 202

表目录

表 1-1　近年舆情热点事件省域(前五位)分布情况 ……………………… 19

表 2-1　澎湃新闻新浪微博 2016 年 3 月 18 日微博发布情况 …………… 31

表 4-1　勒莫的"幼虫—蛹—成虫"的三段式社会理论 ……………… 76
表 4-2　微信安全中心发布的 2016 年度谣言 Top10 ………………… 83

表 5-1　崔永元腾讯微博 2013 年 9 月 8—11 日发布情况 …………… 99
表 5-2　崔永元 2014 年两会期间新浪微博摘录 ……………………… 104

表 7-1　2016 年中国"剩女"最多十大城市新房均价 ………………… 153

表 8-1　阶层议题的舆情归类 ………………………………………… 190

第一章 新媒体与社会舆情

一、新媒体与社会舆情的关系

1.舆论、舆情

舆情并不是什么新鲜事,自古有之。

要解释舆情,先从"舆"字说起。"舆"是象形字,如图 1-1,车的周围有四只手,指合力造车,本义是车厢,也指地位低下的人;在《广雅》中"舆"就有了"多"的意思,后来引申为众人之论。

图 1-1 象形字"舆"

从车厢延伸到众人,"舆"就与现今的"舆论""舆情"有了直接关联,如《左传·僖公二十八年》中有"听舆人之诵";在《晋书·王沈传》有"自古圣贤,乐闻诽谤之言,听舆人之论"的说法,"舆人"就是普通百姓或众人的意思。"舆论"的说法最早见于《三国志·魏·王朗传》:"没其傲狠,殊无人志,惧彼舆论之未畅者,并怀伊邑。"其后见于《梁书·武帝纪》:"行能臧否,或素定怀抱,或得之舆论。"这里"舆论"就是公众的言论意见。舆情也与众人(普通百姓)的议论有关,如"不恰舆情"。清人郑观曾在《商务叹》中写道:"轮船电报开平矿,创自商人尽商股……总办商董举自官，不依商律自商举……不恰舆情无是非，事事输入糜费巨。"不恰舆情"指这事的民间口碑不好。

舆论、舆情，就是舆论情况、舆论情绪，按照"舆"的原义，既包含了参与议论者众多，也包含了议论者社会地位较低。议论什么？舆情这个概念并没有解释，因此，"舆情"这个说法似乎更注重"谁"在议论，而不管议论什么。因此，舆情的主体相对清楚——人数较多的普通民众。舆情的指向则有无限张力——可能是正面的，也可能是负面的，正面如"有口皆碑""交口称誉"，负面如"人言可畏""流言蜚语"。舆情会有误判，它甚至会积毁销骨、三人成虎；舆情会有力量，如人人喊打的情况下，"老鼠"不敢过街。

当今的舆论、舆情既与古代的舆论、舆情相似，也有不同。相似在于均强调众人之论；不同在于现今的舆论舆情更与全球范围的社会监督、民主政治、社会治理等紧密相关，还与信息传播技术的普及程度相关。卢梭在《社会契约论》中认为，"在全世界一切民族中，决定人民爱憎取舍的绝不是天性而是舆论"，在现代国家或国际生活中，舆论成为一个常用词，并且与大众传媒关系紧密，而舆情潮流则与新媒体相伴相随。

舆论往往涉及新闻机构的功能，李普曼认为：

> 新闻机构……像一道躁动不安的探照灯光束，把一个事件从暗处摆到了明处再去照另一个。人们不可能仅凭这样的光束去照亮整个世界，不可能凭着一个一个插曲、一个一个事件、一个一个突如其来的变故去治理社会。他们只有靠着一道稳定的光束——新闻机构——去探索，让这光束对准他们，使一种局势足够明了，以便大众作出决定。①

哈贝马斯也关注舆论与新闻传播机构的关系，他以"公共领域"的理念探讨大众传媒创造公共议题、形成大众共识的功用。

舆论与舆情在技术环境与内涵特征上明显不同。与舆论相比，舆情更具有互联网的基因，因而，我们常常听到"网络舆情"的说法。刘毅把网络舆情界定为："通过互联网表达和传播的各种不同情绪、态度和意见交错的总和。"②与此类似的看法的还有马映红、东磊等——即网络舆情是民众情绪、态度和认知的集合。③ 丁柏铨认为，网络舆情"是在网络环境中形成或体现的舆情即民意情

---

① ［美］沃尔特·李普曼：《公众舆论》，阎克文、江红译，上海人民出版社 2002 年版，第 287 页。
② 刘毅：《网络舆情研究概论》，天津人民出版社 2007 年版，第 49—50、53 页。
③ 马映红：《网络舆情的基本特点、演变机理与社会效应》，《学习月刊》2010 年第 4 期，第 117—119 页；东磊：《网络舆情的三个基本问题研究》，《辽宁行政学院学报》2010 年第 9 期，第 174—176 页。

况"①。姜胜洪则强调网络舆情的网民政治态度："网络舆情是指在网络空间内，围绕中介性社会事项的发生、发展和变化，网民对执政者及其政治取向所持有的社会政治态度。"②但本研究不采纳网络舆情这一定义，原因是这一说法只是将舆情限定于网络空间，但新媒体背景下的舆情却多数由新媒体牵引、激发、放大，并带动传统媒体介入，从而形成线上线下交融、更加广泛的社会舆论与情绪反应。新媒体舆情赋予参与主体——普通大众以更多的话语机会；它赋予参与方式以更多的灵活特性；它的议题类型也比大众传媒时代范围更广；它的传播过程也更加不可控……可以说，新媒体舆情不只是舆论的技术环境发生了变化，它更是舆论范式的转换，是普通民众社会参与、文化参与、政治参与的新方式。

除依托或生成的技术环境的不同，有学者认为"舆论""舆情"还有内涵的不同。"舆论"指众人之言论，往往意见纷呈杂乱，不一定能够形成共意。"舆情"则相对集中，是众人的意见、态度、情感、情绪等经过一段时间的共鸣共振后所形成的共同意志和集体性情绪，即"民众的意愿"。③"舆情"包含有舆论没有的两个重要内涵：其一，舆情是"一定范围社会公众的共同意志"；其二，舆情具有"鲜明的情绪性因素"。④普通舆论似乎也涉及情绪，但"舆情"之"情"的确不可忽视，它既可以是情绪，也可以是情势。不过，总体上舆论与舆情内涵常常相叠，舆情未必意见统一，舆论也未必没有情绪。舆情的英文对应词常译为 public opinion，但也有译成 public emotion 或 public sentiment 的情况，舆情之"情"比舆论之"情"多出多少，难以衡量。

总之，在新媒体背景下，舆论的情绪集聚才有更大可能。因此，本研究中虽然舆论、舆情常常互用，但有时以舆情指涉舆论的情绪特征，比如同情、愤怒、谴责、焦虑等，而且此类情绪多数属于负面情绪；有时也用舆论指涉舆情介入社会议题的论辩色彩。

2. 新媒体与麦克风

"人人都有麦克风"是对新媒体影响话语权分配的概括，新媒体成为社会舆情产生的重要窗口和技术基础，它为各类事件的发布、普通大众的话题参与等提供了新的出口，也在更大范围内与社会认知、态度转变、情绪鼓动、社会动员

① 丁柏铨：《论网络舆情》，《新闻记者》2010 年第 3 期，第 4—8 页。
② 姜胜洪：《我国网络舆情的现状及其引导》，《广西社会科学》2009 年第 1 期，第 1—4 页。
③ 王来华等：《对舆情、民意和舆论三概念异同的初步辨析》，《新视野》2004 年第 5 期，第 64—66 页；梁兴国：《网络舆情与社会冲突治理》，《上海财经大学学报》2012 年第 3 期，第 36 页。
④ 梁兴国：《网络舆情与社会冲突治理》，《上海财经大学学报》2012 年第 3 期，第 36 页。

甚至政策调整等建立起越加紧密的关系。它与传统大众媒体一道构成了当下两个主要的舆论场，并与传统媒体一道以融合媒体、融合新闻、融合事件、融合社会动员等的方式形成一场又一场的舆情热点。

近年，新媒体成为舆情首发媒体的态势已经不容忽视，人民网舆情监测室统计 2010 年至 2014 年间具有全国影响的网络舆情事件首发主体，发现以微博、微信、新闻网站、论坛、视频网站为代表的新媒体每年占比均接近或超过50%。① 从常见的舆情看，舆情的核心技术常常有上传信息、图片或视频链接、标题党、争取传统媒体报道介入、制造争论、@舆论领袖、病毒式传播、机构策划介入等。由此可见，新媒体与社会舆情之间的关系已经非常紧密。

然而，新媒体之"新"是动态变化的。相对于传统媒体，以互联网为技术基础的似乎都可以称为新媒体，但随着互联网技术的更新换代，新媒体的内涵也在不断变化。因此，新媒体呈现出多种形态、特征，有些新媒体与传统媒体的关系十分紧密，如传统媒体的新媒体平台，人民网、新华网、澎湃网及其相关官方微博；还有传统门户网站如新浪、腾讯等；也有更具民间性质的网络论坛等。一般的"新媒体"基本指向"两微一端"——微博、微信、手机客户端，但更新的新媒体也包含"知乎"、"A站""B站"弹幕、网络电台、网络直播和笔记类分享应用等。

近年移动互联网技术及智能手机的普及又推动新媒体"麦克风"功能的泛化与深化。所谓泛化是指舆情参与者更加广泛，舆情涉及的议题更加广泛，舆情影响范围无远弗届，如舆情反腐、司法公正、教育公正、校园霸凌、环境污染、食品安全、性别议题等；所谓深化是指舆情与社会情绪情感、社会认知判断、社会认同归属等建立起较为完整的互动过程。

新媒体成为普通大众的"麦克风"并非只因技术的触发，它同时还与普通民众权利意识的增强有关，如"史上最牛钉子户"的事件。2007 年网上开始热传一篇名为《史上最牛钉子户》的帖子，该帖还配了一幅极具冲击力的图：一个楼盘地基的大坑中央，立着一栋孤零零的两层小楼，重庆市民杨武和吴苹因与开发商之间没有达成满意的补偿协议而拒绝搬迁，当地法院作出裁定要求户主将该房屋交由开发商拆除……户主吴苹多次手持《宪法》强调："我不是钉子户，也不是刁民，只是一个依法维护自己权益的公民。"这一年正是中国的物权法问世之年。在这场舆情事件中，开发商的商业利益与业主私人利益间的纠葛构成事件起承转合的主线。个体的权利意识之外，公共利益的议题也逐渐增多，如微博"打拐"的舆论生成。2011 年春节期间，"随手拍照解救乞讨儿童"微博话题引发

---

① 喻国明、李彪主编：《中国社会舆情年度报告》(2015)，人民日报出版社 2015 年版，第 43 页。

网友不断转发,从而形成强大的舆论效力,并吸引传统媒体跟进。微博"打拐"体现的是民间力量借由新媒体技术参与公共事务的能量。

3.新媒体与民间情绪

新媒体与社会舆情之间经由情绪的调动而强化传播效力,这种调动一方面在于新媒体的技术特征,另一方面在于社会外力使然。

传统媒体时代,传播机构的把关效应限制了民众情绪的蔓延,众人之论或众人之情较难有机会、有渠道形成较大规模的影响力,"传统的关于舆论统领全局的数量指标(0.618),在互联网上实现的可能性较小,基于比较激烈的利益冲突,纷纭的意见很难集中统一到统领全局的程度(即整体的 0.618 以上)。"[①]新媒体时代,舆论的确有走向舆与"情"(如果把"情"势换为"情绪")的特征,甚至可以说,新媒体开启了众人之论的新型范式。"情绪在互联网上成为研究真实舆论的重要依据,它甚至在一定程度上是互联网舆论的主要表现形态。这与现实社会的舆论表现形态以较为清晰的公开意见为主,显然有很大的不同。"[②]新媒体背景下的舆情更容易"群情激动""一呼百应",民间情绪更容易瞬间放大、扩张、集聚,这种情绪的集聚难以控制,并极有可能演变为话语力量与网络动员,并产生极大的后果,如人肉搜索就是网络情绪不当集聚后的网络暴力。人肉搜索并不顾及被搜索者的信息隐私权,而更注重搜索者的各种情绪正义——如2012 年周某某虐猫行径在网上曝光后,网友出于愤怒开始声讨虐猫女,并将其身份证号、电话号码、居住地等一一挖出。

新媒体的低门槛、高时效等特征决定了新媒体背景下的舆情特征——情绪积累的易生性,但这只是舆论情绪容易积聚的原因之一,情绪容易放大或者积聚的根本原因在于社会情绪的"共鸣"效应。所谓情绪共鸣,按照心理学的解释,就是情绪的相似感受。情绪的产生有内因也有外因,就内因讲,各主体内因不同;就外因讲,则不同个体事件、情绪多有相似处境或相同缘由,如权利意识的普遍增强与相应管理、规制没有及时调整引起相似事件的屡次发生——这也是新媒体背景下社会舆情呈现出内容类型化的原因所在,环境维权、拆迁维权、教育维权、腐败话题等均是社会舆情的热点类型。

从舆情的情绪走向与特征看,新媒体的社会情绪放大有时偏向正面,有时偏向负面。正面如汶川地震后的舆论情绪有利于协助赈灾,负面如郭美美事件后红十字会的捐赠率下降。如果是社会情绪的适当释放,那么新媒体舆情起到

---

① 陈力丹、林羽丰:《再论舆论的三种存在形态》,《社会科学战线》2015 年第 11 期,第 174—179 页。
② 陈力丹、林羽丰:《再论舆论的三种存在形态》,《社会科学战线》2015 年第 11 期,第 174—179 页。

的就是社会情绪减压阀的效果；如果是社会情绪的过度使用与调动，那么新媒体舆情就会成为情绪动员的推手甚至是网络谣言的温床。

从舆情的情绪类型看，舆情内容的类型化实际上也是舆论情绪的类型化。一般讲，根据一般情绪的分类，舆情的民间情绪类型往往有以下几种：喜、怒、哀、惧四种。与大众传媒强调理性交往（如哈贝马斯的观点）不同，新媒体背景下的社会舆情更是把情绪调动当作舆论效力的"发动机"，因此，以上常见的四种情绪类型中，"喜"的效力远不如"怒""哀""惧"来得普遍，或者，有时候，"喜"成为"怒"的变相表达。以网络流行语"70码"为例，"70码"于2009年5月始成为大众流行语，它缘于一场交通事故。这场事故中肇事者胡某驾驶车辆撞飞正在过马路的谭姓青年，杭州警方在事故通报时称，案发时肇事车辆速度为"每小时70码左右"。这一说法与"受害者被撞飞数米高、20多米远"的目击者描述形成巨大反差，引起许多网民质疑。于是，"富二代"与"寒门子"、有权有势与普通弱者、政府与公众、大众传媒与互联网平台、"捂"信息与"揭"信息之间形成多重角力，而隐藏其间的是民间大众关切的安全感，对执法部门轻率判定的失望感，对富家子弟满不在乎的愤怒感。舆论的升温与积聚伴随的是群情激愤，而"70码"就与其他网络流行语如"打酱油""俯卧撑""躲猫猫"等一道成为一种带有喜剧色彩的反讽语。这个过程中，群情激愤成为社会舆情生发、演变、强化的主要推动力量，也就是说，情绪成为民众话语权的首要武器与正当理由，"怒""惧""哀"的情绪掺杂了"喜"的反讽。

对社会舆情的关注就是对民间情绪的关注。回看哈贝马斯等人对公众理性的强调或理论预设，多少忽视了对舆论过程中情绪性因素的起因、作用等的分析。

4. 新媒体舆情与谣言

社会舆情总与谣言相伴。谣言被称为"世界最古老的传媒"[1]，以"两微一端"为代表的新媒体使谣言的传播范围更广，传播速度更快，对谣言的测定与约束也更加困难。当然，新媒体空间谣言满天飞的情况依然不是传播技术单独引发的问题，谣言的生成与迅速传播往往与隐性的社会问题相关，如民众关于食品安全的普遍隐忧，使得食品安全成为谣言的重灾区，根据微信官方辟谣公众号"谣言过滤器"发布的2016年第三期微信朋友圈十大谣言的统计，谣言内容主要以失实报道、科学常识、食品安全等为主。[2]

---

① [法]让-诺诺尔·卡普费雷：《谣言：世界最古老的传媒》，郑若麟译，上海人民出版社2008年版。
② 谣言过滤器：2016年第三期微信朋友圈十大谣言，https://zhuanlan.zhihu.com/p/21468889，2017-03-15。

新媒体的匿名性、快捷性与病毒式传播都会使谣言快速膨胀。勒莫在《黑寡妇：谣言的示意及传播》一书中，提出谣言传播的三个阶段——"幼虫""成蛹"和"出茧"阶段。"幼虫"阶段，指人们积聚着对现实社会的不满，并通过记忆不断传染和复制，汇成社会系统中相互冲突的力量，集体意识形成；"成蛹"阶段，指突发性事件打破既有的平衡，个人不满的记忆迅速涌现；"出茧"阶段，人们不断为个体和整体记忆注入新的幻想，谣言就此泛滥。这三个阶段分别对应于信息的传染、孵化与爆炸。① 社会舆情由于参与者众多，也由于民间情绪的搅动与乘积效应，很容易在信息与情绪的肆意"裸奔"中为谣言开道。

新媒体空间极易滋生谣言，而且也基本经历"幼虫""成蛹"和"出茧"三个阶段。"幼虫"期，可指谣言的蛰伏状态，它生长的环境中已然存在着不稳定的触发因素，如本已存在的或之前发生的舆情事件如食品安全、人身安全的问题等。这一阶段随时会被某个"导火索"事件引发而进入"成蛹"期，正所谓"无风不起浪"，一些突发性事件常常成为引发谣言的导火线，它很容易在民众蛰伏着的恐慌或缺乏安全感的隐性情绪中激发谣言的形成。此时，如果相关部门没有及时辟谣，或者继续对相关信息"捂"与"盖"，那么谣言更会满天飞，从而导致谣言进入第三个阶段："出茧"期。此时，谣言如同"龙卷风"，其恣意妄为、借势发力的特性愈加明显，原本居于某一领域的话题也演变为公共事件。之后，或者由于新的事件令人们的视线转移，或者是相关部门大力辟谣，谣言渐渐平息，但谣言的消失并不意味着谣言的终结，它很可能成为集体的记忆而为下一次谣言的产生提供温床。

新媒体空间是谣言的重灾区，但对谣言的治理却不能局限于新媒体。"网络热点事件之所以从一件件普通的刑事、民事案件上升为全国性的公共危机事件，都源于政府剥夺了民众对真相获知的基本信息权利……一方面，官方指责'群众''不明真相'，另一方面，官方又故意让'群众''不明真相'。"② 当前中国处于转型期，大量社会问题的积聚以及不同利益群体的矛盾都对社会治理提出了挑战，对谣言的治理便需要双管齐下。针对新媒体的匿名性与跨时空特性，网络实名制、管理部门工作思路的调整等都是应对谣言的措施，但更基本的治理理念在于，寻找与发现谣言产生的类型、规律，尽量在谣言的"幼虫"期就把其滋养因素减少到最低程度。谣言的"幼虫"期如果过渡到"成蛹"期甚至"出茧"期，那么谣言的可控性就变得极低，社会治理成本也迅速攀升，并且，进一步讲，谣

---

① ［法］弗朗索瓦丝·勒莫：《黑寡妇：谣言的示意及传播》，唐家龙译，商务印书馆 1999 年版，第 11—20 页。

② 喻国明主编：《中国社会舆情年度报告》(2010)，人民日报出版社 2010 年版，第 259—260 页。

言在普通大众心理留下的集体记忆或许更加难以清除。如 2011 年 3 月受日本核电站爆炸引发的"核泄漏"恐慌在国内蔓延,大量关于盐的谣言开始出现并且相互矛盾,如吃碘盐可防辐射,如核泄漏污染了海盐,于是部分沿海城市开始出现抢盐风潮。抢盐风潮背后当然有谣言四起,但盐的风波是与核电恐慌联系在一起的,政府如果回避真实、全部的信息,就会导致人们进一步挖掘信息,甚至再次传播 1986 年切尔诺贝利核电站事故的信息——这一历史事件的集体记忆成为 2011 年 3 月中国沿海城市抢盐风潮的注解。可见,新媒体时代,盐与防核辐射的谣言传播不只关联横向范围的日本、中国、俄罗斯,也关联着纵向范围的历史记忆与历史唤醒。这进一步说明关于谣言的治理并不能仅仅通过媒体的技术管控得以完成,长期看,分析谣言生成的语境,尽可能减低谣言产生的社会机会才是治理新媒体舆情中谣言传播的更好途径。

5.新媒体与社会治理

2013 年中共中央十八届三中全会作出的《中共中央关于全面深化改革若干重大问题的决定》首次使用了社会治理概念,"决定"指出:发挥政府的主导作用,鼓励和支持社会各方面参与,实现政府治理和社会自我调节、居民自治良性互动。从政府本位向社会本位的转变有如下特征:(1)社会本位更加强调自我管理,强调社会自我管理,并不意味着完全撤开政府。(2)社会本位意味着合作治理。(3)社会本位是以公共服务为主的管理,管理就是服务,公共服务既包括政府的公共服务,也包括社会组织的公共服务。(4)社会本位是综合运用政府、市场等多元手段的规范化管理,区别于单一的行政干预。社会本位强调法治理念。(5)社会本位以公民权利为核心。① 应对新媒体背景下的舆情是社会治理的一部分。对社会舆情的治理应秉持社会本位的基本理念,强调社会自我管理,不完全撤开政府;强调合作治理;强调政府与社会组织的公共服务;强调多元化的手段;强调法治理念;强调公民权利。

与过去的"管理"相比,管理主体是权力的拥有者和执行者,注重权威与服从,方法是"一刀切"与"一言堂","治理"(governance)强调管理理念的创新,更强调各方协作、协商,更注意各方话语权力的协调,治理主体也比先前的管理主体分散多元。总之,"治理"强调"过程""调和""多元"和"互动"等不同于传统管理的特点。

传统的舆论观强调管理,现今新媒体背景下的舆情应对讲究的是治理。但

① 童志锋、郁建兴:《从政府本位到社会本位:社会管理体制变革的新分析框架》,载周红云《社会治理》,中央编译出版社 2015 年版,第 35—52 页。

因为舆情中容易裹挟情绪风暴,对它的应对就容易习惯性地滑向对立性的管理模式,把社会舆情归入"非理性""反智"甚至"乌合之众"瞎胡闹的范畴,反而容易治标不治本——治标就是封号、删帖等措施;治本就是看到社会舆情背后大量情绪积淀的原因,看到民意民情背后的共同规律,看到社会变迁与治理模式的调整等。从社会治理的角度来看,这种对待新媒体舆情的思维是一种"开放性"思维,按照美国法社会学家诺内特和塞尔兹尼克的看法,"开放性"思维的"风险大"但其社会收益也大。① 社会治理替换社会管理必然面临前所未见的风险,但职能部门如果固步自封,依旧止步于过去的管控模式、管理思维的话,社会舆情只会继续蔓延发酵甚至"破茧而出"。

二、新媒体背景下社会舆情的类型

1. 舆情类型概况

类型是一种具有共同特征的种类,它由类(class)和范型(pattern)构成;类别偏向于种类,范型偏向于模式。舆情类型既指向舆情的内容种类,也指向其共同的发展特征、影响特征等。

目前的舆情分类无论学界还是各类舆情网站或监测中心,均存在不同的划分标准。学界关于舆情类型的研究多注重内容分类,其间夹杂舆情性质、表现特征等模式化的划分。最常见的是按照舆情的发生领域划分,有政治性网络舆情、经济性网络舆情、文化性网络舆情、社会性网络舆情和复合性网络舆情,② 舆情监测部门的划分又各自不同,如人民网舆情频道(见图1-2)的导航栏目有教育舆情观察、金融舆情观察、能源舆情观察、央企舆情观察、医药舆情观察、环保舆情观察、司法舆情观察等,也基本按行业领域划分。

图 1-2　人民网舆情频道栏目设置

中国舆情网有国际舆情、国内舆情、政务舆情、社会舆情、反腐倡廉、农村舆情、舆情快报、舆情万象等栏目(见图1-3),栏目有互相交叉现象,如关于雾霾的

---

① [美]诺内特、塞尔兹尼克:《转变中的法律与社会:迈向回应型法》,张志铭译,中国政法大学出版社2004年版,第7—8页。
② 中共中央宣传部舆情信息局:《网络舆情信息工作理论和实务》,学习出版社2009年版,第9—12页;再如谢耕耘主编的《中国社会舆情与危机管理报告》也有类似划分。

话题既放在国内舆情里，也放在社会舆情里。

图 1-3　中国舆情网栏目设置

新华网舆情在线频道没有明确分类，其"舆情播报"栏目依循最新舆情热点安排，见图 1-4。

图 1-4　新华网舆情频道的栏目设置

中青在线舆情频道与新华网类似，没有明确分类，以热点（舆情领航）及时间（月度舆情指数）、空间（基本以省为单位的舆情）作为内容导航，见图 1-5。

图 1-5　中青在线舆情频道栏目设置

综上，除了按常见的舆情发生领域划分，还有按照热点程度、发生时间、空间等的划分。一般来讲，按照热点排序总有主观判定的成分；①按照时间如月度舆情进行的舆情通报或舆情分析客观性较强；按照舆情发生地进行的划分在国际、国内层面界限还相对清晰，如韩国总统朴槿惠"闺蜜门"风波虽然跨越国界，但因其政治影响力主要在韩国国内而可以界定为国际舆情。值得注意的是，国内舆情与地方舆情的划分方法却常常会有交叠现象——新媒体背景下的舆情往往因为舆情的共鸣程度及新媒体的开放性、迅速传播性而呈现跨地域的特征，舆情越来越容易突破地域的限制而成为全民话题。

---

①　衡量网络舆论热点的基本指标有：时间维度、数量维度、显著维度、集中维度、意见维度，参见喻国明主编：《中国社会舆情年度报告》（2012），人民日报出版社 2012 年版，第 13 页。

2.按舆情形成的过程分类

从形成过程看,舆情可分为自发网络舆情和自觉网络舆情。[①] 自发与自觉意味着舆情形成过程中的无意扩散和有意为之。无意扩散是慢慢生长的,加上新媒体开放性的特征,每个人都握有一个"麦克风",都可以成为信息或情绪的发布者。信息发布之后,新媒体的交互性又会影响到普通大众对相关信息的参与讨论或情绪互动,伴随讨论的加深或情绪的传染,舆情的规模性逐渐形成。原本自发与随意的讨论与情绪发泄便容易形成话题的集中性与情绪的汇聚性,如果在讨论的过程中有意见领袖的介入,话题便容易乘积式扩大,原本的局部话题就容易演变成有意的话题"龙卷风"——舆情风暴由此形成。

以 2007 年"史上最牛钉子户"的舆情发展为例:

事件背景:

2007 年 3 月重庆市民吴苹、杨武接到裁决,裁定他们自动搬迁的最后期限是 22 日。

事件主要过程:

3 月 27 日傍晚时分,重庆杨家坪鹤兴路 17 号的主人杨武来到顶楼的平台,这是他在"孤岛"上的第 7 天。

在大约两小时前,这个被称为"史上最牛钉子户"的户主出现在窗口,用他那标志性的动作——握紧拳头——大喊:"我要和市长对话!"随后,又拿起手机给知道联系方式的几个记者激动地打电话:我是重庆杨武,我要见(市委书记)汪洋!

······

当杨武挥舞国旗的照片以超出对面轻轨好多倍的速度出现在全国各大网站和媒体上时,吴苹知道,她的计划成功了。

然而,开弓没有回头箭。这场保护战之后会如何演变,已远非她所能掌控。

······

21 日以来的每一个下午,吴苹总是雷打不动地出现在工地现场召开"新闻发布会"。人们早已熟悉了她用法律武装之后的扮相,"第一,我要捍卫法律的尊严,第二,我要维护自己的合法权益。"

······

"我觉得,现在网络和媒体把她称为《物权法》实施的一个标志性

---

① 中共中央宣传部舆情信息局:《网络舆情信息工作理论和实务》,学习出版社 2009 年版,第 9—12 页。

人物,将她抬得高高的,她下不来台了。"重庆正升公司副总廖建明说。[①]

"钉子户"之"最牛"的称呼本身就是一种舆情号召力;加上杨武有意利用记者的影响力要求见市委书记的举动;以及吴苹"雷打不动"出现在工地现场召开"新闻发布会";再有媒体把她作为《物权法》实施的标志性人物符号等等,均使舆论形成的自发性与自觉性难以辨识。因而,自发舆情与自觉舆情的界限很难划分。一件事情发生后,普通事件的信息发布演变为大众普遍关切的舆情,往往会经由几个典型的过程:新媒体信息发布、网友大量转发评论、置顶并@意见领袖、意见领袖在新媒体平台转发评论、传统媒体跟进、有影响力的新媒体继续跟进(上头条、上热门话题等)……这个过程还经常隐现一个身影:幕后推手,如"罗尔事件"中的小铜人金融服务公司,比如大众已经熟知的词"炒作"等等。因此,基本上单纯的自发舆情越来越少,自发舆情演变为自觉舆情的情况却越来越多,按照舆情形成的自发或自觉过程划分舆情便会"力不从心"。

3. 按情绪浓度或影响力程度分类

依据情绪程度对舆情分类也是常见现象,如根据舆情主体的情绪程度将舆情归纳为理性温和型、情绪波动型和极端过激型。[②] 与之类似,有学者根据舆情特征构建了互联网内容与舆情的热点(热度)、重点(重度)、焦点(焦度)、敏点(敏度)、频点(频度)、拐点(拐度)、难点(难度)、疑点(疑度)、黏点(黏度)和散点(散度)等10个分析模式。[③] 这些划分方式仍有明显的主观成分,舆情传播的情绪程度如情绪波动型,与极端过激型之间并非彼此分明的情绪表现;再者,一些舆情参与者也许会表现出情绪的温和,另一些也许会表现得情绪过激,舆情的复杂性使得这样的划分方法会"仁者见仁,智者见智"。也有综合舆情主体与舆情传播两个维度的划分,如从政府角度将网络舆情分为三种类型:弱型网络舆情、强型网络舆情和波动型网络舆情。[④]

弱型网络舆情,主要是网民和媒体的参与度不高或传播影响力较弱,没有从网上行为延伸到网下行动。比如微信朋友圈的传播因多数在"圈"内传播,且事态不具普遍性特征而影响力相对较小,其舆情之"情绪"指数相对较低,如一

① 张悦:《重庆"钉子户"事件内幕调查》,《南方周末》http://infzm.com/content/9631.2017-04-11。

② 罗娟:《网络舆情热点事件中的网民行为研究——以邓玉娇事件为例》,华中科技大学2011年硕士学位论文,第14—22页。

③ 谢海光、陈中润:《互联网内容及舆情深度分析模式》,《中国青年政治学院学报》2006年第3期,第95—100页。

④ 王国华、冯伟、王雅蕾:《基于网络舆情分类的舆情应对研究》,《情报杂志》2013年第5期,第2页。

些在朋友圈流传的食品类信息：

　　　　酱油在生产过程中会产生易致癌物质，而且酱油中的微生物多容易致病，最好不要生吃酱油！

　　　　味精吃多了会脱发，会变傻，出现记忆力下降、大脑反应迟钝等症状。有小朋友吃了荔枝后高烧，并引发手足口病，原因是荔枝的"浸泡液"有弱腐蚀性。

　　　　……

　　这些日常生活类的信息传播虽然有一定的信息辐射度，但这类信息无关每个人必须面对的法律、规章等，且多数在圈层内传播而影响有限。

　　强型网络舆情的情形则相反，在刺激性事件的主体行为方面，或者由于政府本身作为事件当事方可能使网络舆情的矛头直指政府，严重威胁政府公信力和国家政治安全；或者是舆情由多个主体行为引发，因此事件具有更多的网络舆情热点事件特征，从而使舆情热度居高不下，或延伸至现实形成网下集群行动。① 例如 2015 年 8 月 12 日天津港危险品爆炸事故，由于事件影响力巨大且涉及政府监管等，这就决定了舆情的热点程度。再如 2015 年福建漳州 PX 项目爆炸事故，直接涉及近年政府一直宣扬的 PX 项目安全性的承诺，影响到政府与企业投资合作过程中民生安全、安全标准等问题，也与近年多地发生的抵制 PX 项目建设形成互相说明的关系。

　　波动型网络舆情较为复杂，时强时弱，可理解为在不同的舆情演化阶段表现出不同的类型特征的舆情。② PX 项目的舆情也含有波动型网络舆情的特征，即时强时弱——例如 2007 年厦门市民对海沧半岛拟建的 PX 项目抗议；2008年成都反对 PX 项目；2011 年大连反对 PX 项目；2012 年宁波镇海反对 PX 事件；2013 年昆明反对 PX 项目；2014 年广东茂名反对 PX 项目……十年的时间里，PX 项目一直是个持续且时强时弱的舆情话题，它时而会因某地兴建 PX 项目引爆舆论场，时而会冬眠般潜伏着。

　　基本上，舆情有强有弱，所涉事件主体也有大有小，比如发生在朋友圈范围涉及日常生活且没有引起广泛影响的属于弱型网络舆情；起于微博、论坛，涉及民生安全或政府公信力的话题多趋于强型网络舆情。与政府公信力直接相关的部门如公检法、各级职能部门官员等，成为历年最主要的涉事主体；而市级官员是仅次于公检法系统的关涉主体，主要是存在政府行为不当和执政能力有待

---

① 王国华、冯伟、王雅蕾：《基于网络舆情分类的舆情应对研究》，《情报杂志》2013 年第 5 期，第 3 页。
② 王国华、冯伟、王雅蕾：《基于网络舆情分类的舆情应对研究》，《情报杂志》2013 年第 5 期，第 3 页。

提升,很多事情和做法缺乏基本社会常识和正常智慧,为所欲为……①在不同阶段时强时弱的舆情则属于波动型网络舆情。当然,弱型网络舆情与强型网络舆情之间也不是楚河汉界般清晰可辨的。

4.按舆情效果分类

按照舆情效果进行分类有正面舆情和负面舆情。正面舆情指正面的、积极的舆情,这类舆情涉及正面情绪,易缓和社会矛盾;负面舆情与之相反,往往包含负面情绪如冲突与怨怼,易对社会稳定造成冲击。一般而言,负面舆情数量往往高于正面舆情数量,原因主要有二:一在于新媒体"低成本传播"特点使得信息的理性程度受到一定的影响;二在于社会普遍形成的对利益分配的公正性、信息传递的透明性等的诉求以及诉求通道不畅等原因,大型国有企业、政府职能部门、执法部门等便成为负面舆情的主要涉事主体。例如从 2009 年到 2013 年,社会舆情主要以负面事件为主。从近五年的高频词可以看出,死亡、质疑、警察等词逐步成为社会主要关注焦点词。② 2013 年 11 月 9 日,中石化的新闻发言人说:"2012 年媒体关注中石化的信息总量是 55 万条,平均每天 1522 条,其中正面的只有 19%,负面的占到 42%,每天平均有 639 人次在骂中石化,经过媒体传播放大的负面舆情 492 次,比 2011 年增长 27.4%。"③

负面舆情主要关涉"权力"与"金钱"——对有权者如政府职能部门及执法部门的抵触与情绪反应,对有钱者如国有大型企业等的抵触与情绪反应。与之相关的舆情话题还会衍生出诸如官二代、富二代、强拆、反腐、涉警、城管等话题。于此,2008 年"哈尔滨警察打人"事件;2009 年"杭州飙车案"的"富二代"话题;2010 年的"我爸是李刚";2011 年"7·23"甬温动车追尾事故后的官方回应"至于你信不信,我反正信了";2012 年的"表哥房叔"舆情;2013 年的"上海法官集体嫖娼事件";2014 年的"江苏官员夫妇殴打护士";2015 年的"庆安枪击事件";2016 年的魏则西与百度推广的舆情……以上种种均涉及权钱等重要社会议题。

正面舆情主要关涉普遍的民族自豪感及个人品德的称颂等话题,如 2009 年国庆阅兵;2010 年上海世博会;2011 年"神舟八号"成功发射,"最美妈妈吴菊萍";2012 年莫言获得诺贝尔文学奖,"最美女教师张丽莉","最美司机吴斌";2013 年"神舟十号"发射成功;2014 年李娜首夺澳网单打冠军,2016 年中国女排里约奥运会夺冠……

---

① 喻国明、李彪主编:《中国社会舆情年度报告》(2015),人民日报出版社 2015 年版,第 39 页。
② 喻国明主编:《中国社会舆情年度报告》(2014),人民日报出版社 2014 年版,第 33 页。
③ 劳骥:《"挨骂记账"莫如"闻骂则改"》,《中华魂》2014 年第 7 期,第 28 页。

　　但不是所有舆情都可以放进正面舆情或负面舆情两个"筐里",而且近年负面舆情呈现出持续占有舆情热点与舆情数量指标的绝对优势,因此对于舆情的分析与归类就比较少地采用这一分法,比如人民网舆情频道、新华网舆情频道、中国网舆情频道、天涯舆情等均没有从正面舆情、负面舆情的角度划分舆情类型。另外,在正面舆情与负面舆情之间还有一些比较中性的舆情状况,它不是通常意义的正面或负面舆情,比如单独二孩新政受热议,史蒂夫·乔布斯的去世,以及每年的全国两会,还有影响巨大的赛事如世界杯比赛、美国总统竞选(如特朗普当选美国总统)、世界互联网大会、奥运比赛等。

　　关于正面或负面舆情有三点值得注意:一、正面舆情与负面舆情所关联的价值评判;二、传统大众传媒的宣传话语与新媒体的宣泄话语;三、引导与疏导的关系问题。

　　对于管理者而言,正面舆情似乎总是需要倡导的好事,负面舆情总是需要防范的坏事。事实上,正面舆情固然利于团结民众,传播社会主义核心价值观,负面舆情也并非就此失去其推动治理水平与社会进步的意义。负面舆情也可以缓解社会的焦虑情绪,发现社会治理中存在的问题,并通过合理的应对而使社会更趋稳定和谐。以2014年呼格吉勒图沉冤得雪为例,从案件的重审到改判都引发了舆论热议,这当中既有对及时纠正案件错误,努力践行依法治国的称许,也有对当年办案不公、贪赃枉法的谴责。强大的舆论热议在总体上会推动政府与法制的公信力,负面的舆情过程也会有效地转化为正面的舆情效果。因此,对正面或负面舆情的价值评判并不能准确界定舆情的有效价值。

　　从媒体介质讲,正面舆情似乎总与传统大众媒介有关,负面舆情又似乎成为新媒体背景下舆情的基因特征。所谓"两个舆论场"就是对这一现象的总结,新华社前总编南振中认为:"在当下的中国,客观存在两个'舆论场',一个是党报、国家电视台、国家通讯社等'主流媒体舆论场',忠实宣传党和政府的方针政策,传播社会主义核心价值观;一个是依托于口口相传特别是互联网的'民间舆论场'。"[1]传统传媒的宣传话语与新媒体的宣泄话语似乎形成当下舆论、舆情的大致格局,前者以引导式的正面舆情为主,后者以发泄式的负面舆情为主。两个舆论场中前者仍旧希望引导舆论,后者试图反映现实改变现实,如同传统媒体对警察的正面塑造,这与新媒体领域中多数处于负面舆情中的警察形象形成鲜明对照。但实际情况却是,近年的舆情热潮并非只是由于新媒体的便捷性所引起。民众对于自身权利、政府治理、法制公平等议题的关注是舆情多发的主

----

　　① 陈芳:《再谈"两个舆论场"——访新华社原总编辑南振中》,《中国记者》2013年第1期,第42—46页。

要原因。因此,二元对立式的两个舆论场是既有情况,但政府部门并不能只以宣传引导与监管控制分而治之。如何把正面引导与应对疏导灵活应用于两个舆论场,是政府职能部门无法回避也无从回避的。

5.综合舆情的层级与分类

对舆情的类型界定还有一种综合式的思路,李昌祖认为,舆情的分类应该把纵向的层级性与横向的类型性结合起来。根据中介性社会事项的差异,舆情可以依次划分细类。不同性质的中介性社会事项可以划分为法律法规类、政策类、社会问题类等大类概念,不同内容的中介性社会事项可以划分为政治类、经济类、文化类等大类概念,这些大类概念属于同一层级的第二大类概念。依此原则,根据实际需要可以在同性质或同内容的中介性社会事项基础上进一步划分细类,这些子概念就属于第三细类。①

从舆情的分级讲,可以分别从媒介空间与地缘空间两个维度展开,并具体划分与之对应的舆情概念。从媒介空间的维度看,可以先将社会舆情作为舆情的通用概念。在二级层面可以将社会舆情分为网络舆情与非网络舆情。从地缘空间的维度看,可以将现有的行政区划作为划分的直接依据。按照行政区划对舆情进行分级,社会舆情仍为一级概念,二级概念可以设定为省级舆情,三级概念设定为地市舆情,四级概念设定为县级舆情。

从舆情的分类讲,可以从中介性社会事项的内容和性质两个维度展开。首先,按照中介性社会事项分类,可以以国家行使管理职能的主要领域作为划分依据。如根据党的十八大报告有关"五位一体"的总体布局,可以将社会舆情划分成经济、政治、文化、社会、生态等五大方面,这是第二大类的舆情概念。其次,基于中介性社会事项性质分类,可以划分为法律法规、政策、社会管理行为等,相应的舆情概念也可以依此划分为若干类。②

把纵向层级与横向类型结合起来进行舆情分类避免了舆情划分常见的顾此失彼、左支右绌,但也会因前后左右的照应而有失简洁明了。这也是舆情类型划分的两难所在。

总之,目前舆情类型的划分主要有四种:按舆情的形成过程进行分类,如分为自发网络舆情和自觉网络舆情;按情绪浓度或影响程度分类,如理性温和型、情绪波动型和极端过激型,或弱型网络舆情、强型网络舆情和波动型网络舆情;按舆情效果进行分类有正面舆情和负面舆情;以及按层级与类型综合性的分类

---

① 李昌祖、左蒙:《舆情的分级与分类研究》,《中共杭州市委党校学报》2015年第3期,第47—53页。
② 李昌祖、左蒙:《舆情的分级与分类研究》,《中共杭州市委党校学报》2015年第3期,第47—53页。

等。每一种划分都有其实践性与理论性,而且每一种划分也并非只为划分而划分,对舆情类型的划分其目的在于找到相似的内容与属性特征,以期更针对性地应对。王国华等依据弱型、强型和波动型网络舆情指出相应的五种应对策略:"淡化式""萌芽式""强力式""溯源式"和"重塑式",如图 1-6[①] 所示。

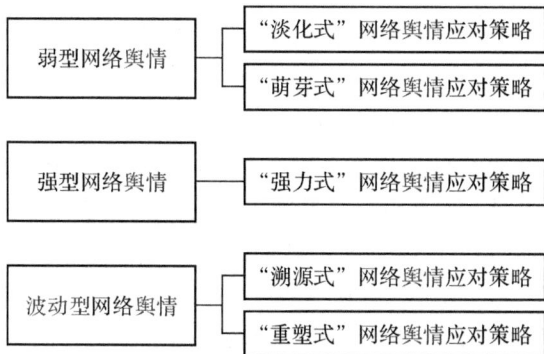

图 1-6　不同类型网络舆情的政府应对策略

　　舆情类型不同,应对就不同。掌握舆情的应对方法应该联系具体情况,掌握该类舆情的特征与性质,根据具体的舆情类型,有针对性地增强舆情的预警能力、研判能力和应对能力,以期更准确地把握民众的情绪与态度。比如涉警舆情因为关联法制与公平等议题,其应对策略就与旅游类舆情不同——两者的舆情浓度、涉事主体、影响效力均为不同,那么舆情处置的时间点、方式方法便各自不同。但这并不意味着各类舆情就没有共同特征了——近年在新媒体背景下发生的舆情还是有一些共同的特点与热点走向的。

三、新媒体背景下社会舆情的特点与热点

1.时空特点

　　新媒体背景下的舆情有时间节点与空间分布的特点与热点。从时间节点讲,有全年舆情的月度变化、舆情持续时间及不同媒介平台活跃时段的变化等。喻国明等人经过研究发现,舆情热点事件的月度数量分布中 7 月和 11 月是高峰值,从全年看,5—7 月的春夏之交和 11—12 月的年底,均是舆情发生的相对高峰期,这和历年舆情年度报告的结论基本一致。从每个话题的活跃时间看,近五年中(2009—2014 年)57.4%的舆情事件的活跃周期为两周,基本上两周内

---

　　①　王国华、冯伟、王雅蕾:《基于网络舆情分类的舆情应对研究》,《情报杂志》2013 年第 5 期,第 3 页。

都可以解决或者转到其他社会议题上。从不同新媒体平台的舆情活跃时间段看，微信公众平台的活跃时段遵循"朝九晚五"的规律，这也一定程度反映了上班一族的阅读高峰期；腾讯微博与腾讯新闻评论的活跃时段主要集中在 10 点新闻"早高峰"。①

以上关于舆情的时间分布特点并不一定适用于所有新媒体舆情事件，但一定程度上说明在时间维度上舆情发生、演变的一些特点；同时，关于新媒体舆情的预警、监测与应对也可以考虑以上特点，以期更好地掌握舆情动向，避免舆情升级。另外，从新媒体迅速传播的特点讲，舆情的时效性也考验着应对舆情的时间观念。例如，从官方处置突发事件的"黄金 24 小时"转变为新媒体背景下舆情处置的"黄金 4 小时"原则——人民网舆情监测室基于互联网环境提出了"黄金 4 小时"原则，即考虑到厘清事实真相、政府各部门协调工作和完成信息披露文书所花的最短时间。政府管理部门要做到第一时间发布准确信息，处理舆情事件，面对民众质疑，积极参与到舆情的应对过程中。

第一时间是针对个案的处置理念，它缘于新媒体的媒介特征；前面提及的月度变化、舆情持续时长等则缘于整体的社会情绪波动规律与工作节奏等。不论哪一种事关时间的规律与特点，都为更全面地认识社会舆情以及随后的舆情应对打下了基础。

从空间维度讲，空间可以分物理空间与媒介空间两个方面。舆情的物理空间有几个主要的"疆域"：涉及全球范围的舆情议题，以及全国范围的、省域的、地市的、县的等。全球范围的舆情议题如 2016 年年末特朗普当选美国总统的热议、欧洲的难民危机、英国脱欧等——随着全球化以及新媒体的跨域特征，可以预见的是，全球"同此凉热"的局面会越加明显，全球范围的舆情议题会不断增加。近年全国范围的舆情如雾霾、医患、强拆等热点议题并不只局限于某一省份或地区，但如果结合地区经济发展水平以及新媒体普及程度等因素，近年舆情热点事件还是有一定的地域特征的，比如主要集中于中东部地区，如表 1-1 所示②。

---

① 《2016 年网络舆情生态研究报告》，中国社会科学网，http://sky.cssn.cn/xwcbx/xwcbx_pdsf/201612/t20161201_3298506.shtml，2017-04-28。

② 根据喻国明等主编《中国社会舆情年度报告》2010 年至 2015 年数据及中国社会科学院舆情调查实验室等数据综合而成。

表 1-1　近年舆情热点事件省域(前五位)分布情况

年份	省份				
2009	湖北	广东	四川	浙江	河南
2010	河南	湖北	广东	湖南	江苏
2011	广东	河南	浙江	河北	北京
2012	湖南	广东	河南	浙江	陕西
2013	河南	湖南	广东	北京	山东、江苏
2014	广东	河南	北京	湖南	湖北
2015	河南	广东	北京	陕西	山东
2016	广东	山东	浙江	河南	北京

　　表 1-1 中"出镜率"较高的省份如湖南、湖北、广东、河南等省及北京市,并不一定说明这些地方经常发生社会事件,而是与这一地区互联网普及率高、媒体信息渠道畅达有一定的关系。[①] 但新媒体的去地域化特征又容易使某一地域的事由扩散为全国范围的舆情,比如 2015 年成都男子逼停暴打女司机系列事件,很快发酵为网络热点话题;同年的青岛大虾舆情以及每年国庆假期发生于旅游地的消费争执等,这些地点也只是舆情的事由空间,而非舆情的传播空间。因此,所谓省域舆情,更准确地说应该是舆情事项的发生地,而不是舆情发酵、聚拢、产生巨大影响的所属空间。进言之,舆情的地域特性并不像时间特性那样更有关注的必要性——伴随民众流动性的持续加大,国家范围内政策法制的一体化以及新媒体跨地域的特征等,舆情的跨地域性、大范围扩散性更值得关注。

　　从媒介空间讲,主战于新媒体的舆情钟情于"两微一端"(微博、微信、手机客户端)已是不争的事实——舆情不仅首发于微博、论坛等,而且还借此"倒逼"或为传统媒体进行"议程设置"。关于这一点,第一章的有关内容已有较详细的论述,在此不再重复。

　　2.议题集中领域

　　研究发现,社会民生(衣、食、住、行等)、官员腐败、司法公正、环境污染等是新媒体舆情的主要议题。具体讲就是,可能发生舆情热点的事件集中在以下几个方面:政府官员的违法乱纪行为,涉及代表强制国家机器的司法系统、城管队伍,涉及代表特权和垄断部门、央企,衣食住行等全国性的民生问题,社会分配

---

① 喻国明、李彪主编:《中国社会舆情年度报告》(2015),人民日报出版社 2015 年版,第 31 页,第 45 页,第 42 页。

不合理、贫富分化,涉及国家利益、民族自豪感,重要或敏感国家地区的突发性事件,影响力较大的热点明星、公众人物的火爆事件。[①] 图 1-7 为 2010—2014 年舆情集中领域统计[②]。

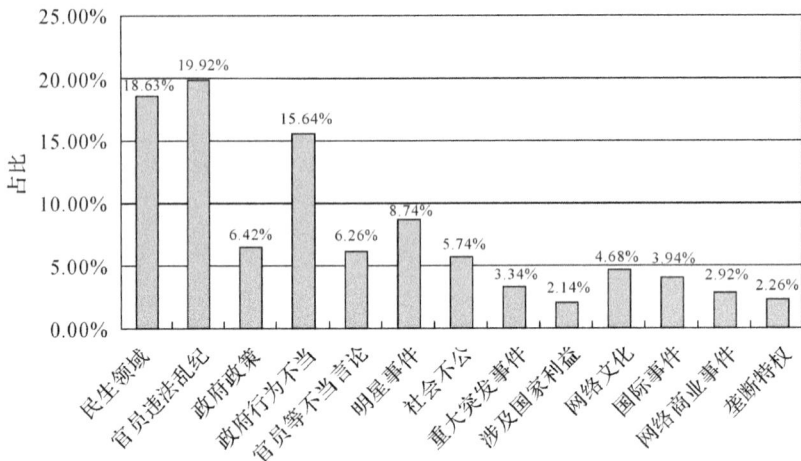

图 1-7 2010—2014 年舆情事件的集中领域

1-7 图虽然不能完全说明近年新媒体背景下舆情的所有情况,但大致可以传递如下信息:除涉及国家利益、民族情怀及国际事件之外,多数舆情集中于两头:行政部门一方与民众一方。行政部门一方多与违法违规、管理有误有关,民众一方多与消费维权(包括物业维权、旅游维权)、食品安全、社会不公、贫富分化等相关。整体看,舆情基本隐现着一种政治治理的错位与民众权利匮乏的焦虑:"网络热点事件的本质是权力和权利之争中民众处于'权利匮乏'的尴尬境地……舆情事件多是由民众对公权力的不满和质疑引发的,中国民众在很多事情上都有强烈的福利受损感、社会不公平感和对公权力的质疑,这实质上反映了社会情绪的焦虑,反映了民众对自己'权利匮乏'的焦虑。"[③]

如果从社会阶层的角度看,近年新媒体舆情的议题还集中于以下几个方面:社会底层对生存权利的争取,如失地、征地、强拆,农民工讨薪,城管与小贩的冲突,留守儿童话题等。如 2014 年江苏 7 名访民在中国青年报社门前喝农药集体自杀的舆情;近年多次出现的农民工讨薪舆情;邓玉娇、夏俊峰、毕节五

① 喻国明主编:《中国社会舆情年度报告》(2010),人民日报出版社 2010 年版,第 251—253 页。

② 根据喻国明主编《中国社会舆情年度报告》(2015)相关数据统计而成,人民日报出版社 2011 年版,第 37 页。

③ 喻国明主编:《中国社会舆情年度报告》(2011),人民日报出版社 2011 年版,第 301—302 页。

男童事件；南京母亲为女儿偷鸡腿被抓等等。

以城市中产为舆情主体的情况也逐渐增多，如物业维权、教育、环保等话题，均是城市中产焦虑的体现。例如面对高企的房价与大城市生活负担的加剧，"深圳1套房换武汉4套房"的话题就成为2016年春城市白领的共鸣式话题；江苏家长对"高考名额外调"的质疑与反对更是蕴含和加剧了中产家庭的身份焦虑；常州外国语学校毒地事件亦是一方面隐含了家长维权意识、环保意识的增强，另一方面更是扩大了民众对教育领域及监管部门的不信任；持续数年的雾霾也激发了北京家长要不要离开京城或教室要不要安装空气净化器的热议……

中上阶层议题涉及最多的是各级官员、大企业家等，事件性质多与反腐、民怨、贫富差距等有关，如周永康涉嫌违纪被立案调查；令计划涉嫌严重违纪被查；中共中央给徐才厚开除党籍处分；南京市长季建业落马；天价烟局长周久耕；"表叔"安监局局长杨达才；张艺谋"超生门"；"首善"陈光标捐款争议；刘强东与奶茶妹妹的爱情；李嘉诚大陆撤资；王健林"一个亿的小目标"……

整体而言，议题领域看似多元，有正面、负面舆情；有温和型、情绪波动型和极端过激型舆情；有自发、自觉舆情，有社会民生、政府政策、经济环境、突发事件、娱乐文化等，但如果从阶层分化的角度看，许多舆情都可归于这一语境之下看待。因而，舆情治理也需要宏观视野，如果不注意到各类舆情的基本动因，头痛医头，脚痛医脚，或采用"打地鼠"式的方法应对舆情，从长远讲，这样的舆情治理也只能治标不治本。

3.舆情渠道、阶段

舆情渠道主要有社交媒体、传统大众媒体（包括其两微一端的媒体转型）、网络媒体（如与传统媒体关系紧密的澎湃新闻，以及网易、天涯等平台）等，之外，还有新闻发布会、官方声明、官方自媒体等。

总体看，近年的舆情往往酝酿于自媒体，"百度莆田武警二院"系列事件的源头就是魏则西在知乎上回答"人性最大恶"的帖子。自媒体是舆情"幼虫"阶段的主要渠道，网络媒体与传统大众媒体成为舆情"成蛹"和"出茧"阶段的"左膀右臂"。按照弗朗索瓦丝·勒莫的观点，"幼虫"阶段，指人们积聚着对现实社会的不满，并汇成社会系统中相互冲突的力量，从而促使集体意识形成；"成蛹"阶段，是因导火索事件的出现而令个人不满的记忆迅速涌现；"出茧"阶段，群体性增强，人们不断为个体和整体记忆注入新的幻想，谣言就此泛滥。这三个阶段分别对应的是信息的传染、孵化与爆炸。①

近年,伴随新媒体话语影响力的增强,其议程设置功能也随之增强,传统媒体的影响力受到较大冲击,比如微信兴盛后出现的"朋友圈新闻"现象。在这样的背景下,传统媒体的边缘化渐成事实,这些媒体急需调整自身角色,从新媒体中寻找新闻源,试图更加贴近民生话题。同时,"走基层、转作风、改文风"的"走转改"活动与"贴近实际、贴近生活、贴近群众的""三贴近"原则也一定程度上使传统大众媒体放下身段,更加关注"草根媒体"内容,也常常把草根话题引入到主流媒介空间中。这种"倒逼"式舆论的生成与发酵也容易淡化新闻的专业意识,比如 2016 年春节期间,上海本地 BBS 篱笆网名为《有点想分手了……》的帖子迅速流传——即上海女逃离江西农村事件:一个自称家境不错的上海女孩春节期间到江西农村男友的家中过年,没想到第一顿乡下的饭就引发上海女的反悔。之后,@财经网、@华西都市报、@成都商报、@东方今报、@重庆商报等诸多媒体微博参与进来。截至 2 月 16 日 15 时,微博话题"#见到第一顿饭后想分手#"阅读 1.1 亿,讨论量 10.1 万,粉丝 5.6 万。② 传统媒体微博话题的加入使这一话题从社交媒体进入到公众视野中,但最终被证伪,新媒体去中心化的特点增加了信息真伪的辨识难度。

在社交媒体与传统媒体之外,新闻发布会、接受媒体访问、官方声明等也可以算作舆情渠道的范围,但有时,新闻发布会等也可以催生次生舆情。2015 年 8 月 12 日天津滨海新区塘沽开发区的天津东疆保税港区瑞海国际物流有限公司所属危险品仓库发生爆炸,事件发生后,许多身在现场的网民发布图片和视频,不断拼接事故全貌,舆情"成蛹"并迅速"出茧"。与此同时,官方新闻发布会却引发次生舆情:

> 13 日首次新闻发布会的记者提问环节,央视、天津卫视均切回主持人画面,央视称直播暂停,天津卫视则播放了几首歌曲,然后开始播放连续剧,这一情况让公众大跌眼镜。而此后几次新闻发布会,记者环节均被直播中断,但是互联网上各种手机视频、文字实录、记者手记却在官方披露之外拼凑起提问环节的全貌。在信息技术已经普及到个人的全媒体时代,直播暂停对舆情把控毫无益处,不仅增加了外界公众的质疑,更为不实流言创造了发酵空间。
>
> ……

---

① [法]弗朗索瓦丝·勒莫:《黑寡妇:谣言的示意及传播》,唐家龙译,商务印书馆 1999 年版,第 11—20 页。

② 澎湃新闻,http://www.thepaper.cn/newsDetail_forward_1434316,2017-04-30。

　　纵览六次新闻发布会,记者提问是次生舆情发生的核心环节。"我不清楚,需要问一下同事""我不知道""我不掌握"等成为舆情发酵关键词。8 月 16 日第六次新闻发布会上,有记者提问谁负责统筹指挥救援,官员回应"将尽快了解情况"引爆舆论批评。①

　　新闻发布会可以作为"两个舆论场"——以党报、国家电视台、国家通讯社等主流媒体舆论场与以新媒体为主渠道的"民间舆论场"的沟通桥梁,它可以通过权威性、及时性等特点与主流媒体舆论场和民间舆论场形成良好互动,弥补两个舆论场的"缝隙",使舆情朝良性的方向发展。天津保税港区危险品仓库爆炸事件本已成为社会关注焦点,而事后的新闻发布会却催生了舆情的复杂性与负面化。同理,2011 年"7·23"甬温线动车追尾事故发生 26 个小时后,新闻发布会上,铁道部新闻发言人回答了记者关于车体掩埋的提问:"关于掩埋,后来他们(接机的同志)做这样的解释:因为当时在现场抢险的情况,环境非常复杂,下面是一个泥潭,施展开来很不方便,所以把那个车头埋在下面盖上土,主要是便于抢险。目前他的解释理由是这样,至于你信不信,我反正信了。"其后,这句"至于你信不信,我反正信了"的话成为网络流行语。

　　新闻发布会不仅是舆情应对的重要方式,还应该是舆情引导的有利渠道,它应该参与到舆情过程的主要环节中,以形成良性的信息沟通局面,从而掌握舆情处置的主动权。

　　4.视觉增效

　　上海女逃离江西农村事件之所以引发巨大舆情,与那张黑乎乎的饭菜图片有关;2007 年"史上最牛钉子户"的舆情发展也与一张触目惊心的图片有关(见图 1-8)——这张孤岛式的图像成为舆情的焦点。"有图有真相"成为后文字时代舆情传播的有利工具。

　　20 世纪 30 年代德国哲学家海德格尔就预言人类 21 世纪将是一个以视觉文化为主的"图像时代",进而言之,现在也是一个视觉舆情的时代——图像、视频成为舆情由"幼虫"阶段进入"成蛹"阶段并且"出茧"的增效器;海德格尔说世界将被构想与把握为图像,而现实的情况是,许多舆情也被构想与把握为视觉图像或视觉影像了。

　　"有图有真相"意味着记录的优先性与论证性。传统媒体时代的民众是被观看、被注视的对象;新媒体背景下,图像、影像也可以成为民众观看与自我表

---

　　①　人民网舆情监测室:《天津新闻发布会出了怎样的问题?》,财新网 http://opinion.caixin.com/2015-08-17/100840386.html,2017-05-03。

图 1-8   2007 年重庆市民吴苹、杨武夫妇拒绝拆迁的房子

达的手段。影像成为获取信息、获取证据、交流情感的主要载体,它既是记录,也是证据,还是情绪与价值的立场隐现。但与此同时,民众对于事实的判断与感情投入也在很大程度上受到图像与视频的影响,它甚至成为"当代生活的第二现场"。① 一张图片或一段视频只是复杂事实的定格或截取,图像或视频很容易以定格或截取指代全部的事实,从而使事项简化。摄影拒绝视觉以外的经验,一张图像可以把复杂的事项简化为匆匆一瞥。围观事件成为围观图像,图像不仅简化事项,也预设观看者的评论、态度甚至情绪路径,图像成为舆情传播的基本脚本或"舆情观光"。当然,从另一个角度看,在新媒体上传播的舆情图像也变幻莫测,围观者怎么看、怎么评价也不一定朝事先计划好的或图像希望指向的方向流动。

2015 年 5 月 3 日一段成都男子张某逼停女司机把她拉下车暴打的视频掀起网络热潮。在这段 35 秒的视频中,男子因 4 次踢中女司机脸部被评"恶劣""冲动""暴力"并激起众怒。但随后男子车上的行车记录仪曝光,女司机多次不当并线、故意别车的行为使舆情反转,原本被同情的女司机卢某反遭网友"人肉搜索",有人将其身份证、生活照等个人信息公布网上,随后,大量未经证实的违章记录甚至开房记录也被公开。类似事件还有"内地小孩在香港街头便溺"的

① 许江:《影像生存——图像时代的反思》,《解放日报》2004-10-06。

舆情,也是因前后两种不同的视像传播而引领舆情朝不同的方向发展:

> 从一开始公布的视频及图片可以从中获得的信息都是内地小孩的父母和港民发生争吵,矛盾随着争吵不断升级,小孩哭闹不断。从第一组公布的视频和图片中并未出现小孩随街便溺这一争论焦点,而是图片发布者用争吵矛盾来建构受众潜意识里造成争端时小孩便溺的原因。这使得网络舆情倾向于讨伐内地民众素质低下、港陆矛盾激化等。此时图片信息的错误引导导致了舆论的非理性方向,它通过选择非完整信息、重新建构图不对文等技巧把错误信息融汇于一种貌似真实的结果展示之中……
>
> 然而第二天当新的视频截图以及小孩母亲手拿尿布接着小孩的排泄物的照片曝光后,网络舆情得到了强烈的反转。[①]

有图未必有真相,图像或影像本身的真实并不代表全部事实的真实。图像或影像容易使信息印象化、情绪化,因为其直观性是建立于视觉符号的基础上,而非建立于抽象的思考基础上;图像或影像宣称的"有图有真相"更容易使其中的阐释性与评判性被遮蔽。在多媒体、多平台、多屏幕时代,移动社群、短视频、网络直播等方式成为舆情传播的新载体,一图(视频)引爆舆情的现象已经屡见不鲜,网民"求图片""求视频"的呼声不断。图片与视频的"图文并茂"增强了舆情内容简便获取的效率以及事件直观性和视觉的冲击力,那么对舆情的分析与认识、对舆情的理解与应对就不能忽视图片、视频的这一功能。

5. 舆情应对的价值论、方法论、认识论

从舆情应对的主体讲,政府各级职能部门是主要的应对主体。"聚焦于民众关注的各类社会问题的舆情研究,直接为各级党政决策服务,为党政决策提供具体的认识依据。"这是中国大陆舆情研究的自身特色。[②] 因此,舆情应对的主体主要指向政府各级职能部门。

从应对的内涵层次讲,舆情应对大致包括价值论、方法论和认识论三个方面的问题:首先是对舆情的态度即关于舆情的价值论;其次是具体操作比如应对的时间、内容、方式,即关于舆情应对的方法论;再次是后续总结分析,这又包括高瞻远瞩的预警机制及评估机制的进一步完善,即舆情应对中的宏观意识或舆情的认识论。这三个过程是舆情应对中的总分总层次——先是总体上对舆

① 详见郭维:《图像传播与网络舆情发展的关系探讨——以"内地小孩在香港街头便溺"的微博传播为例》,扬州大学 2015 年硕士学位论文,第 25—26 页。

② 王来华:《舆情研究与民意研究的差异性》,《天津大学学报》(社会科学版)2009 年第 4 期,第 336 页。

情的态度与看法,后是具体的应对措施,再是总体上以点带面的总结与分析,为今后主动应对舆情打好基础。目前看,关于舆情应对的研究与实践还缺乏从价值论、方法论到认识论的系统性总结。

首先,关于舆情的价值论——对待舆情的态度、理念决定了舆情处置的基本流程及不同步骤。一般而言,对待舆情的态度或理念大概有两种:第一种是把舆情当作"麻烦制造者",第二种是把舆情当作社情民意的正常抒发,两种思维常常并行于现今的舆情应对和管理中,但总体看对立式思维目前似乎居于主导地位。对立式思维就是把新媒体舆情当作"对立"方看待,这种思维一方面来自过去盛行的管控式、家长式思维,另一方面也源于不熟悉新媒体特征而仍旧延续传统舆论观、宣传观的思维定势。舆情的"民本"思维与应对的"官本"思维的胶着对立其来有自,新媒体舆情的背后往往是民意在正常途径受阻,没有受到应有的重视与尊重,如果相关部门在面对舆情时应对不当,则往往容易继续加剧舆情的扩散与进一步发酵,从而引发次生舆情。例如,2015 年哈尔滨"1·2"重大火灾事故发生后,尽管市公安局官方微博 3 日凌晨 4 点多及时发布通报,但却引发舆论不满。网民质疑,在总共 585 字的通报中,强调"各级领导高度重视"占去 258 字,说明"消防战士牺牲和失联情况"仅 58 字。关于信息的字数,看似是报道方法与报道内容的问题,但其背后隐含的则是"官本"理念。当然,就"炒作"、操纵网络舆情、恶意造谣等舆论信息的散播而言,职能部门的舆情应对则另当别论,但也不能因此因噎废食、谈"网"色变。

从另一端讲,"民本"思维也不意味着是对政府治理的对立情绪,新媒体空间不是民意与情绪的"飞地",民众与政府都不可为所欲为——这是当今新媒体舆情中双方都需克制与注意之处。例如舆情风暴中的"人肉搜索"现象,网络审判现象,新媒体平台关联的商业化现象、商业化炒作等,除了依赖新媒体的自净功能外,也需要执法及行政部门适当介入。

其次,关于舆情应对的方法论——即舆情应对的具体操作方法与操作内容。从应对时间讲,理想的新媒体舆情应对时间是"黄金 4 小时"原则——人民网舆情监测室基于互联网环境提出了"黄金 4 小时"原则,即及时有效地回应舆情是舆情治理的头等法则,但第一时间放弃话语权却成为近年舆情应对的常见模式,反应延后成为加剧舆情危机的重要原因。

再次,关于舆情应对的认识论——即高瞻远瞩的预警机制及评估机制的完善,把每一次舆情应对与宏观层面的舆情认知结合起来。某一舆情话题的消泯,并不意味着舆情的完全终止——新媒体背景下的舆情类型往往形成彼此言说的力量,比如近年多见的涉及城管、警界的舆情,发生时间、地点尽管不同,但多数存在共同特征——在新媒体上迅速跨越地域界限,在网络空间掀起舆论声讨的局面,继而引起传统媒体以及新媒体舆论领袖的转发、评论,而不同职能部门的应对似乎又每每拙于应付,任由同类事件频频发生。这说明某一事项的舆情减弱后,针对同类舆情的长效机制的缺失。另外,民众与职能部门你说你的,我做我的,每一遇到舆情爆发又常"隔空喊话""互相质疑",民众与舆情客体间缺少一种长效、合理的沟通渠道,这是现今舆情应对的主要问题。

舆情应对需整合价值论、方法论和认识论等不同层面,通盘规划、细处着眼,避免官民对峙、两个舆论场对立的惯性思维,唯其如此,才能纾解舆情态势。

本章小结

1.舆情并不是什么新鲜事,自古有之。与舆论相比,舆情更具有互联网的基因,近年来,新媒体成为舆情首发媒体的态势已经不容忽视。

2.新媒体背景下舆情类型多样,需依据具体的分类标准综合思量,应对舆情需具体问题具体分析。

3.新媒体背景下社会舆情具有新的特点与热点,需关注舆情的"两个舆论场"现象。

复习与思考

1.辨析舆论与舆情概念。

2.理解新媒体与社会舆情的关系。

3.辨析新媒体背景下舆情的类型。

4.分析互联网背景下舆情的热点及其演化情况。

5.以例证法解析互联网背景下舆情的特点,并提出具体的应对措施。

6.如何看待当下舆情应对中"两个舆论场"的现象。

第二章　舆情、媒体建构及风险社会

一、案例：山东问题疫苗舆情事件

1.非法疫苗事件回放及媒体参与时间轴

2009年，犯罪嫌疑人庞某卫因非法经营人用二类疫苗被判有期徒刑3年缓刑5年，处罚金50万元。

2015年4月，济南市公安局食药环侦支队会同济南市食药监局食品药品稽查支队，捣毁一处位于偏僻厂房内的仓库，现场查获大批预防流行性乙型脑炎等人用疫苗，价值近70万元，并将犯罪嫌疑人庞某卫及其女儿孙某抓获。

2016年2月1日，济南市公安局食药环侦支队召开新闻发布会，向市民通报2015年济南市食药环侦部门各项工作情况。

2016年2月2日，央广网发表文章《济南查获大宗失效人用二类疫苗案，涉国内24省市有疾控人员参与》：

> 央广网济南2月2日消息（记者柴安东　济南台马艺）昨天，济南公安食品药品环境侦查支队公布消息，他们查获了大量非法经营的人用疫苗。这些疫苗虽为正规厂家生产，但由于未按照国家相关法律规定运输、保存，脱离了2～8摄氏度的恒温冷链，已难以保证品质和使用效果，注射后甚至可能产生副作用。让人触目惊心的是，这些防治流感、乙肝、狂犬等病毒的25种人用二类疫苗或生物制品疫苗，通过国内10多个省市的100多名医药公司业务员或疫苗非法经营人员，加价转手价销给国内24个省市的近300多名疫苗非法经营人员或少量疾控部门基层站点，累计金额（含收入、支出）超过5.7亿元。

2016年2月23日，新华社济南电（记者王志）：记者从济南市公安局食品药品与环境犯罪侦查支队获悉，济南警方日前成功破获一起公安部、国家食药监总局督办的非法经营人用疫苗案件，涉案价值高达5.7亿元。

2016 年 3 月 18 日,澎湃新闻报道:《数亿元疫苗未冷藏流入 18 省份:或影响人命,山东广发协查函》。

2016 年 3 月 19 日到 20 日两天内,国家食药总局连发三条公告督促各地监管部门迅速行动。

2016 年 3 月 20 日,央视新闻指明疫苗涉及 25 种儿童、成人用二类疫苗(包括水痘减活疫苗、冻干人用狂犬病疫苗、腮腺炎减毒活疫苗等),线索流向 24 个省市区。

2016 年 3 月 21 日,食药监总局、公安部、国家卫计委联合发通知,要求各地相关部门加强协作成立联合工作组,尽快查清济南非法经营疫苗涉案产品来源去向,各级联合工作组每日工作进度逐级上报。

2016 年 3 月 22 日,最高人民检察院官网发布消息称,最高检挂牌督办非法经营疫苗系列案,要求各级检察机关侦查监督部门切实做好案件办理工作。通知强调,涉案地检察机关侦查监督部门要充分发挥检察职能,符合逮捕条件的要及时批准逮捕。

2016 年 3 月 22 日,世界卫生组织表示:将等待调查结果的公布,时刻准备提供支持。疫苗应正确储存和管理,否则将失去效力或降低效力。但是,不正确储存或过期的疫苗几乎不会引起毒性反应,因此在本事件中,疫苗安全风险非常低。

2016 年 3 月 22 日,李克强总理就山东 5.7 亿元非法疫苗案作出批示,批示指出:此次疫苗安全事件引发社会高度关注,暴露出监管方面存在诸多漏洞。食药监总局、卫生计生委、公安部要切实加强协同配合,彻查"问题疫苗"的流向和使用情况,及时回应社会关切,依法严厉打击违法犯罪行为,对相关失职渎职行为严肃问责,绝不姑息。同时,抓紧完善监管制度,落实疫苗生产、流通、接种等各环节监管责任,堵塞漏洞,保障人民群众生命健康。

2016 年 3 月 23 日,国家食药监总局官网发布"对山东济南非法经营疫苗案有关线索开展调查的通知",并公布一些线索:如"上线"为医药公司业务员的名单与手机号码。

2016 年 3 月 24 日,公安部、卫计委、食药监总局将针对"山东问题疫苗事件"举行联合记者会,国家食药监总局新闻发言人颜江瑛、公安部治安局副局长华敬锋、国家卫计委疾控局局长于竞进等介绍相关情况。

2016 年 3 月 28 日,国务院成立督查组,并批准成立联合调查小组,调查小组 28 日晚赶赴山东,全面开展案件调查。

2016 年 3 月 29 日,部门联合调查组组长、食品药品监管总局局长毕井泉召开第一次全体会议强调:对于在调查中故意隐瞒事实、弄虚作假、提供虚假情况的,要从严惩处。

2016 年 3 月 30 日,香港卫生署突然叫停非香港本地儿童注射疫苗预约,从 4 月开始,全港母婴健康院每月只有 120 个名额可供非香港儿童预约接种疫苗,而由于香港本地儿童已经有很大需求,部分母婴健康院可以即时停止预约服务。

2016 年 4 月 5 日,国务院山东疫苗案工作督查组听取部门联合调查组汇报,要求在已取得阶段性进展基础上,加快调查进度,追究有关人员责任,严惩违法犯罪分子。

2016 年 4 月 13 日,国务院总理李克强主持召开国务院常务会议,听取山东济南非法经营疫苗系列案件调查处理情况汇报,会议决定,问责食药监总局、卫计委和 17 省份相关责任人,有关方面先行对 357 名公职人员等予以撤职、降级等处分。

2016 年 4 月 23 日,国务院总理李克强签署第 668 号国务院令,公布《国务院关于修改〈疫苗流通和预防接种管理条例〉的决定》,决定自公布之日起施行。决定采购疫苗,应当通过省级公共资源交易平台进行;第二类疫苗由省级疾病预防控制机构组织在省级公共资源交易平台集中采购,由县级疾病预防控制机构向疫苗生产企业采购后供应给本行政区域的接种单位。

2016 年 10 月 21 日,最高检新闻发言人介绍,山东济南庞某某等人非法经营疫苗案曝光后,批准逮捕涉嫌非法经营等犯罪嫌疑人 297 人、起诉 68 人、立案侦查涉及的职务犯罪 100 人。

2017 年 1 月 9 日,济南市中级人民法院一审公开开庭审理被告人庞红卫、孙琪非法经营一案,公诉机关指控庞红卫、孙琪在未取得《药品经营许可证》等资质条件下,非法经营冻干人用狂犬病疫苗等多种药品,销售金额达到 7400 多万元。

2017 年 1 月 24 日,山东疫苗非法经营案宣判,2 名主犯庞红卫、孙琪分别获刑 19 年和 6 年,扣押在案的疫苗等药品依法予以没收。

……

整体看,非法疫苗事件成为舆论热点有一个明显的时间节点:2016 年 3 月 18 日,此前关于疫苗的报道基本是零星与散落的,并未形成社会热点话题;此后,关于这一话题的报道不论是涉及的领域还是参与的数量都呈现迅速上升的特点。从涉及的领域讲,疫苗几乎成为街头巷尾的共同话题,传统媒体与社交媒体的话题跟进构成立体式的话题环境;同时,舆情与政府行动紧密结合,无论是横向的政府多个部门的联合调查,还是纵向的从国家到地方多个层级的配合行动,用雷霆之势来形容这场事件十分贴切。

2. 非法疫苗舆情中的媒体表现

2016 年 3 月 18 日,澎湃新闻以《数亿元疫苗未冷藏流入 18 省份:或影响人命,山东广发协查函》为标题对山东疫苗进行报道,与此同时,澎湃新浪官微(如图 2-1 所示)、澎湃微信公众号都有同题报道。

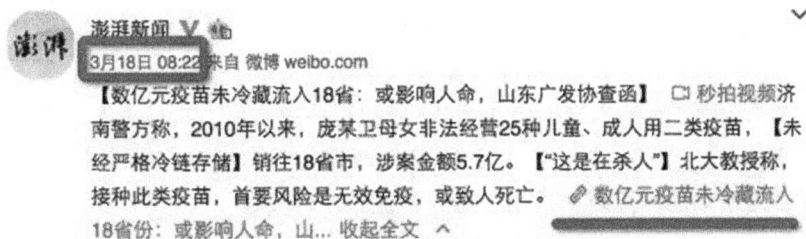

图 2-1　澎湃新闻新浪微博截图

澎湃新闻新浪微博在 3 月 18 日连发四条有关山东疫苗的新闻,但上面这条的阅读量、转发量、评论量均居四条之首,详见表 2-1[①]:

表 2-1　澎湃新闻新浪微博 2016 年 3 月 18 日微博发布情况

新闻标题	发博时间	阅读量	转发	评论
数亿元疫苗未冷藏流入 18 省:或影响人命,山东广发协查函	8:22	2438 万	4 万	2 万
涉案疫苗数量可能已无法精确统计	9:00	277 万	1 万	6950
庞某卫什么来头?	13:20	51 万	673	850
山东疫苗案嫌犯在疫苗圈里"颇有威望",人称"庞姐、庞姨"	21:09	35 万	499	1033

在这一报道的基础上,大量媒体、舆论领袖及普通用户开始二次传播,舆情逐渐高涨,如 3 月 18 日上午的@东方早报、@财经网、@新京报、@头条新闻、@网易新闻、@Vista 看天下、@环球时报、@凤凰网、@南都周刊、@央视新闻等;下午的@姚晨、@陈坤、@南方人物周刊等;晚上的@人民网、@胡舒立、@张亮 Sean 等。19 日@新华网、@果壳网等加入发声;20 日@稀土部队;21 日@财新网、@三联生活周刊、@南方周末等。22 日大量名人明星参与发言,如@蒋勤勤、@知乎、@李开复、@贾乃亮、@主播李湘、@黄晓明、@薛蛮子、@李冰

---

① 统计时间:2017 年 2 月 4 日。

冰、@任贤齐、@舒淇、@潘长江、@孙红雷、@刘若英等。[①]

随后,官方回应明显增多,媒体方面,中央电视台 3 月 20 日的新闻指明疫苗涉及 25 种儿童、成人用二类疫苗(包括水痘减活疫苗、冻干人用狂犬病疫苗、腮腺炎减毒活疫苗等),线索流向 24 个省市区。政府部门更是涉及部委、地方行政等多部门。2016 年 3 月 22 日,最高人民检察院官网发布消息称,最高检挂牌督办非法经营疫苗系列案,要求各级检察机关侦查监督部门切实做好案件办理工作;世界卫生组织表示:将等待调查结果的公布,时刻准备提供支持。疫苗应正确储存和管理,否则将失去效力或降低效力;李克强总理就山东 5.7 亿元非法疫苗案作出批示……2016 年 3 月 22 日的数据达到山东疫苗舆情的最高位,这可以从百度指数的网民行为数据中得到印证,如图 2-2、图 2-3、图 2-4 所示。

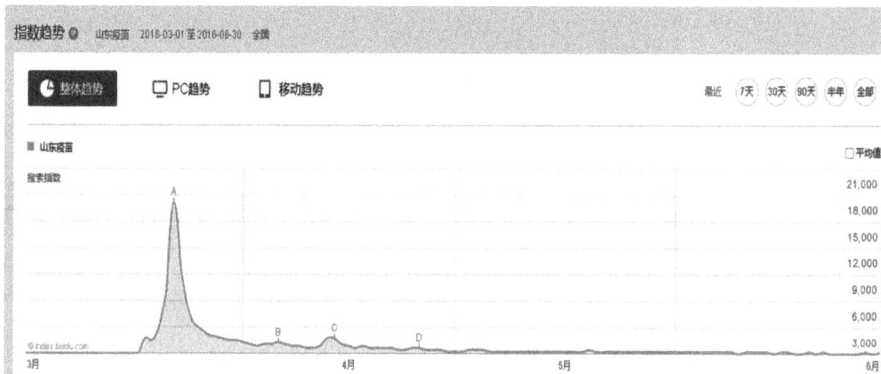

图 2-2 百度指数关于山东疫苗的整体趋势图

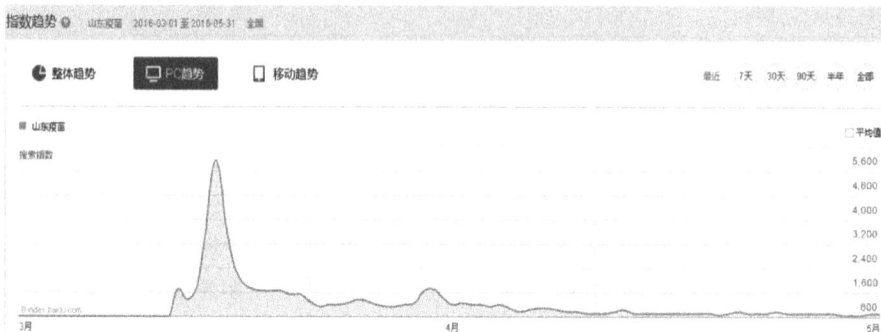

图 2-3 百度指数关于山东疫苗在 PC 端的指数趋势

① 社会网络与数据挖掘:《数据回顾:非法疫苗事件经历了哪些大 V 传播?》,2016-03-28 10:42:25,http://weibo.com/ttarticle/p/show? id=2309403957952800241660,2017-02-04。

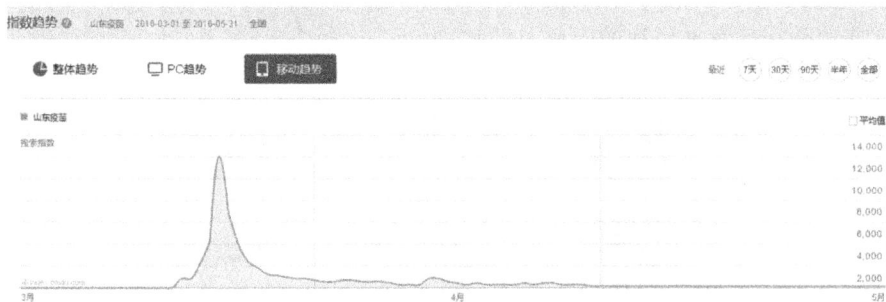

图 2-4　百度指数关于山东疫苗在移动端的指数趋势

以上三图的网民行为数据均在 3 月 22 日达到最高位，微信公众号的表现同样如此，"'问题疫苗事件'曝光后，'疫苗'相关微信公众号发文量急速攀升，3月 22 日增幅最为突出。随着事件进展持续跟踪，发文量依旧很高……3 月近一周'疫苗'相关发文量是 1—2 月发文量总和的 11.8 倍。"[①]从公众号类别看，生活服务类对疫苗事件传播力度最大，其次是报纸及门户网站，详情见图 2-5[②]。

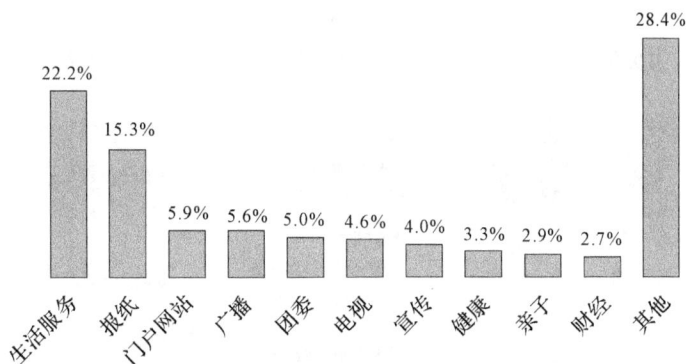

图 2-5　"问题疫苗事件"发文公众号行业分布

从图 2-5 看出，报纸、广播、电视等传统媒体的公众号发文量约占总发文量的四成，其余公众号覆盖范围广，话题侧重范围不同，目标受众多样化。如从影响力讲，传统媒体的公信力普遍高于社交新媒体，这四成的效力不可低估，如澎湃新闻、中央电视台在此次舆情中的重要角色。从意见领袖看，"央视新闻"、黑

---

①　199IT：《2016 年"问题疫苗事件"微信公众号热点洞察》，2016 年 3 月 25 日，http://www.199it.com/archives/454245.html，2017-02-04。

②　199IT：《2016 年"问题疫苗事件"微信公众号热点洞察》，2016 年 3 月 25 日，http://www.199it.com/archives/454245.html，2017-02-04。

龙江电视台都市频道的"新闻夜航"、"人民日报"、"甘肃交通广播"也占"问题疫苗"话题公众号意见领袖的四成,见图 2-6[①]。

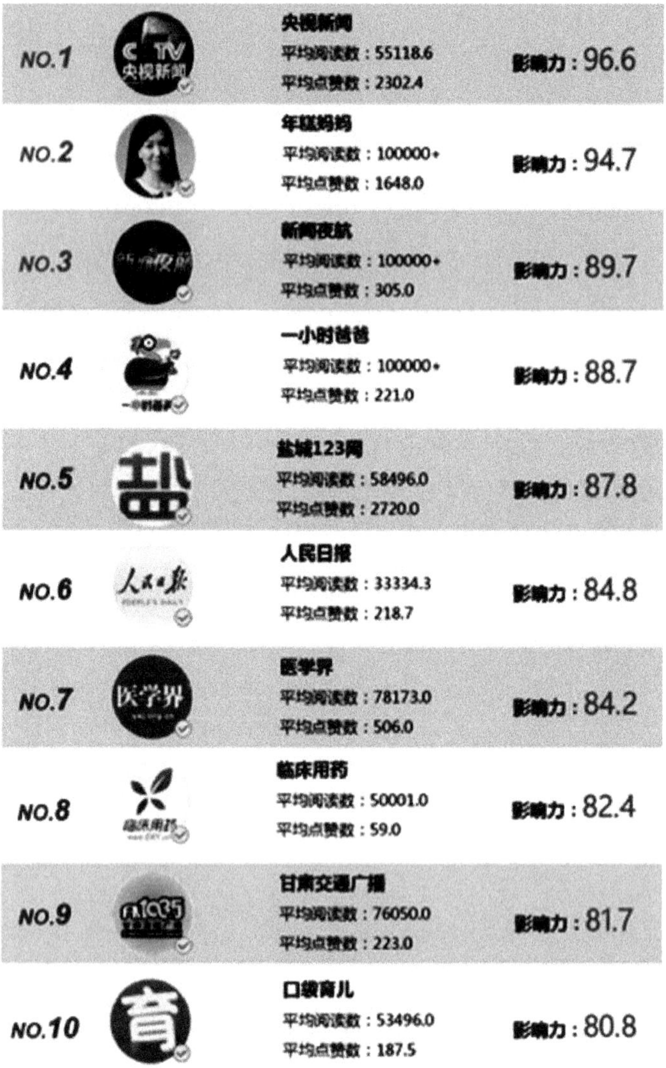

NO.1	央视新闻 平均阅读数:55118.6 平均点赞数:2302.4	影响力:96.6
NO.2	年糕妈妈 平均阅读数:100000+ 平均点赞数:1648.0	影响力:94.7
NO.3	新闻夜航 平均阅读数:100000+ 平均点赞数:305.0	影响力:89.7
NO.4	一小时爸爸 平均阅读数:100000+ 平均点赞数:221.0	影响力:88.7
NO.5	盐城123网 平均阅读数:58496.0 平均点赞数:2720.0	影响力:87.8
NO.6	人民日报 平均阅读数:33334.3 平均点赞数:218.7	影响力:84.8
NO.7	医学界 平均阅读数:78173.0 平均点赞数:506.0	影响力:84.2
NO.8	临床用药 平均阅读数:50001.0 平均点赞数:59.0	影响力:82.4
NO.9	甘肃交通广播 平均阅读数:76050.0 平均点赞数:223.0	影响力:81.7
NO.10	口袋育儿 平均阅读数:53496.0 平均点赞数:187.5	影响力:80.8

图 2-6 "问题疫苗"话题公众号意见领袖

---

① 199IT:《2016 年"问题疫苗事件"微信公众号热点洞察》,2016 年 3 月 25 日,http://www.199it.com/archives/454245.html.2017-02-04。

3.非法疫苗舆情中的话题走向

从话题走向看,同一时段的传播内容如传播初期多强调问题疫苗的严重性,如澎湃新闻新浪微博 3 月 18 日的微博,如微信公众号这一时段的热点文章等,详见图 2-7①。

公众号昵称	文章标题	阅读数	点赞数	发布时间
央视新闻	涉案5.7亿元疫苗未经冷链运输流入18省份 专家说"这是在杀人"	100000+	7770	2016-03-18 13:01:20
年糕妈妈	当所有人被"问题疫苗"刷屏之后…	100000+	1648	2016-03-23 7:28:07
央视新闻	山东查封疫苗品种名单公布 暴露四大监管漏洞 你该怎么办？	100000+	1007	2016-03-21 12:26:16
人民日报	涉案5.7亿元疫苗未经冷链运输流入18省份，专家说"这是在杀人"	100000+	656	2016-03-18 17:42:03
新闻夜航	山东问题疫苗流入黑龙江！哈尔滨的疫苗安全吗？怎么防范问题疫苗的危害？答案在这里	100000+	305	2016-03-21 5:07:09
一小时爸爸	数亿元劣质疫苗流入18省份，是危害全社会的恐怖事件 | 新闻转播	100000+	221	2016-03-18 14:05:55
临床用药	「毒疫苗」名单公布 这12种问题疫苗你不可不知	100000+	118	2016-03-21 21:20:43
新北方	未冷藏疫苗流入18省 辽宁有没有？	96741	328	2016-03-19 20:25:26
大黄鸭	疫苗之殇！震撼13亿国人！	94406	65	2016-03-22 11:33:00
果壳网	大批未冷藏疫苗流入市场，打了这种疫苗的后果有多严重？	91749	252	2016-03-18 22:57:54

图 2-7　"问题疫苗事件"相关公众号热点文章 Top10

舆情初期各类媒体多集中强调问题的严重性,从以上热点文章标题看,涉及"专家说'这是在杀人'"、危害、恐怖事件、毒疫苗、疫苗之殇、震撼、严重等主观词汇表达;其间还夹杂着专家观点、数字罗列等客观性词汇表达。从阅读量、点赞数等看,舆论规模可谓庞大;从情感与理智的层面看,舆情效应可谓显著。

舆情的两个重要内涵:其一,是"一定范围社会公众的共同意志";其二,具

---

① 199IT:《2016 年"问题疫苗事件"微信公众号热点洞察》,2016 年 3 月 25 日,http://www.199it. com/archives/454245.html. 2017-02-04。

有"鲜明的情绪性因素"。[①] 上述媒体表现是山东疫苗事件众多声音中的代表，但仅只意见领袖，仅只传统媒体或微博、微信公众号并不是舆情生成的充分条件——所谓聚沙成塔、滴水成川才是舆情强大影响力的真正推动力。澎湃新浪微博 3 月 18 日的新闻"数亿元疫苗未冷藏流入 18 省：或影响人命，山东广发协查函"阅读量达 2438 万，转发量 4 万，评论量 2 万，这些内容的乘积式、病毒式传播效应已经不可估量；社交媒体的话题"刷屏"正是社会公众共同意志、共同情绪的体现。

　　舆情初期强调问题疫苗的严重性之后，民众对疫苗的普遍不信任随之加重，舆情话题开始走向对疫苗相关知识的普及和对疫苗监管的持续讨论上。如在山东疫苗"刷屏"朋友圈的文章中，《疫苗之殇》的旧文被屡次提及的同时，世界卫生组织的新闻发布会强调不正确储存或过期的疫苗几乎不会引起毒性反应也在群情激昂的态势后逐渐引起关注；权威传统媒体如新华社专门发文《没有疫苗世界会怎样》称："山东'疫苗案'暴露出来的不是疫苗之殇，而是非法经营、监管不力的问题。"

　　关于疫苗监管，人民日报评论文章：《建议明确并试点"食药警察"制》：

　　　　建议以此次事件为政策窗口，秉持"最小折腾，最稳路径，最大改善"的原则，从制度层面明确"食药警察"队伍。一方面，新队伍不新增行政编制，可通过现有食药稽查人员转换身份或公安民警转任岗位来实现。另一方面政策可先在国家和省级层面试点，待时机成熟后再向市县和基层延伸。尤为重要的是，改革最终目的是突破单一行政监管的传统模式，综合运用刑事司法等手段治理食品药品违法犯罪行为，真正落实用"四个最严"保障人民群众饮食用药安全。

　　《新京报》的报道是《将山东疫苗案全链条纳入法治规制》：

　　　　在我国疫苗市场年估值约 90 亿至 200 亿元的语境下，山东疫苗案涉案金额高达 5.7 亿元，说其是疫苗领域的"惊涛骇案"，并不过分。虽然这 5.7 亿不意味着相同价值的疫苗都已流入市场，也并非在一年内发生，但虑及失效疫苗的风险，还有其数量和流向难以精准追溯，引发的舆论公愤之多，可以想见。在此情境下，也只有将该案全面纳入法治轨道，才能抚平公众的愤慨和焦虑情绪。而这里的"法治"，不止包括要对案中每个涉案者都依法溯责，还包括有关方面在后续的信息公开和赔偿环节要尽到法定责任。

---

　　① 梁兴国：《网络舆情与社会冲突治理》，《上海财经大学学报》2012 年第 3 期，第 36 页。

关于信息公开,《新京报》还刊登文章:《用专业信息让民众免于"疫苗恐慌"》:

> 就危机应对而言,当下跟溯源一样不可忽略的,是给公众及时"接种"对疫苗恐慌免疫的"信息疫苗",尽力打消他们在"不知情"和涉医药安全信息敏感包夹下的焦虑。这里的信息,指的是包括具体案情、问题疫苗危害和追查问责在内专业权威并敞开的信息;而官方也有义务主动、多渠道发布这些信息。这其中就包括对该事件中"疫苗"的问题界定。其次,对于问题疫苗危害程度的官方有效科普也很重要。而更重要的,是要及时厘清问题疫苗闭环型的流转全过程,还有对受害者展开按图索骥式摸底排查,并尽早制订救助补偿的善后方案。
>
> ……

由起初疾呼问题疫苗的严重性到后来对接种疫苗的理性强调及对疫苗监管、信息公开的诉求,舆情之情绪与情势在充分流动之后得以慢慢收缩,舆论之理性认知的成分渐渐增强,舆情、舆论的媒介生态也更加有序。

关于山东疫苗事件的媒体表现与话题走向,涉及新媒体与社会舆情的几个观察点:各式媒体为强调问题严重性而带来的对新闻专业主义及媒体伦理的挑战;传统媒体的新媒体平台及其公信力、影响力的持续存在,与其说社会舆情借由新媒体而促发、走强,不如说社会舆情经由融媒体环境而"成蛹""出茧"。

二、舆情传播与媒体角色

1. 舆情"成蛹"与"标题党"

关于怎样的事件与信息特征才会成为舆情,没有完全客观的依据与标准,但大体上,从媒体的角度讲,舆情的"成蛹"与"出茧"——即舆情的孵化与爆发离不开社交新媒体与传统大众媒体这两个"左膀右臂"。

山东疫苗案的舆情"成蛹"与舆情"出茧"也经历了弗朗索瓦丝·勒莫关于"幼虫""成蛹"及"出茧"这一谣言传播主要阶段的类似情况:即在舆情的"幼虫"阶段,人们就积聚着对现实的一些不安,这些不安以集体无意识的形式潜伏着;由"幼虫"到"成蛹"则主要因导火线的出现而触发记忆;"出茧"是指群体性增强,舆情风暴蔓延。这三个阶段分别对应的是信息的传染、孵化与爆炸。山东疫苗案的舆情传播中,通过上一节的内容梳理,容易发现一个事实——媒体角色的不可忽视。在众多媒体中,澎湃新闻又是一个使疫苗事件成为舆情热点的重要媒体。

澎湃新闻于 2016 年 3 月 18 日同时发布微博与微信文章,标题为《数亿元疫苗未冷藏流入 18 省份:或影响人命,山东广发协查函》。则引发强烈关注的新闻在澎湃新浪微博同天的四条微博及澎湃微信公众号中,其阅读量、转发量、评论量显著高于其他三条信息(详见表 2-1)。此前,山东疫苗案已初露端倪——已具备重大舆情生成的基本条件:疫苗与幼儿健康问题的广泛关联、涉案时间之长与涉案金额之大、监管者的严重疏漏、违法者的肆无忌惮。

从媒体介入讲,此前 2 月 1 日济南市公安局的新闻发布会、2 月 2 日央广网的文章、2 月 23 日新华社的发文均没有使这只舆情"幼虫""破茧而出",可以说,山东疫苗事件形成舆情风暴是"万事俱备,只欠东风"了。澎湃网是否就是那个"东风"尚难定论,但至少就 3 月 18 日的那条新闻而言,其影响力之巨大不可忽视。《数亿元疫苗未冷藏流入 18 省份:或影响人命,山东广发协查函》的标题涉及几个数字:数亿元,18 省份——涉案价值及涉案范围都十分惊人;但更令人心惊的是"或影响人命"五字。这一标题如同双刃剑,在引发民众关注此事的同时也容易加剧其恐慌程度。这是舆情生发过程中的常见现象——事件与报道内容的惊人程度往往离不开媒介报道、媒介解读与媒介评论。在新媒体背景下,信息的海量化特征也迫使新闻信息需要以更大的"音量"、更浓的"色彩"、更有利的位置、更吸引人的"脸面"——标题来吸睛。

2016 年 3 月 19 日,也就是澎湃新闻刊发以上新闻的第二天,微信公众号"口袋育儿"发布文章《别惊慌!山东疫苗事件其实是澎湃新闻的"标题党"》,口袋育儿劝宝妈们别惊慌:"你现在给宝宝打的疫苗,基本不会是涉案的问题疫苗!"理由是:涉案疫苗不是假疫苗,是合格疫苗;合格疫苗没有冷链储运不一定会失效;即使疫苗失效,事实上没有"影响人命"。这篇文章称"澎湃"3 月 18 日的首条新闻标题为"标题党",并在朋友圈中被大量转发,从而引发疫苗的话题讨论走向两个方向——理性看待与感性不信任两大阵营。

博关注是"标题党"的普遍意图,但博关注的同时是否引发谣言、是否激发社会恐慌则是对"标题党"现象的进一步思考。与山东疫苗舆情几乎同步的是疫苗接种的信息危机,有许多人表示不敢给小孩打疫苗了,甚至还有人表示要像买国外奶粉或去香港带奶粉那样,带孩子去香港甚至国外注射疫苗。过度的恐慌与普遍的不信任情绪并非山东疫苗事件才有的现象,2013 年"乙肝疫苗致死案"及此前三聚氰胺事件、多地的毒跑道事件均是疫苗案舆情中民众不安、不满情绪容易被点燃的因素。以上因素就是舆情的"幼虫"期,"幼虫"自然会长大,但有些"幼虫"却迅速"成蛹"——因为导火索的出现,而这导火索往往离不开媒体的助燃。

就澎湃的那条新闻讲,是否为"标题党"焦点在于是否会"影响人命"的说辞。与此同时,财新网发出一则旧闻《疫苗之殇》也刷爆朋友圈。从"标题党"的影响而言,恰当的"标题党"容易穿透信息不透明导致的某些问题的遮遮掩掩,引起公众广泛关切,从而解决问题;不恰当的"标题党"则容易引发民众情绪爆发,引发舆情的次生灾害,甚至"妨碍传播公正,误导公众的价值判断,强化审丑化、恶俗化心态,可说是对公共生活的精神污染,堪称'全民公敌'"。① 2013年"乙肝疫苗致死案",导致乙肝疫苗接种率直线下降,监测显示,2013年12月乙肝疫苗的接种率下降了30%,其他种类的国家免疫规划疫苗接种率下降了15%。

在人人都有发言机会的冲击下,传统媒体也在不断寻求转型之法,这是舆情社会的媒介生态。"标题党"这一现象并非新媒体兴盛以来才有,但它在新媒体环境下日益频繁,其目的是为了在海量的信息环境中吸引眼球、增加点击量。但"标题党"又有程度不同与目的不同等的差别。程度不同,是指渲染程度的不同,如一些"标题党"是夸张或部分强调以增加信息内容的关注度,一些是"标题党"偷换概念,甚至与内容完全不相干来骗取点击量。如"凌晨6点发生重大血案,一家34口被残忍杀害,其中一名有孕在身"(被杀的其实是一窝老鼠);有些"标题党"则故意煽动情绪,如某网站在转载新华网文章《多地整治网约车探索"规范路径"》时,将标题改为《官方:网约车属高端服务不应每人打得起》;有的"标题党"则低俗恶俗,如《这帮姑娘不穿衣服怎么也不害羞》,其实是指艺术探索形式;有些"标题党"则捕风捉影,混淆视听,如《超市里用来捆绑蔬菜的胶带有毒》……"标题党"热衷于民生、教育、医疗等话题,这些与百姓生活普遍相关的话题更容易引发关注。

山东疫苗舆情中的"标题党"争议主要指向"是否致命"的核心问题,以及没有冷藏的疫苗就等同于毒疫苗的内容表述上。2016年3月18日后的舆情走向中,"疫苗之殇"、疫苗不安全、不给孩子注射疫苗、"判死刑"、移民等情绪性表达成为朋友圈的主调,这当中不乏主流媒体公众号的身影。与之不同的声音如合格疫苗没有冷链储运不一定会失效,即使疫苗失效,事实上没有"影响人命"等的说法并不受大量民众甚至媒体的欢迎。可以说,在关于疫苗危机的信息传播过程中,主流媒体与自媒体互为波澜、互相掀起舆情高潮的特征一览无余。

主流媒体并不因有编辑、记者等专业人员的存在而自外于"标题党"的行列,强烈的情绪性标题容易激发民众对事件的情绪性关注,但就客观全面地传递事实真相而言却于事无补。这就可能引发一个现象:传统媒体为博得原有的主流地位,反而更容易挖掘嗅觉能力,让自己的声音变强影响力增大,甚至迎合

---

① 李浩燃:《谁是"悬疑新闻"的推手》,《人民日报》2014-09-15,第04版。

新媒体的传播环境。于是,"标题党"频繁出现,或以抓取刺激性的事件作为新闻,而与社交媒体、自媒体争夺眼球或流量。2014 年 8 月 10 日,湖南省湘潭县妇幼保健医院一名张姓产妇因术后大出血不幸死亡,一篇题为《湖南一产妇死在手术台 主治医生护士全体失踪》的报道在网上热传,聚焦于医患矛盾的标题无疑容易激化民众的情绪与负面联想。

普遍存在的媒介伦理规则及新闻专业理念是去除"标题党"负面影响的主要思路。关于疫苗与"人命"等话题的联系,关于主流媒体的新闻专业主义取向,以下内容可供讨论:

澎湃新闻 V
2016-3-21 15:32 来自 微博 weibo.com
【广东河源一4岁男童在幼儿园注射疫苗后发热,抢救无效死亡】据广州日报,河源紫金县卫计局昨日通报:4日上午,该县一4岁男童在幼儿园由卫生院医生注射了一支A+C群流脑多糖疫苗以及服食了脊髓灰质炎减毒活疫苗。当天下午出现发热症状,经抢救无效,于8日死亡。同批次疫苗已被封存。专家将在尸检结果出具后进行调查诊断。 　广东河源一4岁男童在幼儿园注射疫苗后发热,……

澎湃新闻 V
2016-3-18 08:22 来自 微博 weibo.com
【数亿元疫苗未冷藏流入18省:或影响人命,山东广发协查函】 澎湃新闻的秒拍视频济南警方称,2010年以来,庞某卫母女非法经营25种儿童、成人用二类疫苗,【未经严格冷链存储】销往18省市,涉案金额5.7亿。【"这是在杀人"】北大教授称,接种此类疫苗,首要风险是无效免疫,或致人死亡。 　数亿元疫苗未冷藏流入18省份:或影响人命,山… 收起全文 ^

澎湃新闻 V
2016-2-16 08:55 来自 微博 weibo.com
【新疆8岁男童因接种疫苗致瘫,法院撤销136万元补偿补助】"2012年,8岁儿子打完疫苗就高位截瘫,家毁了"。中国疫苗接种不良反应率是百万分之一到二,补偿补助是王红军的唯一希望。去年,法院一审判决获补偿补助136万,他决定拿钱给儿子看病,但企业上诉了,136万被二审撤销。 　新疆8岁少年因接种疫苗致瘫,法院撤销136万元…

澎湃新闻 V
2014-7-28 11:37 来自 微博 weibo.com
【山东男孩接种疫苗后不能说话行走,政府补偿10万不准上访】即便是完全合格的疫苗也可能导致死亡和后遗症,这就是"恶魔抽签"。山东8岁男孩李致康在接种甲流疫苗后,无法说话和正常行走,智力低下。在数次进京上访后,当地卫生局与他家签订协议:补贴10万,不准上访,不准起诉。 　网页链接

澎湃新闻 V

2014-7-27 11:03 来自 微博 weibo.com

【最倒霉家庭：不给第三个孩子喂奶粉，也不敢打疫苗】大儿子注射乙脑疫苗后身患脑炎，小儿子因为食用三鹿奶粉患胆结石。山西疫苗事件4年过去，至今未有官方结论。当年的受害者壮壮今年12岁，梦想是长大后当警察。壮壮的父亲最后拿到政府给的10万元，却是以"专利奖励"的名义。 🔗网页链接

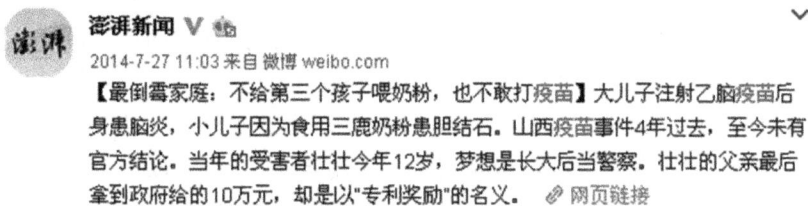

图 2-8　澎湃新闻新浪微博关于疫苗的部分话题

以上标题均涉及疫苗与致死、致残的直接关联，涉及新闻性与（医学）专业性的关系，因而，它也向新闻专业主义、新闻伦理等提出了更高的要求。新媒体环境下，主流媒体传递信息、承担社会职责的义务并没有减弱，相反，民众对主流媒体的期待会更高；即使在社交媒体平台上，主流媒体的表现也需谨慎。同时，鱼龙混杂的自媒体是否必然有"自净"功能尚难确认，但其多样性也可弥补主流媒体一种声音独大的传统角色。值得注意的还有，民间组织或其他组织的信息"位置"与信息角色，如世界卫生组织、"知乎"及一些微信公众号的信息：

（2016 年）3 月 22 日，世界卫生组织新浪微博表示：疫苗应正确储存和管理，否则将失去效力或降低效力。但是，不正确储存或过期的疫苗几乎不会引起毒性反应，因此在本事件中，疫苗安全风险非常低。

这条微博有 1592 万的阅读量，转发量 2 万，评论量 1 万（查阅时间 2017-2-5）。随后几天，世卫组织的微博继续就山东疫苗的"毒性"进行解释：2016 年 3 月 29 日，世卫组织在北京就非法疫苗事件专门召开新闻发布会指出：中国疫苗的生产管理达到国际水平，希望能够进一步扩大计划免疫的范围。"减毒活疫苗的不当存储可能会使疫苗效力衰减失去活性，而对于灭活疫苗来说，存储不当可能导致蛋白质的降解，但是它们都不会产生额外有毒的物质。""知乎"等平台内容更加多样，比如既关注非法疫苗经营的问题，也谴责疾控系统监管不力的系统性腐败，同时也有涉案疫苗是否有毒的理性分析，比如科普文章《"问题疫苗"究竟有多大的问题？》……

关于疫苗案，在经历（2016 年）3 月 18 日、3 月 22 日的舆论高潮和舆论一致后，声音逐渐多元，这也是自媒体与主流媒体组合的媒体生态常有的现象与特征。问题在于：主流媒体在重拾话语主导权的同时，坚持新闻专业主义显得更加难能可贵。

2.舆情与新媒体环境下的新闻专业主义

新媒体环境下，媒体的专业主义内涵是否在发生变化？这是关注舆情传播与媒体角色时要进一步考虑的问题。

2017 年 1 月,国家互联网信息办公室网站发布消息,为进一步净化网络舆论环境,打击乱改标题、歪曲新闻原意等"标题党"行为,国家网信办联合相关部门日前开展了为期一个月的专项整治行动,依法处罚了新浪、搜狐、网易、凤凰、焦点等存在突出问题的 5 家网站,并对互联网新闻信息标题制作制定了专门规范。其中,针对"标题党"问题,国家网信办还制定印发了《互联网新闻信息标题规范管理规定(暂行)》,明确要求各网站在报道各类新闻,尤其是涉及重大时政新闻和重大突发事件等重要信息时,要通过标题内容传达正确的立场、观点、态度,确保导向正确,恪守新闻伦理,严禁恶意篡改标题炒作或蓄意制造舆论"热点"。

《互联网新闻信息标题规范管理规定(暂行)》明确:互联网新闻信息稿件标题的发布应当经过严格的审核校对程序,确保标题不得出现以下情况:歪曲原意、断章取义、以偏概全;偷换概念、虚假夸大、无中生有;低俗、媚俗、暴力、血腥、色情;哗众取宠、攻击、侮辱、玩噱头式的语言;法律法规明确禁止的和明显违反社会公序良俗的其他内容。严禁在标题中使用"网曝""网传"等不确定性词汇组织报道或者表述新闻基本要素。严禁各类夸张、猎奇、不合常理的内容表现手法等"标题党"行为。严禁通过各类具有暗示或者指向意义的页面编排、标题拼接等不当页面语言,传播错误导向。

以上规定或许可以在一定程度上扼制不实标题、低俗标题、夸大式标题等蓄意制造舆论热点的增多,但与此同时,也需要思考新媒体环境下新闻专业主义内涵的语境变迁。

新媒体环境下,新媒体是否革了新闻专业主义的命?① 这个问题涉及新闻生产、传播、消费等诸过程的变化,更涉及传统大众媒介话语权的变迁,还涉及媒体角色与社会关系等更为宏观的问题。

山东疫苗事件中,媒体——不论传统主流媒体还是个人自媒体等均参与到舆情过程中,这也是近年舆情发生、演变的共同特征。就舆情的生成而言,以澎湃新闻、央视等为代表的主流媒体是以舆情首发媒体的身份出现的,其他传统媒体及微博、微信等公众号文章及众多网民自媒体则是跟从型媒体。但不论是首发媒体还是跟从型媒体,网民的大量点赞、评论、转发是舆情升级的主力军。可以说,山东疫苗事件的舆情及次生危机的产生、舆情不同走向的发展等是由 PGC 与 UGC、OGC 三种模式共同构成的——PGC 是指专业内容生产(Professionally-generated Content),UGC 是指用户生产内容(User-generated

---

① 吴飞:《新媒体革了新闻专业主义的命?——公民新闻运动与专业新闻人的责任》,《新闻记者》2013 年第 3 期,第 11—19 页。

Content），OGC（Occupationally-generated Content）是指职业生产内容。

以"澎湃"等为代表的主流媒体是 PGC 的典型，但恰恰是澎湃新闻引发了关于是否"标题党"的争议；世界卫生组织则是 OGC，它在引导人们理性看待疫苗是否有毒性、还该不该注射疫苗等问题上起到很大作用；网民则以跟帖、评论、点赞、转发等方式参与了舆情生产的全部过程。这三种信息生产主体共同参与舆情话语的建构，有的专注于以权威和醒目抢头条、求关注、拉流量，有的专注于"正本清源"以职业理念答疑解惑，有的则发泄不满不安的情绪……就舆情的动力生成而言，专业内容生产往往仍旧注重占头条或跟热点，用户生产内容则往往随波逐流跟风发泄，职业生产内容方则往往是冷却舆情情绪热度的最佳角色。但三者之间的界限又不是泾渭分明、彼此隔绝的，澎湃新闻所发新浪微博的内容如果不是网民大量转发、评论、阅读就不会有太大的影响力；同样，微信公众号的文章也很难明确归于 PGC、OGC 或 UGC，比如"口袋育儿"关于疫苗安全性的文章，"医学界儿科频道"的《"疫苗之殇"？ 不靠谱！》的文章，"咪咕阅读"的《疫苗之殇？ 先科普，再谈"殇"！》等。

舆情参与主体的多元也向大众媒介时代的新闻话语提出了挑战。

挑战或思考之一：新媒体环境下的新闻专业主义是否应该改为新闻职业伦理与职业良知？

有学者如李岩等认为，新闻的大众化特性消解了专业化的可能；在认同新闻真实、客观等职业理念追寻的基础上，专业主义精神内涵可以替换为职业伦理与职业良知，而新闻业在当下并不需要强调与实现所谓的专业化。新闻信息传播发挥着社会的瞭望器、导航灯、对话交流材料与平台、传承文明等作用，它既然与公众如此密切相关，如同呼吸对于生命的维持，思想自由对于灵魂的成长，它又岂能交由一部分人来进行排他性的垄断的运行，在技术已经能够赋予每个人渠道（通过新媒体）与智力资源（通过普及教育）来参与运行的时候，就新闻业而言，其作为新闻生产的主导者在面临媒介生态变化的背景下，并非一定要把新闻专业主义当作新闻实践的唯一模式，新闻专业主义是新闻实践的一种模式，在美国新闻史中，新闻实践从来就不止一种角色和模式。[①] 黄旦从调查中发现，20 世纪 70 年代的美国新闻从业者更倾向于参与式角色而非中立，且在新闻实践中"参与"与"中立"两者是并存的。到了 80 年代则分二为三，即对立者、解释者和传送者。[②] 其实，在新闻实践中，传统大众传媒从业者内部也有多元的角色：对立者、解释者与传送者；在舆情传播中，对立者、解释者与传送者的角色

① 李岩、李赛可：《新闻专业主义的悖论探析》，《新闻界》2014 年第 1 期，第 11—16 页。

② 黄旦：《传者图像：新闻专业主义的建构与消解》，复旦大学出版社 2005 年版，第 344 页。

也可以多元并存。因此,新媒体环境下,新闻专业主义的理想追求如果转换为职业伦理与职业良知的追求也是一种可借鉴的途径。

相比新闻专业主义以客观性为核心理想的标准,由职业分工而来的职业伦理与职业良知或许更为切实可行;职业伦理与职业良知不以专业高标而垄断信息播报的标准,但对其内涵的理解以及相应的管理方法则仁者见仁。当然,新媒体环境下,以"高大上"之专业理念独占信息传播主流位置的现象已经很难做到了,更有甚者,专业性新闻机构也放低身段加入到抢热点、赚眼球、拉流量的竞争中,以致于专业新闻工作者会从微博、论坛、微信朋友圈等获取新闻线索,乃至也会出现"标题党"这样"靠脸吃饭"的现象。在新闻的社会化生产环境下,舆情的生发过程中主流媒体或许还会有类似表现。

挑战或思考之二:新闻专业主义仍然是一个有效用的分析性概念。

有学者如吴飞认为,新媒体的出现,社交网络的发达,不但不是新闻专业主义的终结者,而且是更有力的维护者。虽然新媒体背景下,社会公众都可以成为新闻信息的传播者,但这并没有改变社会对新闻的基本诉求。而新闻专业主义是基于新闻的生产过程而言的。只要存在新闻生产,只要社会对新闻的基本需要没有根本性的变化,那么新闻专业主义仍然是一个有效用的分析性概念。另外,新传播技术为新闻专业主义的发展和完善提供了更积极的力量。因为每一篇报道,都可能面临更大范围的批评,虽然有些批评质量不高甚至说不到点子上,但仍然会有一些非常专业的评价,有利于参与新闻报道的人受益。这种公开的观点冲击,会让公民记者和专业记者在新闻专业主义追求上得到更大的鼓励。再者,专业性的新闻传媒机构,能够为持续提供高水准的新闻报道提供人、财、物的保证,相反,自发的公民新闻不太可能获得这样的保证。[①]

新媒体语境下,传统主流媒体以转型方式延伸其在新媒体领域的位置,如澎湃新闻及其微博、微信公众号等。如果换一个角度看问题,此次山东疫苗事件中澎湃新闻等媒体的表现,比如对澎湃新闻涉嫌"标题党"的看法,也可说是民众提升专业素养的表现,这也利于新闻报道机构或个人接受更多监督并从中受益。另一方面,澎湃新闻的报道之所以引起关注,也同网民对这一新闻机构的信赖有关。在新媒体环境下,面对海量信息,面对时时发生的各类新奇事件,主流媒体的公信力依旧是网民提取信息的主渠道之一。如果社会对新闻的基本诉求不变,那么拥有人、财、物优势的专业性新闻机构就更应以优质专业的报道及更真实客观的新闻调查示人,而不是与社交性私人媒体一样简单地以

---

① 吴飞:《新媒体革了新闻专业主义的命?——公民新闻运动与专业新闻人的责任》,《新闻记者》2013年第3期,第11—19页。

博取眼球为要。

挑战或思考之三：三个舆论场。

山东疫苗案的舆情生发也体现了常见的"两个舆论场"的现象：党报、国家电视台、国家通讯社等的主流媒体舆论场及以新媒体为基本平台的民间舆论场。前者以引导式的正面舆情为主，后者以发泄式的负面舆情为主；前者是传统传媒的宣传话语，后者是新媒体的宣泄话语；前者仍旧希望引导舆论，后者试图反映现实改变现实。两个舆论场一个自上而下，一个自下而上，两者意图也有不同，因而两个舆论场似乎处于分化的状态。但山东疫苗案的舆情传播中，两个舆论场的典型特征又有所变化，即有三个舆论场，并且，三者之间又有交集。简单讲，就是以机构为代表的主流舆论、以个人为主的民间舆论、以专业组织为代表介于两者之间的社会机构。

在用户生产内容、机构生产内容之外，舆情话语场还涉及职业生产内容，即OGC(Occupationally-generated Content)，职业既可以是相关机构如世界卫生组织，也可以是相关专业的专家学者。从舆情参与者的角度看，舆情信息的参与主体又可以分对立者、解释者与传送者三大类。

在山东疫苗案的舆情中，世界卫生组织以及一些既具机构性质又具民间个人性质的微信公众号(如"口袋育儿")起到了"解释者"的作用，并在一定程度上缓解了信息传送者(如一些主要的媒体机构)与信息对立者(如大量相信疫苗有毒、不愿再接种疫苗的民众)的矛盾。但也需注意，在澎湃新闻新浪微博那条引人注目的新闻中还有如下表述："这是在杀人"——"北大教授称，接种此类疫苗，首要风险是无效免疫，或致人死亡。"这条被广为转发的信息因"北大教授"而加强了其说服力；因"或致人死亡"的说法而增加了震撼力，普通民众并不会专注于"或"字——这更强化了不确定性。

"或致人死亡"的说法多大程度上影响到人们对疫苗的普遍不信任，这个很难测量，但在舆情爆发的过程中，职业生产内容或"解释者"的角色应该可以起到对新闻机构及大量私人自媒体信息的补充与解释，公益性的涉外组织如世界卫生组织这样的机构就成为容易令人信服的解释者。

作为解释者的专家常起到两种作用，所谓"成也萧何，败也萧何"——专家话语有时可以缓解舆情的负面影响，在政府职能部门与民众视角之间充当调停者；有时则因言语失当、缺乏深刻全面的解释等反而加重舆情的负面影响。如2007年"茶水验尿"的舆情事件中专家们的表态：起初是就报道所述内容抨击医德，呼唤医改；后来医学专业网站丁香网刊登来自全国92家三甲医院医务人员的136份实验报告，显示把茶水当作尿来检验，化验单中的多数呈现假阳性，于是众多专家又转而批评媒体失当，但随后丁香网又承认其所刊登的92家三甲医院检验报告的结果只是匿名网友上传的帖子，网站并没有经过核实就予以刊登……专家以及医学网站的表现并没有起到正本清源、答疑解惑的作用，反而在一定程度上使舆论变得更加复杂。

专家学者本可以通过全面的分析，或者通过建设性的意见使事件朝良性方向发展。如 2003 年孙志刚事件之后，专家学者们并没有把注意力过多放在谴责执法不当上，而是聚焦于收容遣送制度是否合理，是否应该废止上。最终，《城市流浪乞讨人员收容遣送办法》被正式废除。2012 年"皮鞋老酸奶"事件中，大量关于老酸奶不能吃的微博帖子出现，一些专家即通过媒体或微博等渠道解释工业级明胶与食品明胶的区别，以及食品检测的一般流程，缓减了民众的不安情绪。

官方舆论话语与民间话语之间存在的不信任可以借助其他渠道比如专业领域的解读进行化解，此外，大 V、中小 V、网红等也可以充当舆情的正向功能，减少网络谣言、舆情失控等现象。新浪微博在网络大 V 精英化之外，开始注重话语权的分散与话语主体多元性的培育。2013 年底新浪微博启动中小 V 扶持计划，借此重构微博话语体系，鼓励稍有影响力的用户创造优秀专业内容，以提高内容的生产效率与话语的影响力布局。"专家型中小 V"可以凭借其专业知识以更分散的话语权、更多元的话语主体、更接近民众的姿态化解舆情中"沉渣泛起""泥沙俱下"的舆论冲击波。比如 2015 年 8 月天津塘沽爆炸事件中，一则微博提醒大家"冲击波可能造成内脏破裂，要及时去医院检查一下"，微博发布之后，很快引起大量网友的围观和讨论，并造成了一定程度的恐慌。时隔 8 小时后，微博"白衣山猫"副主任医师发布微博辟谣，称：

> 爆炸冲击波对人体伤害，是沿人体表片状冲击。人体表面最脆弱的是鼓膜。冲击波过后，你的耳朵不痛，听力无下降，你的内脏肯定不会受伤。暴力点状击打肝脾导致血肿，有剧烈腹痛者才有可能迟发破裂，需去医院。灾难当头，呼吁大家别信幺蛾子谣言，别恐慌，别去医院添乱。

"白衣山猫"还@平安天津，并在评论互动里补充：

> 如果冲击波作用使人摔倒，人体撞击其他尖锐物体，此种情况下，鼓膜完整，但内脏会受伤。此种受伤就是文中所说点状暴力击打，会有剧烈腹痛。没有腹痛者，根本不可能内脏破裂，更不可能一周才发现。

这条微博发布及时，而且影响较大——被转发 5 万多次，评论 2000 多次

（查阅时间2015-9-11），多数评论提及：灾难当头，别去医院添乱；知识就是力量；谣言止于智者；大家理智判断；辟谣！如果疼痛不适确实需要检查！但是没不适的听专家的话！不要继续传谣了！……5万次的转发加上再转发，这样的病毒式传播可以在一定程度上削减谣言影响力，弱化突发事件后的恐慌心理，减少关键时刻医疗资源的被浪费。

再如@和菜头发在微信号"槽边往事"上的推送：《每一个文盲都喜欢用"殇"字》，强调了山东疫苗事件与《疫苗之殇》的差别所在：

> 1. 出问题的是二类疫苗，不是一类疫苗。
> 2. 是非法疫苗，不是有毒疫苗。
> 3. 问题出在疫苗没有冷链保藏，造成疫苗可能失效。

这篇10万＋的文章与各式顶着"疫苗之殇"标题也是10万＋的文章形成观点的交锋；再如"爱科学"公众号的文章指出，"疫苗之殇"的报道偏离事实、漏洞百出，缺乏最基本的科学素养及媒体职业素养。他认为：这类不负责任报道的流传，将加深人们对于疫苗的误解和恐惧，此类"偶合"事件因而将进一步增多，从而陷入恶性循环，影响中国儿童的疫苗接种率，让他们更多暴露于实实在在的危险之下——那时将可能出现真正的"疫苗之殇"。《环球时报》2016年3月23日的文章《对于疫苗事件，哪怕得罪人这话我们也仍然要说！》也加入到对过期疫苗及真假疫苗的分析与对某些媒体的批评中："一些媒体，不知什么原因，不仅把此次发生的'过期疫苗'问题与'假疫苗'混为一谈，制造公众的恐慌情绪，竟然还将一篇2013年时就已经被医学和科学界专业人士批得体无完肤的报道再次拿了出来，开始煽动公众对整个疫苗接种的'抵触情绪'……"这类文章发出时也正是疫苗舆情的高潮时期，至少，这个时间段里三个舆论场的态势已然形成。

总之，新媒体环境下，主流媒体在重拾舆论主导权的过程中是否应该坚守新闻专业主义，或怎样应时而变都值得认真思考；在鱼龙混杂的网络自媒体之外，第三方的职业生产内容或可以构成第三种舆论场，在舆情传播过程中充当调停者、解释者的角色，以化解情绪的集聚、减少谣言的蔓延。

三、社会舆情与风险社会

山东疫苗案的舆情呈现了各式议题走向：父母的不安与愤怒、政府的监管与应对、社会组织机构的职能以及大众普遍存在的焦虑心态。媒介化社会背景下，便捷的媒体发声渠道并非舆情多发的充分条件，社会外力的因素才是舆情发生的主因。社会外力主要指：风险社会的大背景；民众权利意识的增强；某些职能部门职责缺位等；另外，媒介的风险建构也是一个不容忽视的现象。

1. 风险社会与焦虑共同体

风险社会的概念由德国学者乌尔里希·贝克提出，其逻辑起点在于对现代性的反思。他认为人类发展进程中的科学理性导致了一种"系统地处理自身引致的危险和不安全感的方式"。① 风险社会是伴随工业造成的生活的生态和自然基础的退化，一种在历史上没有先例的因而是完全不可理解的社会的和政治的动力。② 风险社会是现代性路径的"副作用"，它的积聚包括生态、核危机、金融、军事、恐怖分子、生化和信息等方面的各种风险。中国虽然与西方进程不同，但是着力于创造财富的进程也造成人与自然、人与社会、人与人之间种种负面关系的产生，如空气、土地、水的污染，如利益再分配、拆迁、食品安全、腐败、贫富分化等问题。

风险社会具有弥散性的特征。风险在它的扩散中展示了一种社会性的"飞去来器效应"，即使是富裕和有权势的人也不会逃脱它们；它以一种整体的、平等的方式损害着每一个人。森林的破坏不仅造成鸟类的消失，也使土地和森林财产的价值下降。哪里建成和规划了核电站和火电厂，哪里的地价就会下降。城市和工业区域、高速公路和大道都污染着周边地区……③ 从近年舆情的高发领域看，涉及人与自然关系的雾霾、沙尘暴、水污染、土地污染等，涉及科技、化工技术的转基因话题、PX 项目、食品安全话题，以及涉及职能部门的司法舆情、医药舆情、教育舆情等覆盖不同阶层群体。

风险社会具备不确定性的特征。不确定性更容易激发人们的不安全感，对风险的谈论开始于当潜在的灾难发生时，我们对自己的安全不再信任而且这种信任变得无关宏旨的地方。风险的概念因此刻画出了安全与毁坏之间的一种特有的、中间的状态，这种状态下对具有威胁性的风险的认识决定了思想和行为。这种特殊的"可能永不或尚未能够"（no-longer-but-not-yet）的"现实状况不再信任（安全），还未毁坏（灾难）"是风险概念所表达的内容，并且也是使它成为一个公共的参考框架的内容。④ 正是因为风险的不确定性，人们有时心存侥幸，有时也会轻信谣言，"如果对风险的认识基于'不明确的'信息状况而被否认了，这就意味着必然的反作用被忽略了而危险在增加。"⑤

---

① ［德］乌尔里希·贝克：《风险社会》，何博闻译，译林出版社 2004 年版，第 19 页。

② ［德］乌尔里希·贝克：《风险社会》，何博闻译，译林出版社 2004 年版，第 97 页。

③ ［德］乌尔里希·贝克：《风险社会》，何博闻译，译林出版社 2004 年版，第 39—41 页。

④ ［德］乌尔里希·贝克：《世界风险社会》，吴英姿、孙淑敏译，南京大学出版社 2004 年版，第 175 页。

⑤ ［德］乌尔里希·贝克：《风险社会》，何博闻译，译林出版社 2004 年版，第 73 页。

风险社会的主要议题不同于"财富生产"社会时的阶级议题,"阶级社会的驱动力可以概括为这样一句话:我饿! 另一方面,风险社会的驱动力则可以表达为:我害怕!"焦虑的共同体代替了需求的共同体。在这种意义上,风险社会的形式标示着一个社会时代,在其中产生了由焦虑得来的团结并且这种团结形成了一种政治力量。① "我害怕"的情况可以包含环境风险,如北京家长对学校安装空气净化器的诉求,常州外国语学校家长对学校环境的担忧;也可以包含社会风险,如拆迁补偿、食品安全等的诉求;还可以包含经济风险,如经济诈骗等议题。

焦虑共同体在各式舆情中越来越常见,山东疫苗案中,焦虑共同体的核心主要由父母们构成。表面看,焦虑的原因主要是疫苗是否安全,即已经注射的疫苗是不是没有效果甚至是有毒的,没有或准备注射的则考虑以后再也不会相信国产疫苗了。但舆情"成蛹""出茧"之前的"幼虫"状态却不容忽视,也就是说,每一次舆情爆发都不是单一的、具有完整切割线的开始端、结束端的事件,每一次的舆情爆发都会勾连起对之前发生的类似事件的回忆,并且,每一次舆情的结束都会构成日后的记忆。在回忆与记忆的循环往复中,民众的记忆会被某一舆情唤醒,焦虑再生,不安情绪得以非理性蔓延,有时甚至会演变为愤怒与失望,这时,由父母们构成的焦虑共同体就会延伸至其他群体——对教育、住房、医疗、食品等的担心都会在这一事件中找到发泄口,如在山东疫苗案中常见的网民表达:

> 三聚氰胺算什么,和这个相比。
> ……没有完全放心的食物,没有完全放心的奶粉,现在疫苗竟然也可以是一个缓刑人员供货!
> 去国外买奶粉是奶企的耻辱,去国外接种疫苗呢?
> 地沟油,苏丹红鸭蛋,三聚氰胺奶粉……数不胜数啊!
> 小孩子的奶粉,药物,别吃国产的!
> 这还能要二胎吗? 一个都危机四伏的,肯定还有没查到的,想想都恐怖呀!
> ……

这是澎湃新闻在新浪微博于(2016 年)3 月 18 日发的新闻(《数亿元疫苗未冷藏流入 18 省:或影响人命,山东发协查函》)下的部分评论,父母们或网民们所传达的是普遍的信任危机。信任危机并非由疫苗事件单独引发,它与之前的

---

① ［德］乌尔里希・贝克:《风险社会》,何博闻译,译林出版社 2004 年版,第 57 页。

三聚氰胺事件、老酸奶事件、苏丹红等构成了一条记忆的链条,疫苗案中这种信任危机得以重燃并加剧了普通民众的焦虑与不安。在此,焦虑共同体有时会演变为群体的情绪极化——这往往与类似情况屡屡发生、民间情绪积聚以及焦虑意识逐渐堆积有关。

舆情事件中的焦虑共同体有紧密程度的不同,它基本依据与该事件利益相关度而定,一般来说,焦虑共同体有紧密的、较紧密的和一般的三种。

紧密的焦虑共同体如常州外国语学校的污染事件、江苏高考"减招"舆情、厦门 PX 事件、余杭中泰垃圾焚烧事件等。这些事件中的父母或住户构成了紧密的焦虑共同体,为孩子的安全、教育机会以及居住环境的安全等走向贝克所说的"由焦虑带来的团结",并且这种团结形成了一种政治力量——由新媒体空间的反映、诉求、争议等走向线下的集体聚集与诉求等。这类焦虑共同体往往涉及生命健康,往往有更加具体的涉事主体。

较紧密的焦虑共同体如山东疫苗事件、食品安全类舆情等,全国范围内大量的年轻父母们为孩子该不该接种疫苗、为已经接种的疫苗是否有效或有毒而焦虑不安,因而这些父母们容易在网络空间结成焦虑共同体,为某类新闻、某个评论点赞、评论或转发。食品安全类舆情也有如此特征,所有与吃有关的舆情话题均容易在某一涉及的地区引起该地区的人们形成焦虑共同体,但其紧密程度相比前一种则松散一些。

一般的焦虑共同体类似于网络围观者,如彩礼地图的舆情、涉警舆情,环保类舆情如雾霾、水、土地等污染事件。因为风险程度并不直接切近,大量网络围观者形成一般的焦虑共同体,也少见"由焦虑带来的团结"及由团结形成线下集聚。但是,一般的焦虑共同体更能体现风险社会的不确定性和弥散性,由于风险社会的不确定性特征,外围的一般程度的焦虑共同体对风险的感知更加不确定,其感知也更加感性化、情绪化,这也为各类谣言的滋生、负面舆情的长久治理、社会信任危机的减缓带来更多的困难。同理,另一波的舆情"幼虫"也容易在每一圈波纹的扩散或沉淀中孕育。

2.媒介的风险建构

舆情事件中常有一个悖论性的现象——传媒引爆舆情、揭示风险、监督社会,使社会问题得以曝光解决,但与此同时,传媒也容易成为风险的放大器。这便涉及一个不可回避的问题:舆情既是社会现实的反映,舆情本身同时也成为一种风险,或者说风险是否有被建构的成分?

贝克承认风险是人造的混合物:"它们包括和结合了政治学、伦理学、数学、大众媒体、技术、文化定义和认识;并且最重要的是——如果你想理解世界风险社会的文化和政治动力,你不能把这些方面与现实分离开来。因此'风险'不仅仅是一个被完全不同的学科用于重要问题的概念,它是'混合社会'观察、描述、评价、批评其自己的混合性的方式。"[①]风险既来自真实存在的社会问题、污染问题、管理问题,也存在于人们对世界的认识与感知之中,而认识与感知也可以来自身边现象、自身体验以及传媒信息。

一篇题为《疫苗之殇》的旧文在山东疫苗案情爆发后又一次被大量转发于朋友圈。这篇刊发于《南方都市报》2013 年 6 月 23 日的报道,在头版有这样的引语:"南都记者历时三年采访记录近 50 个不幸家庭,他们的孩子患上疫苗后遗症。"这篇图片报道配发了 20 多幅照片,着重强调疫苗后遗症给孩子们和家庭带来的伤痛,以下是报道的配图文字:

> 曾经的架子鼓十级的活泼女孩因注射麻疹毒活疫苗,现在身心都受到严重摧残,在鬼门关几度挣扎之后虽然在渐渐康复,但是那架凝结父母希望的进口鼓她已经几年不摸而落满灰尘。
>
> 奶奶下楼买菜前,董梓欣被放在桌子上,"她不会动,摔不下来",奶奶说。
>
> 谢俊杰今年 5 岁,本应该是淘气不消停的年纪,但他大部分的玩耍时间都是在阁楼上独自度过,一刻也不能离开父母的视线。注射疫苗导致的"血小板减少性紫癜",这个拗口的名字如同一个隐身的魔鬼,随时威胁着他的生命。
>
> 2013 年清明节,夫妻俩回了老家给去世已经三年的孩子的坟头立了块碑,并冲洗了和孩子的照片,就像孩子还活着。2009 年,女儿费晶铭正值花季,天生一副好嗓子学美声,梦想考上解放军艺术学院。同年 11 月打了甲流疫苗,之后被诊断为"急性重症再生障碍性贫血"。晶晶在入院到去世前,三个月的时间里做了四次骨髓穿刺。在最后一次穿刺中生命体征恶化,最终离开人世。
>
> 注射疫苗之后,这个本来都会爬了的孩子再也没能站起来,年轻的母亲伤心欲绝。高晨翔,一个曾寄托了这个家庭无数希望的名字。"现在叫什么都不重要了,孩子已经完全毁了,我们这个家一辈子都只能熬着过冬了。"此时,高晨翔正在炕上吮吸手指,不停蠕动着发出奇怪的声响。
>
> ……

[①] [德]乌尔里希·贝克:《世界风险社会》,吴英姿、孙淑敏译,南京大学出版社 2004 年版,第 188 页。

图片的视觉冲击力再加上文字解释,直指疫苗与接种的风险,"恐慌来源于无知。疫苗的风险公众多年来一直被有意无意地蒙蔽着,几乎一无所知。""我无意制造噱头骇人听闻,也无意以这些受害家庭的苦难换取同情的泪水,这篇《疫苗之殇》旨在提醒家长们风险的存在,以及推动完善伤害之后的鉴定与赔偿,让那些已经失去健康的孩子和未来希望的家庭,能稍稍好过一些。因为他们不是小数点,而是一个个活生生的人。"《疫苗之殇》的作者在"作者手记"中这样解释。①

在媒介化社会环境下,风险提示似乎不得不依赖传媒,但"度"的把握也越来越成为一个难题,它有可能触发人们的警觉,也有可能触动人们的不安,并且成为记忆留存于脑中。2016 年山东疫苗事件中,这篇文章的再次传播证明了风险的弥散性与不确定性,证明了风险的记忆唤醒与风险体系的恶性循环,也证明了媒介对风险的建构功效——它甚至于跨越三年的时间,把两件具体情况并不相同的事情连接在一起,按照贝克的说法,这是"在高度发达的科层制的安全与福利环境中,触及社会中枢神经的大灾难唤醒了煽情主义者对大众媒体的贪婪"②。

2013 年《疫苗之殇》的内容是否适用于解释 2016 年山东疫苗的事件,按科学与理性的看法,自然是不适用。但如果从焦虑共同体需要的共鸣来讲,这篇文章的内容正激发了"借他人酒杯浇自己块垒"的焦虑心理。媒体对风险的建构就成为媒体对风险体系的建构——它的功效会持久不断,只不过有时是隐性的,有时又会因为刺激源的产生而成为显性的,因此,诸如《疫苗之殇:你沉默你就是帮凶》《疫苗之殇——泯灭人性》《疫苗之殇!专家:这是杀人》《疫苗之殇——泯灭人性,看看这些可怜的孩子!》《疫苗之殇!震撼 13 亿国人!》等 10万+文章得以流传。

关于风险的认知,关于风险的评估,都仰赖于传媒的中介,这样一来,新媒体环境下的舆情传播就需要注重以下几个问题:一是媒体把关人角色的强调。二是媒体职业伦理与专业精神的强调。上述两个问题既针对主流大众媒体,也针对微信公众号文章及传统媒体的新媒体终端。此外,是三个舆论场的生态平衡:三个舆论场如果能做到"生态平衡"的话,就可以打破主流媒体主导信息的局面,也可以打破用户生产内容过程中会出现的谣言易起、情绪易生的局面,还可以破除专家声音不证自明的情况。三个舆论场的生态平衡可以基本保证信

---

① 《记者手记:长达三年的调查作品〈疫苗之殇〉》,http://learning.sohu.com/20160321/n441433385.shtml,2017-05-08。

② [德]乌尔里希·贝克:《世界风险社会》,吴英姿、孙淑敏译,南京大学出版社 2004 年版,第 89 页。

息的平衡、全面、真实与安全。

本章小结

1.怎样的事件与信息特征才会成为舆情，没有完全客观的依据与标准，但大体上，从媒体角度讲，舆情的"成蛹"与"出茧"——即舆情的孵化与爆发，离不开社交新媒体与传统大众媒体的交互作用。

2.风险社会中，焦虑的共同体代替了需求的共同体。

3.风险是人造的混合物，传媒引爆舆情、揭示风险、监督社会，使社会问题得以曝光解决，但与此同时，传媒也容易成为风险的放大器。

复习与思考

1.了解风险社会的概念，关注各式舆情中的焦虑共同体，对媒介的风险建构作出合理分析。

2.理解弗朗索瓦丝·勒莫"幼虫—蛹—成虫"的三段式社会理论，类比分析舆情"成蛹"与舆情"出茧"过程。

3.辩证地看待媒介的风险建构效果。

4.关注舆情传播与媒体角色，思考媒体的专业主义内涵是否在发生变化。

5.谈谈你对舆情发酵过程中"标题党"现象的看法。

第三章　群体性事件与新媒体舆情

一、案例：北京家长抵制"毒跑道"事件

1. 由来已久的"毒跑道"问题

2014年以来，媒体公开报道的（疑似）"毒跑道"事件涉及全国10余个省市，在多个城市集中出现，30余家幼儿园及中小学，部分省区，例如广州市，出现了大规模、集中发生的现象。从2015年10月毒跑道舆情发端，到2016年6月，（疑似）"毒跑道"事件已累计超过21起。

虽然在2016年6月北京实验二小白云路分校毒跑道事件前，媒体曝光的"毒跑道"事件均未形成大规模（全国性）群体性事件，但网络舆论基本一边倒向家长。

2. 北京实验二小白云路分校毒跑道事件回放及媒体参与时间轴

2016年5月始，北京西城区小学开始出现学生流鼻血现象。2016年6月2日，一篇名为《北京白云路小学中毒流血事件及更多内幕》的文章在微信朋友圈热传，北京实验二小白云路分校（"白小"）走向舆论的风口浪尖，随后半个月时间内，关于"毒跑道"搜索量直线上升。（见图3-1）

从舆情监测系统的数据看，6月11日至6月23日期间，不含评论、微信相关信息，"毒跑道"事件信息发布量已近12万条，这12万条并非全部指向实验二小白云路分校，但从事件的发展情况看，实验二小白云路分校毒跑道事件确是北京乃至整个毒跑道事件的引燃点。

此次舆情大致可分为引入准备（主要从2016年5月26日起至6月2日）、发展高潮（2016年6月3日至6月23日）和平稳衰退（2016年6月24日至今）三个时期。

引入准备阶段：家长发现问题，与校方交涉，搜集证据，爆料媒体。

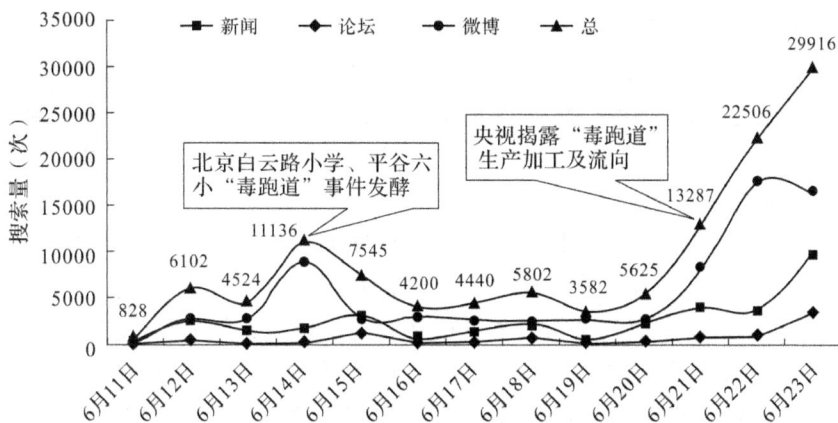

图 3-1　2016 年 6 月 23 日网络新闻、论坛及微博涉及"毒跑道"的统计①

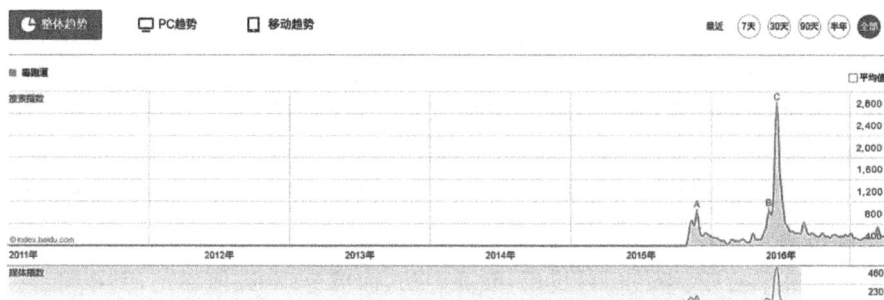

图 3-2　百度指数关于"毒跑道"检索指数的整体趋势

2015 年 7 月、8 月,北京实验二小白云路分校(下文简称"白小")的操场进行改造后铺设塑胶跑道。

2016 年 4 月 6 日,有学生家长到学校反映操场有味。4 月 9 日,白小家长发现有几名工人在操场上涂料作业,当时操场上有一半已涂上涂料,而涂料的详细成分,家长并不清楚。

5 月 26 日下午,白小家长到学校开家长会,会上校方主要告知家长陪同孩子参加体育节时的注意事项。家长们称,在家长会上,校方没有提及多位孩子流鼻血的情况。家长会开完后,有位家长也出现流鼻血症状。

5 月 27 日,流鼻血家长联想到自己孩子的症状,建立了一个微信群,起先相熟的十几名家长说自己的孩子也出现过类似症状。之后,群里的家长越来越多,达到 500 人上限,另外几十名家长重新再开通一个微信群。

<hr>

① 数据来源于北京本果舆情监测系统。

5月28日、29日,体育节,学校操场上再次出现施工人员。

家长们认为这种做法是在掩盖问题,于是联名向校方提出五项诉求,包括出示原塑胶跑道、操场的检验合格报告,拆除塑胶跑道,如果学生身体检测发现跟学校装修及操场改造相关联的健康安全问题,学校及相关方应承担相应的法律及经济赔偿责任等。

5月30日,校方给予反馈。一名老师在群里发出"重要通知":操场又进行了护理,教室已开空调。周二体育课、课间操在班里上。

5月31日,学校召集家长代表到校开会。一位家长代表称,学校一副校长在会上表示,家长反映的情况已经上报西城区教委,请家长耐心等待回复。

6月2日,白小的几名家长聚在一起,做学生身体异常情况的统计,并将结果告知包括央广网、《法制晚报》在内的多家媒体:158名孩子中,一半以上孩子在最近半年有过流鼻血的症状,37%头晕,另外还有皮肤瘙痒、皮疹等症状。

6月2日上午,西城区教委介入"毒跑道"事件调查。

6月2日,白小校方召开与有检测方面专业知识的家长参与的讨论会,确定选择质检机构及检测方法;对校园室内及室外操场均进行检测,检测时间为6月4日和5日。

6月2日,温言公众号文章《北京白云路小学中毒流血事件及更多内幕》在朋友圈传播。

发展高潮阶段:学校门口抗议,教委上访,内部分歧,媒体曝光,引导舆论。

6月3日,白小停课。同日上午,北京市西城区教委官方网站消息,针对"北京一小学多名学生流鼻血请假,疑与塑胶跑道有关"的报道,北京西城教委发布处理意见:已启动施工核查倒查机制,成立专门调查组负责专项调查此事,依据调查结果追查原因,谁的问题追究谁,绝不姑息。成立了由主管区长任组长、相关委办局组成的联合工作组,下设监察组、检测工作组、学校工作组、信息发布组、专家咨询组、普查工作组。在医院开通诊疗绿色通道,对身体不适学生查明病因,及时进行诊疗。

6月3日下午1时许,@搜狐新闻:数十名家长来到西城区教委门口,拉起"拆除毒操场,救救孩子们"的条幅,情绪激动。

6月3日下午,北京市西城区教委召开新闻发布会,称目前已启动责任倒查机制,如果学生的健康问题确实由操场引起,将承担一切责任。

同日下午,新浪《新闻极客》报道,近50名学生家长齐聚白云路小学门口,举着"拆除毒操场,救救孩子们"的标语呼吁校方,要求拆除跑道。

据网友@呆头呆脑的鸟当日17点27分发布的微博:"刚路过最近很火的白云路小学,一些家长聚在校门外高呼让某人出来,估计是校长吧",校门口家长抗议活动在晚间仍在继续。

据当事人家长微博(@白小家长第三名)回忆:孩子妈妈越来越多,情绪越来越激动后,警察赶到现场。

6月4日,西城区教委工作组进驻白云路小学。同日,中国环境监测总站对北京第二实验小学白云路分校16间教室的室内空气进行了采样,全部过程由北京市精诚公证处进行公证,一至五年级的6名家长代表全程监督。一周后官方将公布检测结果。

6月5日,白云路分校在学校门户网站发布6月6日至12日学习方案。学校安排正常的教育教学活动,为确保学生健康、安全,在操场上布置了绿植,在教室里安装了空气净化设备。上课期间,操场停止使用。检测期间,学生也可以选择在家自主学习。

6月7日,西城区教委组成专家咨询组,6名医学专家到校接待了104名家长的咨询。

同日上午,白小一名家长代表向《中国青年报》记者提供的一份统计称,全校一至六年级416名学生接受网络问卷调查,共有203名学生流鼻血,占比48.8%;142名学生血常规异常,占参加血常规检验的学生的54.4%;69名学生凝血酶异常,约占比40.12%。

6月9日,光明网发表评论员文章《打造一条无毒跑道有多难》,文章疾呼:孩子的身体绝不应该成为某种现代化的试验品。并强调"社会的底线安全不被守住,无论贫富、阶层,所有人都可能是潜在的受害者"。

6月11日,家长委员会推荐深圳信测标准技术服务有限公司依取样流程进校取样、检测,而校方对此说法持异议。

6月12日,西城区通报检测结果。除一间音乐教室甲醛超标外,其余教室空气和塑胶操场检测样本各项指标均符合国家标准。同时通报了截至6月10日学生检查情况。其中137例有超正常值范围指标;33例凝血检查项目超出正常值范围,需结合临床症状进行复诊检查;有7例可能患有脂肪肝等其他疾病,需进一步诊治。

同日,央视《新闻1+1》节目主持人白岩松对白小塑胶跑道检测"符合国标"的结果提出质疑。

6月13日,新华社发表长文《痛定思痛!新华社五问校园"毒跑道"》,矛头直指塑胶跑道背后的行业乱象。

6月14日,白小向西城区教委递交请示,申请将学校操场全部拆除。

6月14日,新华社从"毒跑道"源头到施工监测再到预警机制,接连发问质疑相关责任方。并直言"面对'毒跑道',我们情绪不稳定",批评相关部门套路语言,是懒政,是不作为。

6月14日,《人民日报》刊文《"问题操场"事件频发绝非偶然》。

6月16日,家长收到学校下发的6月20日复课通知,晚11点左右,两辆挖掘机开进白小操场,为拆除操场做好准备。

6月21日,央视财经《经济半小时》栏目曝光了河北沧州、保定等地违规生产塑胶跑道原料的情况,"毒跑道"事件再次成为舆论热点。

6月22日,新华社发文《"毒跑道"生产窝点被揭出凸显监管形同虚设》。文章指出,"毒跑道"为何能一路绿灯实现生产、销售、铺装,"跑"进校园毒害孩子?这背后形同虚设的监管应当反思。

6月22日,第三方检测结果公布,与之前检测的结果大相径庭,该校已被拆除的塑胶跑道有两项指标被检测出有问题,被采样的16间教室的室内空气中,甲醛全部高于参考限值。部分家长聚集在学校门口,打出了"停止伤害,拒绝欺骗,立即整改毒教室,相关人员要追责"的口号。

6月22日晚,教育部对如何治理"毒跑道"等热点问题进行了回应,表示对经过环保、质监等权威机构检验确认不符合质量标准的塑胶跑道,已要求各地教育部门采取措施。同时,立即叫停在建和拟建的塑胶跑道的施工,重新对其招标过程及相关合同进行审查。

境外媒体在此阶段对"毒跑道"事件亦有所报道,而其关注的重点在于"毒跑道"而非白小家长的群聚行为。

平稳衰退阶段:维权终而未止,舆论管控。

白小家长的维权在6月17日毒跑道拆除时便告一段落,后期主要在为毒教室维权,以微博微信传播、上访、法律途径为主,未有媒体进行大规模的报道。

……

2017年3月12日,在主题是"教育改革发展"的十二届全国人大五次会议记者会上,教育部部长陈宝生称将从制定标准、修改招投标制度和落实地方政府监管责任三方面入手,阻止校园"毒跑道"事件发生。

二、群体性事件

1.群体性事件与群体特征

"群 体 性 事 件 在 国 外 被 称 为 ' collective behavior ' 或 者 ' collective action'"①，较早对其进行理论研究的为古斯塔夫·勒庞和曼瑟·奥尔森，勒庞的研究主要基于群体心理分析，奥尔森则从公共选择和经济理性人的角度阐述群体行为特征。其后对这一概念进行辨析的学者包括凯斯·R.桑斯坦（Case R. Sunstein）、泰弗尔（Tajfel）、Turner、Rupert Brown、安德烈耶娃、帕克（Park）等。

国内对于群体性事件的研究热大致起于 2004 年重庆万州事件后，"2004 年 11 月 8 日，中共中央办公厅、国务院办公厅转发的《关于积极预防和妥善处置群体性事件的工作意见》明确使用和界定了'群体性事件'概念，其中，将群体性事件定性为人民内部矛盾"②。学术界因研究重点的不同对于群体性事件的界定也不同。汪伟全通过分析中国行政管理学会课题组基于群体性事件的影响及中央发布的官方文件等论述，将群体性事件定义为"由于社会利益结构的严重失衡，特定群体认为自身利益以及社会公正秩序受到严重侵害，在诉求表达机制不健全、受特定的导火索事件的刺激等条件下，采取集会、游行上访、集体罢工等形式，从而发展为影响社会秩序和社会稳定的规模性聚集事件"③。

吴开松等在《群体性事件的社会心理因素研究》的研究中认为"群体性事件是指由某些社会矛盾引发的，特定的群体或不特定多少人聚合临时形成的偶合群体，以人民内部矛盾的形式，通过没有合法依据的规模性聚集，对社会造成负面影响的群体活动；发生多数人语言行为或肢体行为上的冲突等群体行为的方式，或表达诉求和主张，或直接争取和维护自身利益，或发泄不满、制造影响，因而对社会秩序和社会稳定造成重大负面影响的事件"④。

基于此，本文认为群体性事件由群体集聚导致，利益遭遇损害的个体形成共同体，经由合法或非法的途径采取实际行动，表达个人利益诉求，为达到群体目标，拉拢旁观者形成利于自身的舆论场及群体行为。

舆论造势并不等于群体性事件，却常常成为群体性事件的必然手段。在群体性事件中，利益当事人相关性较高且诉求点集中，可实现的事件更易吸引个体参与，例如出租车罢工、抵制垃圾焚烧厂的建设、拆迁赔偿等。此外，个体情绪易在群体中传染开来，群体间的讨论使得群体中多数人的意见得到加强，使得原来持同意意见的人更加相信意见的正确性。利益受损者参与群体性事件是为了获取

---

　　① 吴开松、李华胤、徐晓晨：《群体性事件的社会心理因素研究》，华中科技大学出版社 2014 年版，第 21—23 页。
　　② 王国勤：《社会网络与集体行动：林镇案例》，中国社会科学出版社 2013 年版，第 3 页。
　　③ 汪伟全：《环境类群体性事件研究》，中央编译出版社 2016 年版，第 12 页。
　　④ 吴开松、李华胤、徐晓晨：《群体性事件的社会心理因素研究》，华中科技大学出版社 2014 年版，第 28 页。

自身的利益,但是在群体性事件中往往存在着一些非利益相关的个体,他们原不属于这一群体,但是在加入群体的过程中,慢慢有了这一群体的群体认同和群体归属感,形成共同体中的一员,共享价值判断,在价值选择上亦趋于相似。

个体集聚是因个体力量薄弱,而群体内部的平衡并不易于维持。当群体利益危及部分个人利益时,原本分散而独立的个体对于群体利益优先的观点并不全然认同。白小事件中,当事家长事后回忆,部分家长基本未在维权群里说话,而当班主任传递校方资讯时则第一时间回复,有家长就怕孩子在学校被穿小鞋。维权耗费较高的时间和金钱成本,维权使得孩子的课业被打断,家长的正常生活和工作受到影响,这使得大多数人选择放弃或者观望,群体规模缩减,影响力降低。

2.标准与失范

在近年来的群体性事件中,尤其是因环境因素导致的群体性事件,诸如 PX 事件和北京毒跑道事件,"符合标准"成了刺眼的字眼,变为激发群体情绪的诱因。

2013 年《京华时报》炮轰农夫山泉不符合国标的标准门事件暴露出饮用水检测存在多重标准,"在舆论场上,企业与媒体争论得面红耳赤,而在场外,政府监管部门却成为旁观者。在近两个月的时间里,出现了若干个有关饮用水质量标准的版本,这是媒体与企业争议的焦点,但却迟迟无法得到行业监管部门的权威声音"[①]。之后,《人民日报》虽在要闻版刊发了《农夫山泉抽查合格率100％》的消息,浙江省卫生厅也就标准问题明确表态,但舆论危机并未就此化解。白岩松在《新闻1＋1》中评论白小事件时,提出"疑毒从有,行不行"的观点,为当事家长所接受,并对于推动跑道的拆除起到关键作用。

正如贝克在《风险社会》提及的"凡是被寻找原因的聚光灯照亮之处,批评的怒火就会爆发出来,然后,仓促组织起来的准备不足的'辩论消防队'必须以强劲的反辩去平息这些怒火,并抢救那些还能够抢救的东西。那些发现自己作为风险的制造者而处于公众声讨中心的人,竭尽全力通过在工业中逐渐制度化的'反科学'的帮助来反驳对他们的指控,并且试图提出其他的原因和祸根"[②]。在事件前期,公众对于跑道来源、危害物成分、含量等细节知之甚少,遂引起对政府的不信任,进而对舆论产生一定的影响。政府在事件中期委托体制内机构检测,空气抽检项目包括甲醛、总挥发性有机物、苯及甲苯二甲苯,操场样块检

---

① 《从质量门到标准门谈农夫山泉危机公关的得失》,http://yuqing.people.com.cn/n-0516/c210117-21503696.html,2017-06-12。

② [德]乌尔里希·贝克:《风险社会》,何博闻译,译林出版社 2004 年版,第 32—33 页。

测包括苯、甲苯和二甲苯总和、游离甲苯二异氰酸酯以及重金属。经检测,政府
发布操场符合国标,教室除了一间音乐教室甲醛含量超标,其余都是合格的结
论,试图平息家长怒气,引导舆论,化解群体性事件的危机,结果却是一波未平
一波又起。家长和公众并不认同该检测结果,最终"检测合格"的跑道被拆除,
家长聘请的第三方检测机构测出的结果与官方发布的数据大相径庭,被采样的
16间教室的室内空气中甲醛含量全部高于参考限值,对于跑道的检测内容中多
了未出现在国标里的多环芳烃和短链氯化石蜡两个有毒物质。两者含量远超
德国的标准,家长再一次大规模聚集,新闻报道、自媒体发布数量再一次上涨,
政府处于更被动的境地。直到媒体曝光"毒跑道"来源,新的热点事件出来,白
小事件才逐渐淡出公众视线。

人们对其处境感到怨恨或不安,未必出于绝对意义上的被剥夺,而是与某
些标准相比感到被剥夺了。在邻避型群体性事件中,事件参与者对一些将执行
的项目强烈排斥,主要基于心理的不安,当周围有人煽动时,便极易加入群体进
行维权。

3.群体性事件的起因、类型、特征、规律

如同白小事件,群体性事件的爆发大多具有突发性和偶然性,对于群体性
事件的成因研究,在性质层面,研究大多侧重于将群体性事件划为由人民内部
矛盾和敌我矛盾爆发而起。在爆发原因上,按经济、政治、文化、社会、法律、国
际环境等宏观因子进行研究,以总结内在的相关规律,指导相关实践活动,较少
涉及涉事人群和传播途径研究。

在微观研究方面,主要集中在心理层面。赵鼎新认为,"集体行动的参与者
都会表现出某些情感,但这些情感性行为是否会在运动中起主导作用,则取决
于该运动的结构条件。比如,情感性行为在集体行为的发展过程中所起的作用
赵出处比在社会运动中所起的作用更为关键;在威权社会中,社会运动的发展
更有可能受情感而非理性的主导"[1]。应星认为,"群众与管理者之间的利益矛
盾是群体性事件的发生背景,行为违法是它的客观后果,但它真正的驱动力却
在于情感(emotion)"[2]。

群体性事件爆发源于个体不满于权力一方对规则的评估和执行,直接表现
为短时间内的快速集聚,形成总体目标一致的群体,意在制定新的规则。相较
于原先的规则,在新的规则中,参与群体性事件的个体感到个人占据较为明显

---

① 赵鼎新:《社会与政治运动讲义》,社会科学文献出版社2006年版,第71—72页。
② 应星:《"气场"与群体性事件的发生机制——两个个案的比较》,《社会学研究》2009年第6期,
第105—121页。

的优势。再看组织实现聚集方面,在传统媒体时代,大多寄托于口头传播,故而群体性事件的参与者关系较为亲密,往往存在着地域、职务、血缘等方面的联系;而互联网兴起后,参与者间的联系减弱,间接参与人数增加,主要参与者的诉求为群体性事件形成的直接原因,而间接参与者的行为则更多是事件成为热点、引发关注的直接因素。主要参与者的诉求,如同前人所划分的可分为不满于经济、政治、文化、社会、法律、国际环境等宏观因子,在微观层面,个体在心理上对群体存在依赖感,依托某一特殊群体发出个人的声音。间接参与者,他们与事件本身不存在联系,而发声帮助营建舆论以引起社会广泛关注,使得涉事个人更加确信个人行为的正义性。这其中的大部分人关注事件,发声参与,相较于推进事件的解决,更在乎群体中个人负面情绪的宣泄,由这些近乎情绪宣泄的言论,推进了群体性事件网络舆论场的构建。

公安机关在对群体性事件的分类上依据行为的违法程度分轻度违法、一般违法和严重违法。在学理研究方面,因立场、界定标准等不同因子的影响,学界对于群体性事件分类的意见不一,国内研究主要的切入点为参与人群、事件起因、规模、目的、应对措施等,大多分类基于对客观的单因子分析。例如,"王国勤根据集体行动目标所指向的对象(利益或价值)和与对象的关系(维护或索赔)两个维度,把集体行动分成四种基本的类型:'维护型利益表达''索赔型利益表达''维护型价值表达''索赔型价值表达'的集体行动。王赐江基于目标诉求将群体性事件分为三类,即'基于利益表达的群体性事件'、'基于不满宣泄的群体性事件'和'基于价值追求的群体性事件'"[①]。另有王来华和陈月生基于行为方式的激烈程度将群体性事件分为"四个层次:第一层次是以集体上访为特征;第二层次是以示威游行为特征;第三层次是以阻断交通为特征;第四层次是以党政机关为目标的违法行为为特征"[②]。应星也根据事件中组织程度和合法性程度对民众抗争行动进行了分类。

国内对于群体性事件进行相对综合性的建构分类,仍处于尝试探索阶段。例如,"山西警官高等专科学校王战军从'矛盾属性''发生根源''参与主体''表现形式''处置方略'等五个维度分别对群体性事件作了划分。天津社会科学院舆情研究所王来华、陈月生提出了从'参与主体''事件本身是否带政治性质'、

---

① 《当代中国的"群体性事件":概念、类型与性质辨析》,http://blog.caijing.com.cn/expert_article-151650-46077.shtml,2017-05-15。

② 王来华、陈月生:《论群体性突发事件的基本特征、含义和类型》,《理论与现代化》2006年第5期,第80-84页。

'事件的规模大小'三个维度对群体性事件作了分别划分。"①于建嵘依据目的、特性和行动指向,将中国的群体性事件划分为维权行为、社会泄愤事件、社会骚乱、社会纠纷和有组织犯罪五种类型,并提出"在一定条件下,不同类型的群体性事件之间是可以相关转化的。当社会条件变化,尤其是政府处置措施不当、丧失公信力的时候,在法律框架之内活动的'维权事件'会迅速转变为社会泄愤事件,社会泄愤事件也可以瞬间将祸水由政府部门引向无辜群众和社会,成为骚乱事件"。而事件的转化机制则仍存在疑虑,仍待研究。"刘能给出的群体性事件分类框架则包括了如下七个类别:(1)直接利益相关的原生型集体维权抗争;(2)无直接利益相关的群体泄愤事件;(3)地方政治生态恶化诱致的突发群体性事件;(4)行业集体行动和工业集体行动;(5)工具性处理'死亡因素'引发的群体性事件;(6)意识形态或政治动机驱动的群体性事件;(7)网络场域中内生的群体性事件。"②对群体性事件的定性从民众行动的议题指向、民众诉求的目标范围、行动手法的合法程度和民众行动的目标属性四个维度展开,认为中国的群体性事件虽具有鲜明的多元性和复杂性,但"一般是谋求解决现实社会的抗争行动,属于工具主义的抗争,并非呈现出反政权反体制的特点"。

在西方学界,对民众抗争行动有众多的分类,如布鲁姆(Blumer)依据发生着的行动将民众集体抗争行动分为普通社会运动、特殊社会运动和表现社会运动三类,而杜拿与纪利安(R. H. Turner and L. M. Killian)则主张依据价值取向和表现形式将群体性事件分为价值取向的社会运动、控制运动、分裂运动、参与取向的社会运动、迁徙运动、表现运动、理想运动、权利运动、革命运动、抵抗运动十类。西方一般认同以行动的组织及其意识和行动的目标诉求为主要标准的"集体行动""社会运动"与"革命"的三分法,这一宏观层面的分类,涵盖面广,但过于粗犷,对于事件的细节思量过弱,在中国适用性较低。

多元的分类标准使得群体性事件的表现特征亦趋于多样。例如,王赐江认为当前中国群体性事件呈现出一些新的特征和趋向:在实施主体上,从"特定群体"到"不特定多数人";在发生地域上,从"村落乡镇"到"城市社区";在诉求目标上,从"利益表达"到"不满宣泄";在动力机制上,从"压迫—反应"到"不满—刺激—攻击";在策略技术上,从"依法抗争"到"暴力抗争"。③ 蔡永飞着重于分析县域群体性事件,认为事件呈现四个鲜明的特征:事件的推动者和参与者为

---

① 于建嵘:《当前我国群体性事件的主要类型及其基本特征》,《中国政法大学学报》2009 年第 6 期,第 114-160 页。

② 《当代中国的"群体性事件":概念、类型与性质辨析》,《人文杂志》2012 年第 4 期,第 147—155 页。

③ 王赐江:《群体性事件类型化及发展趋势》,《长江论坛》2010 年第 4 期,第 47—53 页。

利益受损者;事件缘起于工业化引发的利益冲突;事件的发生方式具有偶发性、情绪性、非组织性和对抗性;在结果方面往往是破坏性和建设性并存。[①] 孙元明基于对 2008 年至 2012 年国内典型的群体性事件分析,认为群体性事件在参与主体、冲突形式和动员方式呈现出阶段性特征,主要为群体性事件的主体更具有分散性,群体性事件的持续时间增长,空间扩散,处置延缓,网络成为难以察觉的隐匿性动员方式。而从发展变化的趋势来看,基于已有的群体性事件表现出来的特征对未来趋势的预估主要在于群体性事件冲突起点有所变化,民生问题得到前所未有的关注;群体性事件形式发生变化,表达方式趋于平和克制的群体性事件将增多;群体性事件解决方式有所变化,谈判、让步、讨价还价的可能性增加。[②]

总体而言,群体性事件涉及面大,影响巨大。从参与主体讲,基本存在两个层面的群体:一是线下的极具地域性的群体;二是线上的跨地域的网络用户。矛盾较为突出、影响较为恶劣的群体性事件的主角往往来自于线下,网络用户为事件发展的推动者,借由网络突破地域局限,将群体性事件从某一地区的热点演化成全国乃至全球的关注对象。线下群体大多有组织、有分工、总体目标一致、言辞激进、有多次大规模的集群行为,而网络用户大多打的是游击战,极速聚散,偶有形成短时间的舆论场,但稳定性不佳,总体意见不一。

从涉及事件讲,群体性事件虽然起自某一事件,但往往因涉及面广而容易成为共鸣式事件,如立场上的官民对立、警民对立,大多出现在直接关乎民生的事件上,如近年来因城市扩容开展的征地拆迁容易引发群体性事件。另外,还有职工讨薪等,"根据广东有关方面的统计,广东省在 2015 年因欠薪问题引发的 30 人以上的群体性事件高达数百起,占全省 30 人以上群体性事件的 70% 以上。"2015 年,因专车的发展而大量流失客流直接导致沈阳、长春、济南、成都、南昌、上海、武汉、北京等城市相继爆发大规模的出租车罢运事件,矛头直指监管部门,迫使政府对网约车进行限制。与此同时,专车司机亦采取了集体行动,在出租车罢运抗议的同时,武汉、广州等的专车司机集体抗议有关部门的执法行为。

在官民对立和警民对立的事件中,事件演化和影响较为恶劣地集中在征地和拆迁,有偏激的个体直接采取极端的手段引起地区乃至全国的关注。例如征地农民的自杀、自焚事件,群体性事件的参与者,较政府而言,易获得社会大众

---

① 蔡永飞:《县域群体性事件特征透析》,《人民论坛》2011(S2),第 48—49 页。

② 孙元明:《2008—2012 年国内群体性事件特征分析及趋势预测》,《检察风云——创新社会管理理论专刊》,2013 年第 2 期,第 62—64 页。

的同情。在情感层面,事件双方处于完全不对等的情况,大多事件的旁观者在事件爆发初始便已然站在事件当事人所营建的舆论之中,政府往往处于被动应对的境地。旁观者对于政府有关部门的不信任成了事件当事人与政府谈判的筹码,政府处于风口浪尖之上,一旦出现不妥的发言或行动,批评的声音便如潮而至,而若保持沉默,采用观望的态度,社会舆论的倾斜则表现得更为明显。

与教育有关的群体性事件,主要分为对教育硬件的安全性顾虑,以及对于后勤、教育制度和人才培育的担忧。因硬件而起的群体性事件,如毒跑道、毒教室事件,最先均发生于某一所学校的教育设施,随着事件逐渐升温,非直接涉事的家长本着为自家孩子着想,提出对自身所在地区的学校进行检测,在即使未出现不合格的情况下,因检测机构的权威性及数据准确性的差异,家长仍感到忧虑,有部分家长借由毒跑道事件曝光教育部门的欠妥行径,毒跑道事件热度居高不下。在此类事件中,学校及有关部门采取的一些应对使得社会舆论不再单纯地停留在对毒跑道、毒教室之类的争论,转而质疑教育。因软件问题而发生的群体性事件主要发生在高校,起因大多集中在学习、就业压力、收费、招生制度,学生非正常死亡,地域歧视等。如 2003 年 10 月 30 日中午开始,上千名西北大学学生因外语学院文化节上一名日本外教和三名日本学生的侮辱性表演而进行示威抗议,并走上街头,激发陕西省多所高校进行反日游行;2005 年江西九江学院数千名学生因不满学校滥收费进行示威,并燃烧横幅以示抗议。

与医患关系有关的群体性事件大多起源于个体纠纷,多数涉及暴力。近年来,因医疗纠纷而起的群体性事件在全国各地区均有分布。"人民网舆情监测室统计了 2016 年以来较为典型的 42 起案例,发现医闹总人数超过 230 人,共致约 60 名医护人员受伤或死亡,个别案件有患者家属组织百人围堵医院,影响恶劣。"[①]例如,在北医三院产妇死亡事件中,产妇杨女士因突发主动脉破裂而抢救无效死亡,家属数十人情绪失控,在北医三院的产房外大声嚷辱,打砸物品,追打医疗人员,双方矛盾激化,事件在短时间内关注量激增,最后事件进入法律途径。

在群体性事件中,凡涉及生命安全的,易激化人的恐慌心理,这在因医疗纠纷而发生的群体性事件中尤为明显。例如 2016 年医生被逼下跪事件,事件主要经过为一王姓幼童因胸肺感染最终不治身亡,家属在医院大厅内拉横幅、烧纸钱,推搡殴打包括主治医生在内的多名医护人员,并强迫主治医生下跪烧纸钱。该事件不同于以往的打砸医疗设施、对医疗人员进行人身殴打,而是攻击

---

① 《盘点 2016 年以来典型的 42 起暴力伤医案例》,http://www.cn-healthcare.com/article/20161125/content-487507.html,2017-05-20。

医护人员的心理和尊严,在社会上引起轩然大波。积极正面的医生形象的报道数量和关注量明显地少于医疗冲突,这无疑在一定程度上加剧了社会对于医疗的排斥、不信任以及对于国内医疗的恐慌心理。

与邻避事件有关的群体性舆情,"在网络讨论和媒体报道中,'邻避效应'一词来自英文 Not in My Back Yard,指的是人们担心某些项目对身体健康、环境质量和资产价值带来负面影响,希望该项目'不要建在我家后院'的心理。"①因而产生的群体性事件大多集中在抵制可能存在不良影响的机构的选址方面,例如多地出现的抵制 PX 项目事件,余杭出现的民众大规模集聚抵制建立垃圾焚烧场,深圳居民抗议该市东部垃圾焚烧处理厂项目事件,陆丰市碣石镇上林村部分村民持械阻止修建核电站事件等。触发事件的群体心理和行为表现具有强烈的一致性,主要通过游行示威、上访抗议、代表谈判,抵制有关项目的施行。

据"中国社会科学院社会学研究所研究员单光鼐领衔的研究团队统计显示,2016 年上半年,规模较大的环保类群体性事件至少有 52 起,其中千人以上规模的就有 12 起。事件诉因中,涉垃圾类的有 19 起,涉工业污染的 19 起,涉变电站的 6 起,涉污水处理的 1 起"②。在因邻避心理而产生的群体性事件中,论述设施的无害和危险可控并不能有效地平息事件,解决此类事件的重点在于预设较为完善的方案,与有关人员进行细致与全面的沟通,保障和补偿相关人员的利益。将有关人士的注意力由个人私利引导至群体、集体的利益,注重长远意识,描绘项目建成后将呈现的美好图景,从被动地平息事件到主动地推进原有项目的顺利进行。

另外,涉及人权的抗争亦有形成群体性事件的苗头。例如在 2016 年 3 月 19 日,中山大学的 5 名大学生聚集在广东省教育厅门前抗议高校教材将同性恋视为心理疾病,也要求有关部门收回对同性恋有污名化的教材。5 月初,来自全国各地的近千名失独者在国家卫计委门口聚集抗议计划生育和相关的政策,要求政府保障其相关的权利与利益。9 月 17 日,北京市近千市民到北京市政府门前抗议 985、211 高校对北京生源减招以及中央民族大学附中全国掐尖侵占北京高招名额等问题。主张女性权利、同性恋权利的新社会运动近些年在国内呈现发展态势,大多数时候以个人性的、言论性的形式呈现,较少出现集体性的街头抗议活动。但是,未来此类新社会运动可能会越来越多

---

① 《如何化"邻避效应"为"迎臂效应"》,http://news. xinhuanet. commrdx2016-08/10/c _ 135581017. html,2017-05-18。

② 《如何化"邻避效应"为"迎臂效应"》,http://news. xinhuanet. commrdx2016-08/10/c _ 135581017. html,2017-05-18。

地以街头抗议的方式呈现。

从涉事媒介讲，在事件态度、参与时间、信息可信度上，传统主流媒体与新媒体存在差异。主流媒体对于群体性事件大多呈现观望的态度，不主动曝光，往往在事件具有一定社会影响时介入，且在报道时较为严谨，经过较为可靠的考证。虽然主流媒体介入较晚，但其介入往往将事件的发展推至高潮，并最后促使事件得以解决。新媒体尤其是社交媒体为近年来群体性事件主要的曝光场地，这主要由媒体的性质特点决定，信息可经由一个个相互交错的社交圈快速传播，短时间内便吸引了大量的流量，扩大事件的影响力。但是消息的准确性存在问题，为博人眼球，不实传闻、不当用词时有出现。

社交媒体易于人际互动的特点，也在一定程度上改变了群体性事件中参与者的构建模式。近年来的群体性事件中，在召集个体、进行任务分配和部署时，常见微信群、QQ群等虚拟群组，将抗争借由社交的手段维系，一定程度上缩减了线下集聚的时间，扩大了信息来源。传统媒体偏于单向式的传播方式，在群体性事件中，其告知的信息明确且单一，到达率较高，因而在群体性事件中，参与者大多在社交媒体上曝光之后，会选择主动与传统媒体联系，部分群体性事件的参与者进行网络造势甚至是为引起或者逼迫传统媒体进行关注报道，以促使事件得以善终。

从涉事时间看，相较于某一具体的事件，当下群体性事件的表现近乎不限范围的事件组，因而在持续时间上便不存在着完全被封禁的可能，如邻避型的群体性事件，2015年福建漳州的雷古PX发生爆炸，民众群起抵抗；2007年开始的关于PX项目的群体性事件又屡屡见报，助燃新生的事件；白小事件是北京乃至全国毒跑道事件爆发的导火索，在后期西城区一些家长维权时，白小家长的行为成了可供学习的典范……信息记录和传递方式的改变使得记录和搜寻信息的成本降低，群体遗忘的时间被无限拉长，造成极大社会影响的事件甚至会一直出现在之后发生的所有相关事件之中。

综上所述，当下的群体性事件更近乎一个繁复的空间模型，内含成千上万个微不足道的因子，因子之间相互分裂重组，使得群体性事件的性质和走向会时刻发生微妙的转变，意味着对于群体性事件的评估是一个不断波动的过程，结果亦会因某一时期的某些因子而发生变化，故需长期关注。

三、群体性事件的新媒体演化机制

1. 圈层传播与流动群体

"大众传播时代分散在行业、地域、身份等社会标签基础上形成的'朋友圈'，在互联网时代跨越时间和空间阻隔，形成网上的共同体"①，这类共同体即为圈层。圈层的结构相对松散，它基于不同的连接点而建立起联系，诸如同事圈、朋友圈、物业群、家长圈、粉丝圈等。传播技术使得参与群体性事件的成本降低，更容易找到与个人利益诉求相似的群体。

在近些年的群体性事件中，群体内部的信息互通大多基于微信、QQ群等较为私密的社交平台，人员集聚及事件规划具有较大的隐蔽性，在一定程度上躲避了监控，使得参与者在群体性事件中较政府而言，处于主动位置。乌坎事件中，乌坎的年轻人通过QQ群发布共享消息，商讨抗争计划。白小事件中，《北京白云路小学中毒流血事件及更多内幕》的文章借由群体内部转发，当晚点击量便超10万，在舆论场的影响力远大于同期的主流媒体。

在新媒体环境中，"群体的形成变得如探囊取物般容易。用经济术语讲，创建一个新群体或者加入一个现有群体的成本下降了，下降的幅度还不是一星半点。'成本'在这里用的是其经济学上的含义，它等于任何消耗物，无论是金钱，还是时间、精力以及注意力。经济学少数几个没有争议的信条之一是：人们会对激励做出回应。如果你给予他们更多的理由做某件事，他们就会更多地去做某件事，而如果你把他们倾向于做的事情变得更加容易去做，他们就会做得更多"②。曼纽尔·卡斯特把活动于网络空间，相对具有民间性的现象称为"流动空间的草根化"（The grassrooting of the space of flows）③。正是由于空间的流动性，而不是传统物理空间的组织特性，网络个体才可以充当或重返游牧人的身份："作为游牧部落的人，猎人和采集食物的人与领地没有忠诚关系。他们也很少有'地方感觉'……狩猎和采集社会以及电子社会都缺少了边界，这使其具有许多惊人的相似之处。"④流动性与开放性突破了传统意义上的空间理念，也使得发生于北京白小的事件得以引爆为全国性的舆情话题。

以白小家长为核心的传播层得以在白小、西城区、全北京、各城市中产家庭及大量网民的一圈一圈的波纹状信息辐射中产生"蝴蝶效应"。感同身受也好，群情激愤也罢，媒介渠道的多元化，使得集合、协同生产、集体行动不再需要走出家门。在白小事件中，部分网友以"吃瓜群众"的身份调侃北京的高房价……

---

① 贾伟民：《舆情课堂·肆："圈层化"事件舆情应对需张弛有度》，http://www.sohu.com/a/125219212_570248. 2017-05-22.

② ［美］克莱·舍基：《人人时代：无组织的组织力量》，胡泳、沈满琳译，中国人民大学出版社2012年版，第15页。

③ ［美］曼纽尔·卡斯特：《21世纪的都市社会学》，刘益诚译，《国外城市规划》2006年第5期，第98页。

④ ［美］梅罗维茨：《消失的地域：电子媒介对社会行为的影响》，肖志军译，清华大学出版社2002年版，第306页。

各类群体性事件中都少不了"吃瓜群众"与"键盘侠"的身影,因而,群体的(网络)流动性使得群体性事件中的诉求主体更易鱼龙混杂。

2.新媒体语境下的舆情发酵:相关性先于专业性

自媒体时代下,群体性传播的途径增加,与此同时,对于受众注意力资源的竞争加剧。就传播内容而言,相较于它的专业性,与受众的相关性变得更为重要。舆情事件中,大部分网民对事件难以有全面、专业的认知,更多的是从感性的角度了解。对于大多数旁观网民而言,群体性事件只是茶余饭后的谈资,这使得他们对媒介报道的内容偏向于相关性而非专业性,这样一来,未经核实的谣言、博人眼球的标题就容易获得更多的点击量。

例如,在白小事件中,2016 年 6 月 2 日,《法制晚报》及《中国之声》是首批通过互联网对小学生流鼻血现象进行报道的传统媒体。《法制晚报》使用的标题为"北京一小学跑道现多人流鼻血",《中国之声》使用的标题为"北京第二实验小学一分校多名学生同天流鼻血请假",两者均直接点明具体学校名称,提及的学生状态为客观现象,即"流鼻血",该新闻转发评论及点击量均上千。同日晚间,叙述同一事件的个人公众号文章在朋友圈热传,如题为"北京白云路小学中毒流血事件及更多内幕"(如图 3-3),在极短的时间内,点击量便超 10 万,文章的标题直接言明具体学校,并且使用具有煽动性的"内幕"二字。从标题看,公众号文章看似更为有料,"中毒流血"和"流鼻血"在普罗大众的医学认知中,属于截然不同的概念,"中毒流血"显然在遭受危害的程度上远甚于"流鼻血",而就当时客观因素看,"流鼻血"虽不及"中毒流血"博人眼球,却是接近事实的陈述。

图 3-3　2016 年 6 月 2 日温言公众号标题截图

在群体性事件涉及的谣言研究方面,上海交通大学舆情研究实验室曾做过较为具体的研究。其研究样本为 2003—2014 年中国 150 起影响较大的环境群体性事件,研究发现,舆情持续时间集中在 2 周以内;除去 79 个不详样本,在剩余 71 个案例中,事件首曝媒介以论坛、微博为主;除去 24 个不详信息案例,在 126 个有效样本中,20% 出现过谣言传播,谣言主要产生于 PX 事件和垃圾焚烧事件中,内容主要集中在"PX 剧毒""现场有人死亡""警察打死、踩死人"等。该类消息具有煽动性,在互联网环境中容易"一石激起千层浪",如"蝴蝶效应"般迅速传递开来。①

3."把关人"转向：从议程设置到流量监管

传统媒体环境中，"把关人"主要影响的是媒介的议程设置，即"把关人"对于传播内容的掌控发生在其步入传播渠道进行传播之前，这使得在传统媒体时代，媒体对于群体性事件的报道量较少，群体性事件的影响力较小。伴随互联网的发展，事前把控变得非常困难，原因主要有三：

一是互联网中的舆情内容，用户有条件使用再创作工具，将个人作品发送给他者，是用户生成内容。用户生成内容并不仅仅是个人行为，它是社交媒体基本的内容构成，在此基础上，新媒体的社会化特征得以实现，个人与个人、个人与群体的积聚得以形成。因此，在新媒体环境中，"允许任何人生成任何东西并能公布给所有人，这种残忍的经济逻辑让每天的内容都有令人惊愕的数量的增长，专业人员的数量无论如何也不足以来过滤这些内容"②。

二是全面监控的投入产出比过高。部分人员重点监控时，缺乏有效的筛选标准，即使在某些特殊时期对某些群体进行事前监管，无用的、一般的消息量远大于可能出现的偏执型言论量；同时，对于问题言论的筛选标准亦存在漏洞。

三是使用筛选技术，可对一些敏感的关键字进行事前屏蔽，但网络会使用其他符号代替，例如英语字母、联想词、拆字等，多元化的替代手法会增进再次屏蔽的难度，不能有效地屏蔽所有的涉事言论；同时可能会波及一些正常的网络陈述内容。"社会化媒体的扩张意味着先出版再过滤成为唯一可行的系统。"③在新媒体环境下，让群体性事件受到有效控制，至少在现阶段是基本不可能实现的。

目前所能采取的是退而求其次，力图将一些不符合事实、具有煽动性的陈述扼制在萌芽之中，或者在事件趋于平淡之后，管理相关论述，避免产生多米诺骨牌效应。但依赖于技术手段的监测与管理只是群体性事件舆情管理最基础的手段，即便是运用先进的大数据技术实时地、全方位地监控也仍然无法捕捉到真实、全面的信息——大数据不一定是真数据，群体性事件未必全部借由新媒体发布、传播、生成、壮大。从舆情的角度讲，事实之外还有情绪、情感的因素，大数据在捕捉情绪、情感、态度方面更是捉襟见肘，难以应付。在技术与方

---

① 荣婷、谢耘耕：《近20%的环境群体性事件存在谣言传播》，http://www.jzwcom.com/jzw/19/10357.html，2017-05-25。

② ［美］克莱·舍基：《人人时代：无组织的组织力量》，胡泳、沈满琳译，中国人民大学出版社2012年版，第79页。

③ ［美］克莱·舍基：《人人时代：无组织的组织力量》，胡泳、沈满琳译，中国人民大学出版社2012年版，第66页。

法之外,对群体性事件的起因、类型、特征、规律的研判是较为长效的应对之道。因而,"把关人"的转向不应止步于流量监管这一技术层面,而是更应总结与预判群体性事件的起因与规律,尽可能地在不同类型的群体性事件基础上,联合职能管理部门以事前的疏导、服务代替事后的堵防、管制,注重舆情成形的前因后果,而不只是舆情"成蛹"这一中间状态。

本章小结

1. 群体性事件由群体集聚导致,互联网的特性在一定程度上降低了群体聚集的成本。

2. 舆论造势并不等于群体性事件,却常常成为群体性事件的必然手段。互联网,尤其是社交媒体和自媒体的发展,扩宽了民众的发声及参与渠道。

3. 群体性事件爆发日益频繁,且在互联网时代有新的演化形式,在监管方面需及时转向。

复习与思考

1. 辨析群体性事件的概念。

2. 请对群体性事件进行分类。

3. 理解群体性事件在新媒体时代的演化机制。

4. 就某一具体的群体性事件,分析其发酵流程,提出应对措施。

第四章 谣言与新媒体舆情

一、案例:"吃酸菜鱼感染 SB250 病毒死亡"谣言传播事件

1."吃酸菜鱼感染 SB250 病毒死亡"谣言传播①

"吃酸菜鱼感染 SB250 病毒死亡"第一则谣言发生于 2016 年 2 月 12 日,广东省汕头市。谣言内容如下:

> 2016 年 2 月 12 日,汕头市人民医院昨天凌晨二点二十一分,一孕妇感染 SB250 病毒死亡,年龄 31 岁,双胞胎孩子还在妈妈肚子里,参与抢救的医生已经被隔离。据悉孕妇是在市场买草鱼回家做酸菜鱼吃后发觉呕吐头晕送院,中央 250 套电视新闻已播出,暂时别吃鱼肉、酸菜,特别是草鱼、酸菜鱼、水煮鱼,因汕头市到揭阳市 250×10 个鱼塘已感染。收到马上发给你关心的人,预防永远胜过治疗。

同日,相同内容的微信开始传播,只是地点变成了广东肇庆。
2016 年 2 月 13 日,@肇庆市卫生计生局"健康肇庆"进行辟谣,否定了"SB250 病毒"的存在。2 月 15 日,相同内容的谣言内容变成广东台山:

> 台山人民医院昨日凌晨二点二十一分,一孕妇感染 SB250 病毒死亡,年龄 31 岁,双胞胎还在妈妈的肚子里,参与抢救的医生已经被隔离。据悉孕妇是在市场买草鱼回家做酸菜鱼吃后发觉呕吐头晕送院,中央 250 套新闻已播出,暂时别吃鱼肉,酸菜,特别是草鱼,酸菜鱼,水煮鱼,因江门市到台山市 250×10 个鱼塘已感染。收到马上发给你关心的人,预防永远胜过治疗。

同日,台山市人民医院发布辟谣声明。与此同时,大 V"江宁公安在线"多次转发辟谣;腾讯 QQ 弹窗也发出辟谣信息;不少网友在微博上表示"这为什么

---

① 以下事件案例均为谣言。

图 4-1　@健康肇庆官方微信截图

会有人信?"

此时,谣言的步伐并没有减缓,谣言中的感染地又蔓延至广西:"广西省南宁市西乡塘区宣布:昨天凌晨二点二十一分,一孕妇感染 SB250 病毒死亡,年龄 31 岁,双胞胎孩子还在妈妈肚子里,参与抢救的医生已经被隔离……"随后,南宁市卫生和计划生育委员会也发布辟谣通告。

3 月 16 日,谣言的病毒感染地又指向广东顺德。

3 月 19 日,谣言的病毒感染地又指向浙江绍兴、江苏扬州,内容稍有变化——中央 13 套电视新闻已播出……因绍兴有 121 个鱼塘已感染……因扬州有 121 个鱼塘已感染。

3 月 21 日,福建龙岩,山东聊城,天津。

3 月 23 日,浙江湖州,福建长乐。

3 月 25 日,湖北襄阳,湖北黄石。

4 月 5 日,湖北夷陵。

4 月 17 日,河北迁安,河北唐山,黑龙江黑河:内容又有变化——因通北镇域有 461 个鱼塘已感染。

4月19日,辽宁葫芦岛——因绥中县域有461个鱼塘已感染。

4月27日,湖南长沙:"湖南省长沙湘雅医院:昨天凌晨二时二十一分,68名男、女性感染SB250病毒死亡,最大的36岁最小的只有5岁,参与抢救的医生已经被隔离。据悉此女是在市场买草鱼回家做酸菜鱼吃后发觉呕吐头晕送院,中央1台电视新闻已播出。暂时别吃鱼肉、酸菜,特别是草鱼、酸菜鱼、水煮鱼,目前湖南有8127个鱼塘已感染。收到马上发给你关心的人,最好群发。"

4月28日,福建莆田,谣言内容同湖南长沙。

6月16日,吉林榆林,谣言内容与湖南长沙基本相同,但有些许变化:榆林市127个鱼塘已感染。

6月,上海,内容同湖南长沙。

11月8日,四川绵阳——……因安县有121个鱼塘已感染。

11月23日,贵州遵义,"医学院通知:今天下午六点四十一分,两名男性感染SB250病毒,最大的40来岁,最小的20来岁,参与抢救的医生已被隔离。新闻已播出,暂时别吃羊肉,目前马家湾有13个已感染。收到马上发给你关心的人,最好是群发。为了您的健康,请转发。暴雨水污染严重,少吃羊肉。"

……

整体看,"吃酸菜鱼感染SB250病毒死亡"谣言的新媒体特征明显——从最初在微信群和微信朋友圈传播,到蔓延至微博传播;谣言传播的地域范围广,但不是全国范围内的集中式爆发,而是以城市为中心、点块状的爆发。最明显的是,谣言持续时间长——从2016年2月一直持续到同年年底;经过多方辟谣,该谣言在2016年7月以后几乎销声匿迹,但在2016年11月后又卷土重来,并产生谣言的多种变体。

从谣言传播的时间与空间讲,谣言首次出现的时间是2016年2月,3月是谣言传播的最高峰,占谣言数的44%。随着辟谣力度的加大,7—10月谣言逐渐进入消退期。但在11月又出现复发现象,详情见图4-2。从地域看,谣言传播从最初的华南等地,逐渐推移至华东、华中和华北,最后到达东北。呈现由南向北、由地区性向全国性发展的趋势。

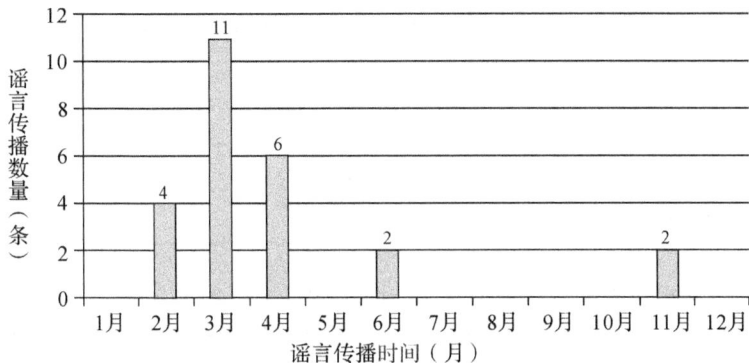

图 4-2 "吃酸菜鱼感染 SB250 病毒死亡"的谣言事件时间分布图[①]

2.动因分析

谣言自古有之。《辞海》对谣言的解释是:"谣,是没有根据的传闻或凭空捏造的话;谣言,是没有事实根据的传闻或捏造的信息。"西方传播学对谣言的研究是基于第二次世界大战宣传战的背景发展起来的,较早的学术成果是纳普(Knapp)1944 年发表的《谣言心理学》(*A Psychology of Rumor*)。纳普认为,"谣言是一种旨在使人相信的宣言,它与当前时事有关,在未经官方证实的情况下广泛流传"[②]。美国学者奥尔波特认为,"谣言是指缺乏可靠证据的情形下,人们基于自己的信念所做的特定或时事性陈述,一般经过口耳相传,在人与人之间传播;传播过程中任何谣言都可能包含着某些真实的信息"[③]。法国学者卡普费雷则把谣言定义为"我们称之为谣言,是社会中出现并流传的未经官方公开证实或者已经被官方所辟谣的信息"[④]。结合以上学者对谣言定义的经典论述,可以总结为谣言是一种缺乏证据的、广泛流传的信息。

谣言并非互联网背景下的产物,但互联网的产生,大大加速了谣言的传播速度和广度,近年来新媒体的发展更是为谣言的传播插上了翅膀。勒莫提出,"为了解释谣言,不仅需要在谣言产生的社会背景中找原因,还要将社会背景同作为谣言的经纬的神话背景联系起来,让集体记忆储存的材料来把这前因后果说清楚"[⑤]。为此,他提出了"幼虫—蛹—成虫"的三段式社会理论来解释谣言的传播,见表 4-1。

---

① 作者根据相关谣言传播过程自制图表。

② Robert H. Knapp. A Psychology of Rumor[J]. The Public Opinion Quarterly,1944,8(1):22-37.

③ [美]奥尔波特等:《谣言心理学》,刘水平、梁元元、黄鹂译,辽宁教育出版社 2003 年版,序言。

④ [法]让-诺埃尔·卡普费雷:《谣言:世界最古老的传媒》,郑若麟译,上海人民出版社 2008 年版,第 15 页。

⑤ [法]弗朗索瓦丝·勒莫:《黑寡妇:谣言的示意及传播》,唐家龙译,商务印书馆 1999 年版,第 12 页。

表 4-1　勒莫的幼虫—蛹—成虫的三段式社会理论①

幼虫阶段	蛹阶段	出茧阶段
神话	现实	想象
社会记忆	个人记忆	表象
传染	孵化	爆发

　　勒莫将幼虫阶段归类到集体记忆的范围内,集体记忆保存了行动、冲突、过去压力的轨迹。他指出,幼虫阶段是一个受感染的阶段,为了了解"病"因,确定感染是至关重要的。它不是一个简单的、次要的症状,相反,谣言触动了社会的深层机制。研究谣言产生的可能性就要弄清幼虫阶段涉及的神话以及传播这些神话的集体记忆。而蛹阶段则是归类到个人记忆的范围内,蛹阶段的孵化具有多孔性、虚拟性、潜伏期的特征,这就表明在这一阶段谣言是需要的,因为谣言已转入行动:这个行动即是潜力转变行动,多孔性变硬,孔隙在阻塞,冲突爆发和实在性爆炸成一片想象的雨。出茧阶段就是危机爆发阶段,社会震荡破裂。② "吃酸菜鱼感染 SB250 病毒死亡"的谣言传播事件中,谣言的"成蛹"与"出茧"也经历了类似勒莫的"幼虫—蛹—成虫"三段式的社会理论。

　　第一阶段:"幼虫阶段"。在谣言的"幼虫阶段",人们在集体意识里积聚着对现实的一些不满或不安。由于中国正处于社会转型期,各类矛盾凸显,尤其是近年食品安全问题的频发,从苏丹红鸭蛋到三聚氰胺奶粉,从皮革老酸奶到地沟油事件等,让人们对食品安全问题日益关注和担忧,食品安全问题不断成为社会大众的关注焦点与心理痛点。已经发生的事件潜伏在集体记忆和集体信念中,被封存的集体记忆随时可能被一条导火线所引发,"往日社会的事件在社会记忆中留下印记,人们让这些印记随岁月流逝而留存,是为了保存社会组织的连续性——蛹的外壳,并用不可缺少的文化'水泥'将各种心理连结起来。"③食品安全关乎每个人的安危,一旦发生食品安全问题,为了保护自己和身边亲朋好友的健康,集体记忆就容易被激发,相关信息就容易不加甄别地被传播。

　　第二阶段:"蛹阶段"。蛹阶段是富有高度社会性的个人记忆的领域,当第一则谣言在微信群里传播时,谣言便从受感染的阶段进入到了实质性的孵化阶段,个人的记忆与不安被激发出来。谣言是出于焦虑状态的个人为了消除不确

　　①　[法]弗朗索瓦丝·勒莫:《黑寡妇:谣言的示意及传播》,唐家龙译,商务印书馆 1999 年版,第 11 页。
　　②　[法]弗朗索瓦丝·勒莫:《黑寡妇:谣言的示意及传播》,唐家龙译,商务印书馆 1999 年版,第 14 页。
　　③　[法]弗朗索瓦丝·勒莫:《黑寡妇:谣言的示意及传播》,唐家龙译,商务印书馆 1999 年版,第 12 页。

定性而进行的一系列尝试。① 在"吃酸菜鱼感染 SB250 病毒死亡"的谣言传播中,谣言文本把"吃酸菜鱼"与"感染病毒死亡"建构为因果关系,吃酸菜鱼就一定导致感染病毒死亡。谣言利用了人们普遍存在的对食品安全的防范心理,同时,一道日常生活中食用的菜肴会导致感染病毒死亡,更容易激发个体对食品安全问题的记忆和恐惧心理,这就使得谣言迅速孵化并步入爆发阶段。桑斯坦在其著作《谣言》中提到,那些处于困境中的人和受"先入为主"信念驱使的人更容易相信谣言。人们是否会相信一则谣言,取决于他们听到谣言之前的既有想法,而人们会反对那些与他们信念相冲突的想法。② 面对频频发生的食品安全问题,普通大众对谣言的轻信就容易理解了。

第三阶段:"出茧阶段"。谣言的"出茧阶段",意味着昆虫从幼虫发育到了成虫,完成了一个完全变态的进化过程,谣言进入到一个疯狂传播的状态。由此,谣言的爆发使得社会群体进入了混乱时期,谣言成为为了解决问题,获得社会认知而开展的一种集体行为。集体行为的发生引发了"社会流瀑"现象,社会流瀑之所以发生,是因为我们倾向于相信别人的所信和所为。"如果我们认识的大多数人都相信一则谣言,我们也就很容易会相信那则谣言。我们接受他人信念,是因为自己对此缺乏相关信息。特别是当我们对某则谣言的内容一无所知时,我们就更容易相信它。当人们追随一些先行者或'领头羊'的言行时,社会流瀑现象就会发生。"③

"吃酸菜鱼感染 SB250 病毒死亡"这一谣言最初的传播方式主要是微信群转发,与微博不同,微信群的关系质量较强,多为双向关系,且彼此较为信任,受众信息消化率很高。因此,在微信群的强关系中谣言更容易获得双方信任,一方的相信使得另一方也得以追随,从而产生从众心理。同时,由于普通大众并不都掌握专业知识,对一些信息无法有效甄别,这也使得谣言更容易传播,因而诱发集体行为。

3.传播特征分析

特征一:新媒体成为谣言传播的主渠道。

"吃酸菜鱼感染 SB250 病毒死亡"的谣言事件中,新媒体成为谣言传播的主要渠道。麦克卢汉在《理解媒介》中提出"媒介即讯息"这一观点,他认为"真正有意义的讯息并不是各个时代的媒介所提示给人们的内容而是媒介本身,媒介即讯

① Rosnow, R. L. Rumor as Communication: A Contextualist Approach [J]. Journal of Communication,1988, 38(1): 12-28.

② [美]桑斯坦:《谣言》,张楠译,中信出版社 2010 年版,第 26 页。

③ [美]桑斯坦:《谣言》,张楠译,中信出版社 2010 年版,第 8 页。

息",在新媒体时代这一观点更是得到充分的验证。随着互联网和智能手机的迅速发展,人们获取信息的渠道越来越多元化,获取信息的方式也更为便捷。与此同时,新媒体平台又缺乏有效的管理和筛选机制,面对信息过载和纷繁复杂的网络环境,民众每天要接受大量的信息,如何辨别有效信息和鉴别信息的真伪成为一大问题。在此次"吃酸菜鱼感染 SB250 病毒死亡"的谣言事件传播中,分别出现了"感染 SB250 病毒""中央 250 套电视新闻已播出""250×10 个鱼塘已感染"等明显有误的信息,然而大部分民众并没有有效地辨别出这则谣言,也反映了民众传媒素养的水平没有跟上传媒的发展速度,民众的传媒素养有待提高。

特征二:捏造信源、实事具体及"因地制宜"。

谣言传播的主体大多有明确"信源"。霍夫兰等在《传播与劝服》一书中提出"一般来说,传播效果在很大程度上取决于传播者"。他根据信源对传播效果影响的研究提出了"休眠效果"这一概念,随着时间的推移,高可信度的信源和低可信度的信源在传播效果上的差异逐渐缩小。低可信度发出的信息,在短时间内处于"休眠"状态,其内容和说服力无法马上发挥作用,这时候高可信度的信源发布的消息则会得到广泛的传播。[①] 在"吃酸菜鱼感染 SB250 病毒死亡"的谣言事件传播中,谣言文本不仅利用具有政府性质的高可信度的信源来发布谣言,如"江苏扬州宣布""龙岩市委宣布""绍兴防疫局宣布""湖北夷陵区政府宣布"等,而且,还利用中央电视台等权威媒体已报道此事来说明事态的真实性和严重性。这些具有高可信度的信源,造成了谣言在短期内的影响力变大,造成的负面效果也就越强。

谣言的传播文本有"具体事实"。学者 Difonzo 和 Bordia 结合前人的研究指出,群体传播会让谣言在内容上经历变异的过程:(1)Leveling(削平):大量的细节被忽略,谣言会变得更短、更简洁、更容易被理解和叙述;(2)Adding(添加):经过添油加醋,谣言中增加了新的细节,好比滚雪球,越滚越大,参与者不断创造或描摹,使谣言变得更加丰满;(3)Sharpening(磨尖):谣言中的部分细节被突出甚至夸大;(4)Assimliation(同化):实现谣言与我们认知框架之间的同化,使之符合我们过去经验和现在的态度。这四种变异最终都会使人们更加相信谣言。[②] 在"吃酸菜鱼感染 SB250 病毒死亡"的谣言事件传播中,文本在传播前期描述的当事人是一名女性吃酸菜鱼死亡,到了 4 月份,谣言文本中一名女

---

① [美]卡尔·霍夫兰等:《传播与劝服:关于态度转变的心理学研究》,张建中等译,中国人民大学出版社 2015 年版,第 15—44 页。

② Difonzo,N & Bordia,P. Rumor Psychology. American Psychological Association,2006. 转引自许瑞仪、王畅:《风险社会中科技谣言的网络自净与他净——基于 2012—2014 年度"十大科技谣言"的内容分析》,载《新媒体与社会》2015 年第 4 期,第 191—213 页。

性变成了 68 人且男女都有，年龄也具体到最大的 36 岁，最小的 5 岁。添加和磨尖的表现，就是在谣言传播中删除原有的细节，增加新的内容，将死亡人数进一步夸大，扩展到各个年龄层都有因为吃"酸菜鱼"感染病毒死亡，增加人们心中的恐惧感和谣言的真实性。

谣言传播文本还会"因地制宜"。当谣言进入消退期后，11 月又在西南地区开始传播，在贵州境内传播时，致病源从"吃酸菜鱼"变成了"吃羊肉"，这是谣言传播中同化现象的表现。因为在贵州人的食谱中，相比于"酸菜鱼"，羊肉更受人们喜爱，羊肉粉是当地广受欢迎的特色小吃。在谣言文本中将致病源从"酸菜鱼"替换成"羊肉"，顺应了贵州当地民众的认知框架，提升了谣言信息的重要性，使谣言变得更加可信。

学者罗凯特根据实验(1975 年)，将奥尔波特和博斯特曼发现的"自然思维"三段式(失落—强化—吸收)[1]加以提炼，提出以下特征：

①省略或空变：最初的报道含有的信息越多，传到下面一站时信息的丢失也越多。

②加强：报道内容所含有的各个不同部分对于人们来说都可以在全部标尺上找到其合适的意义(例如正负标尺)。

③归属：这是在认指消息来源时发挥作用的非常明确的认识机能，或是通过职能归属(医生对我说香型牙膏……)或是通过全能归属(有人说……)。

④泛化：这是降低消息的专指程度(列维先生变成了一般的"犹太人")。明确的方向不是偶然的或不合理的，这方向反映了一种社会状态。

⑤超细节化(滚雪球效应，皮得森和吉斯特，1951 年)：将听到的消息增加细节讯息和详情，使得传播消息者增加其个人的可信度。人们倾向于一个能提供细节的人。[2]

在"吃酸菜鱼感染 SB250 病毒死亡"的谣言传播中，由于此谣言并不是全国性的而是区域性的谣言，同样一则谣言，通过改变事发地点即让谣言的传播有了"归属"。同时，这也是一种超细节化的表现，这些都迎合了当地民众心理上的接近性。当广东汕头的谣言传到浙江绍兴时，消息源就变成了"绍兴防疫局

---

① 奥尔波特和博斯特曼通过实验得出结论：一个说法经过六七个实验对象的传来传去后，其变化的规律是失落—强化—吸收。失落：是指信息的"字数和细节"部分减少，使谣言在传播的过程中变得更短，更易于理解和传播。强化：是指在失落的过程中，强化了某些可以使传播消息的结构更加合理的细节或组成部分。例如数字就是其采用的手法。吸收：同上述两项过程相关进行。它表示符合某种价值或体型(语言的刻板定型、主导的题目、追随流行的表象等)。

② [法]弗朗索瓦丝·勒莫：《黑寡妇：谣言的示意及传播》，唐家龙译，商务印书馆 1999 年版，第 104—105 页。

宣布""绍兴的 121 个鱼塘已感染",通过这种地域上的"归属",更容易使人们信谣和传谣。这则谣言还在"泛化"上做文章,通过文末添加"收到马上发给你关心的人,最好群发"等,表面看这则谣言并没有某一特定人群的针对性(除地域性),而是一个关乎你我他的信息,谣言"滚雪球"的效应由此产生。

特征三:强烈的情感色彩和具体的细节支持。

谣言传播情感色彩浓厚,助推公众情绪,渲染气氛。在"吃酸菜鱼感染 SB250 病毒死亡"谣言文本中,事发人物对象为"孕妇感染 SB250 病毒死亡,双胞胎还在妈妈的肚子里""68 名男、女性感染 SB250 病毒死亡,最大的 36 岁最小的只有 5 岁"……且文本最后都会加上"收到马上发给你关心的人,最好群发""收到马上发给你关心的人,最好群发,保护好自己""收到马上发给你关心的人""收到马上发给你关心的人,预防永远胜过治疗"……这些语句,诉诸情感和价值因素的互动,利用情感因素助推情绪,渲染了舆情氛围,助长了谣言的传播。的确,此次谣言传播,"在感性叙事的基础上诉诸理性,利用看似理性的叙事使受众信服"[①]。叙事文本中虽充满情感色彩但不乏诉诸理性的叙事特点,利用大量的数据来说服受众。例如,"2016 年 2 月 12 日,汕头市人民医院昨天凌晨二点二十一分",确切的时间和地点;"一孕妇",确切的人物;"感染 SB250 病毒",确切的病毒名称;"年龄 31 岁",确切的年龄,"中央 250 套电视新闻已播出",确切的播出平台;"汕头市到揭阳市 250×10 个鱼塘已感染",确切的感染鱼塘的数量和地点。可见,谣言常力求用看似相对严谨的"理性叙事"来掩盖其真实面目,以期达到说服众人获得较高转发量的目的。[②]

二、新媒体与谣言传播

1994 年 4 月 20 日,中国通过一条 64K 的国际专线,全功能接入国际互联网,中国的互联网时代从此开启。随着我国互联网基础设施建设的不断完善、利好政策的持续出台及互联网对于各个行业的渗透,网民规模持续增长。根据中国互联网络信息中心发布的第 41 次《中国互联网络发展状况统计报告》显示,"截至 2017 年 12 月,我国网民用户达到 7.72 亿,互联网普及率为 55.8%。截至 2017 年 12 月,我国手机网民用户规模已达 7.53 亿,网民中使用手机上网的比例提升至 97.5%"。互联网和新媒体的发展使 4A 传播成为可能,即 Anyone(任何人)、Anytime(在任何时间)、Anywhere(在任何地点)、Anyway

---

① 张志安、束开荣、何凌南:《微信谣言的主题与特征》,《新闻与写作》2016 年第 1 期,第 60—64 页。
② 张志安、束开荣、何凌南:《微信谣言的主题与特征》,《新闻与写作》2016 年第 1 期,第 60—64 页。

（用任何方式）。技术门槛的消失或降低使个人表达有了前所未有的空间，实现了对媒介普遍的近用权。但互联网和新媒体的发展存在着网络把关、社会责任、传统伦理等的缺失，这给谣言传播带来了可乘之机。

据《人民日报》在 2014 年 12 月的调查显示（如图 4-3），"你遇到过网络谣言吗？"46.91% 的民众表示经常遇到，37.97% 的民众表示有时遇到，15.12% 的民众表示极少遇到。"你常在哪里遇到谣言？"（多选题）67.78% 的民众表示常在微信上遇到谣言，48.11% 的民众表示经常在论坛贴吧上遇到谣言，而 47.42% 的民众表示经常在微博遇到谣言。可见网络谣言是现今互联网上的一大危害，网络谣言最常传播的渠道是微信、论坛贴吧和微博。

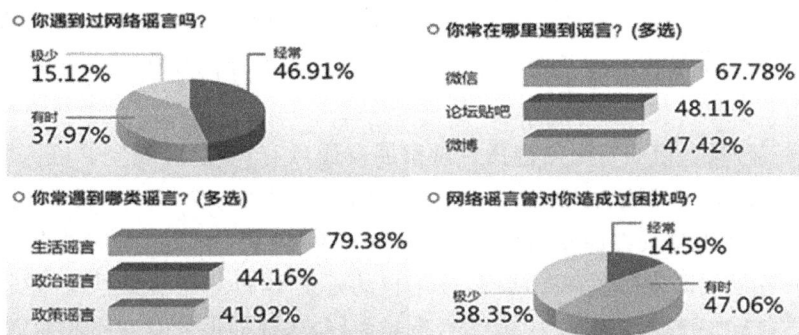

图 4-3　《人民日报》关于《谣与防谣　都有新变化》的调查①

1. 谣言与微信

根据微信团队在 2017 微信公开课 PRO 版上发布的《2017 微信数据报告》显示，"2017 年 9 月微信平均日登陆用户 9.02 亿，较上年增长 17%。日发送次数 380 亿次，较上年增长 25%，微信公众号月活跃账号达 350 万个，较上年增长 14%"。微信作为一款社交软件，在网民中的普及率和使用率都相当高。根据微信的传播属性，其传播形态可分为四种：第一是一对一的人际传播；第二是微信群的传播；第三是面向微信朋友圈的传播；第四是微信公众号的传播。

第一种是一对一的人际传播方式。微信的传播基础是基于手机通讯录和 QQ 好友绑定，亦可通过扫描二维码加为好友。这些方式多以双方在实际生活中的关系为基础，在成为彼此的微信好友时，必须通过双方的确认才能建立关系，这种关系更具真实性，多以现实生活中的亲戚、同学、同事为主。因此，在谣言传播时，通过微信好友一对一转发更具迷惑性，被转发的谣言因为来自信任

---

① 中央网络安全和信息化领导小组：《谣与防谣　都有新变化》，http://www.cac.gov.cn/2014-12/17/c_11136 69411.html，2017-04-15。

好友的发送而更容易被信赖。这也加大了辟谣的难度。

第二种是微信群的传播。一个微信群无论大小,都由一些具有相同社会特征(如职业、性别、兴趣等)的微信用户组成,这是一个有着现实社会关系基础的微型社区。既然是社区,就具有一定的结构。有研究表明,一个具有现实社会关系基础的社区,其网络结构是不均匀的,它由许多子网络(节点)构成,子网络内部个体之间的关系比较紧密,而子网络之间的关系则比较稀疏,也就是说,社区的网络结构是异质性的。由不同性质类型的节点组成的关系丰富的结构被称之为"社区",而这种具有高度异质性、各节点内部以及节点与节点之间的连接状况具有不均衡分布性的网络就是所谓的"无标度网络"。如果把每个个体都看成一个网络节点,那么节点与节点之间(微信群)的关系,就构成了一个"无标度网络"。微信谣言就是在这样一个具有高度异质性的复杂网络中生产和传播的。①

第三种是微信朋友圈的传播。微信朋友圈具有"多层区隔"和"嵌入性"的特点。所谓的"多层区隔"是指一个用户的朋友圈对另一个用户来说,不是完全可见的,这主要体现在朋友圈状态栏中"点赞"和"评论"情况的透明性上。譬如用户 A 在朋友圈发布了一条状态,该用户的好友 B 和 C 都在此状态下方进行"点赞"或者"评论",但倘若 B 和 C 不是互为好友,他们彼此就看不到对方在用户 A 的状态栏里的"点赞"或"评论"。但是,这并非意味着"圈子"与"圈子"之间的隔绝,熟人圈子里转发分享的各类信息能够借助移动互联网实现不同"圈子"间的交流,这就是微信朋友圈"嵌入性"的传播特点。如果用户将一条微信谣言转进自己的朋友圈,就会引起好友及好友的好友的链条式转发,依此类推,微信的圈层式传播或封闭性传播就逐步稀释,信息的延伸性、不可控性也逐渐变强。这种私密程度极高的熟人圈子及信息的无限延展性也为谣言传播提供了便利。②

第四种是微信公众号的传播。微信账号分为普通账号和公众平台两种。公众平台是指个人和机构(公司、政府单位等)通过微信公众平台创建的公众账号,它可以向关注者推送消息。根据奇智睿思 2016 年的报告,在微信公众号关注比例方面,29.1%的微信用户关注了自媒体,25.4%的微信用户关注了认证媒体,20.7%的微信用户没有关注任何公众号,18.9%的微信用户关注了企业商家,而 5.9%的微信用户则关注了营销推广类账号。总之,近 80%用户关注

---

① 张志安、束开荣:《微信谣言的传播机制及影响因素——基于网民、媒介与社会多重视角的考察》,《新闻与写作》2016 年第 3 期,第 63—67 页。

② 张志安、束开荣:《微信谣言的传播机制及影响因素——基于网民、媒介与社会多重视角的考察》,《新闻与写作》2016 年第 3 期,第 63—67 页。

微信公众号。企业和媒体的公众账号是用户主要关注的对象,比例高达73.4%。在微信公众号用途方面,用户关注公众号的主要目的是获取资讯的有41.1%,其次是方便生活的36.9%和学习知识的13.7%。微信公众订阅号是典型的"大众传播",在某种程度上是网络空间的"反互动"(anti-interactive),其基本路径是"点"对"面"的传播。网民在阅读公众号文章后的反馈(评论)是偶然的、延时的。如果说,朋友圈和微信群是微信谣言传播的集散地,那么谣言与"大众传播"方式的结合,会令谣言更具威力。此外,在微信公众号下方的评论区里,评论者与评论者之间并不能互动交流,用户的评论只是公众号推送内容的附属部分。

微信公众号里的谣言多与利益有关,动机一般有三种:其一,通过损害、诽谤他人或群体的利益来谋求一己之私;其二,单纯追求微信公众号的点击数量和流量,造成众人仰视的心理快感;其三,以经营微信公众号来谋取收入,通过在公众号里发布一些骇人听闻和惊悚的消息增加阅读数量,吸引广告商前往投放广告。表 4-2 是微信安全中心发布的 2016 年度谣言排行。

表 4-2　微信安全中心发布的 2016 年度谣言 Top10

谣言名称	谣言类别	欺骗指数	危害指数
1.儿童守护站类谣言(全国银行网点成失联儿童安全守护点)	失实报道	★★★★★	★★★★★
2."微信公开课 pro 版"链接会盗号	失实报道	★★★★★	★★★★
3."SB250"系列谣言(吃酸菜鱼感染 SB250 病毒)	失实报道	★★★★★	★★★★★
4.收文件有毒类谣言(公安支队长称《微信红包》图片有病毒)	失实报道	★★★★★	★★★★★
5.偷卖儿童类谣言(从某地来了 100 多个外地人偷抢孩子,挖器官)	失实报道	★★★★	★★★
6.食物相克类谣言(蘑菇和茄子、小米、大黄米同食会中毒)	生命健康	★★★★	★★
7.儿童用药类谣言(小孩子发热用尼美舒利颗粒会致死)	科学常识	★★★	★★★
8.抵制日本电影《贞子 3D》在南京大屠杀纪念日上映	失实报道	★★	★★★
9.朋友圈流传"急救贴心提示"	科学常识	★★	★★
10.名人"被去世"类谣言(周星驰于 2016 年 5 月 9 日上午在香港因病去世)	失实报道	★★	★★

近年,由于技术属性和大众属性,微信逐步代替了短信、QQ 群、贴吧空间

而成为主要的谣言滋生地,比如此前的一些谣言事件:2008年以短信和论坛为主的"蛆橘事件";2010年以短信和贴吧为主的山西发生地震的谣言;2011年以 QQ 群、短信为主的抢盐风潮及新疆籍艾滋病人通过滴血食物传播病毒感染艾滋病的谣言……微信与短信、贴吧与 QQ 群相比,其私人性、封闭性更强,这也对谣言的快速识别与有效治理提出了难题。"SB250"系列谣言的传播便始于微信群和微信朋友圈,它以家人、朋友的强关系特征增强了谣言传播的可信度与传播范围,也因朋友圈与微信群的相对封闭性而减弱了信息证伪的可能性。

另外,从谣言类别看,与食品安全、人身健康有关的谣言更适合在较私密的微信空间快速传播,如食物相克、养生、儿童用药、儿童安全、急救等。这类话题关联的家庭属性、安全属性等成为谣言与微信结伴而行的原因所在,这也为谣言治理中的社会群体心理识别及长效治理提供了某种启示——即"标"与"本"兼治、扼制与防范并举。

2.谣言与微博

2009年新浪微博平台上线后,其在国内的影响力与日俱增。根据微博数据中心发布的《2017微博用户发展报告》公布的数据显示,"截至2017年9月,微博月活跃人数已达 3.76 亿,较 2016 年同期相比增长 27%;日活跃用户达到 1.65 亿,较去年同期增长 25%"。当前微博的主要特点是——白领、区域、垂直(白领年轻化、区域覆盖下沉、内容垂直化)。当前微博的发展特征是视频化、垂直化、MCN(Multi-Channel Network)。

微博传播不同于传统媒体,更像是一种一对多的大众传播模式,微博用户允许单方面的关注就可以获取信息,双方的关注并不需要得到彼此允许,一键关注的功能使得微博用户之间形成了一个错综复杂的关系网。这个特征大大扩展了谣言传播的范围和广度,产生于微博的谣言也逐渐增多。

如2012年度新浪微博的"十大网络谣言"之一的"打针西瓜"事件。2012年5月16日,"@时事周刊"发布博文并配图称"打针西瓜注射了含有禁用食品添加剂甜蜜素和胭脂红,添加剂会造成肝脏和肾脏的破坏,影响儿童智力发育"。短短4小时内,超过了 1.5 万条转发和近 3000 条的评论,并登上微博搜索热榜,成为当天的热点舆情。微博迅速掀起一股讨论"打针西瓜"的舆论热潮,5月16日微博用户"@KS-Molun"发文:

> #打针西瓜#都是假的……敢不敢不那么坑爹,那么多人做生意,为什么有些人就不能规规矩矩地做呢?!? 别让顾客对商家所剩不多的信任给抹掉……请以诚待客,尊重是相互的,等价交易也是相互

的……

微博用户"@小皮在路上"发文：

> 谁能帮我判断下。这是不是打针西瓜阿～我好纠结要不要继续
> 吃～

截至 5 月 16 日下午 4:20 左右，"@时事周刊"发布的博文就被微博标注为"此条微博为不实信息"。次日，微博用户"@食范食品安全信息平台""@民主与法制网官方"等发出辟谣微博："网传'打针西瓜'注射禁用食品添加剂甜蜜素和胭脂红！破坏肝脏、肾脏的功能，影响儿童智力发育！此条微博为不实信息，西瓜打针不仅容易烂还费时费力，专家称可能性不大。"此次"打针西瓜"谣言在微博的传播基本呈现了微博谣言的一些特征：

一是信息来源多样化、弱审查等特点。微博信息的发布来源具有多样化的特点，任何个人或企业团体都可以在微博注册，发布的消息可以是原创也可以是转述其他媒体平台上的内容，人人都是信息传播者的同时又是信息的接受者。但由于微博使用者的媒介素养参差不齐，并非人人都能准确地把握信息传播的要点，在信息不断地传播和接受中，易造成信息的缺失和变异，这无疑加剧了谣言的产生。"打针西瓜"谣言在微博上的传播，正是由于微博的低准入门槛和弱审查特点。微博发布者随意编辑发布，信息接受者又可以不受限制地转发，加之海量的信息导致运营商无法逐一甄别，虚假信息和谣言便容易乘虚而入，加剧谣言的传播和负面舆情的产生。

二是信息生产即时性、信息内容碎片化。微博信息的发布对硬件设备的要求并不高，只要有网络，用户就可以随意在移动端和 PC 端发布信息。内容方面，在未解除数字限制之前每条微博发布至多只能 140 个字符，导致微博在传播信息时，并非每次都能将事件的原委完整、清晰地呈现出来。"@时事周刊"在发布博文时，借助文字和图片在"有图有真相"的语境下，大大加强了谣言的蛊惑性。事实上，"@时事周刊"发布的博文并没有科学的解释说明，仅以两张被切开的西瓜的图片作为证据。而在信息传播的过程中，往往会突出某些信息而忽略掉某些信息。"西瓜被打针"是被突出的信息，而"无确凿的证据"则是被忽略的信息，当这些信息被传递时，网友很可能将自己所知道的信息与原信息拼凑起来，歪曲事实，进而滋生谣言。

三是"裂变式"的传播特点。所谓的裂变式传播是指微博传播既不同于古老的"One To One"传播，又不同于传统媒体的"One To N＋N"网状模式，而是

一种无核的"One To N To N+N"的模式。① 微博信息在传播时,首先是用户编辑信息进行一级传播,然后粉丝进行转发、评论和@相关的人进行二级传播。由于微博信息交流的互动性和一键转发功能,信息不断地逐层逐级传播,以此类推,形成规模巨大的核裂变式的传播,由此造成微博谣言传播的不可控和负面舆情的快速生成与爆发。

从谣言传播的内容来看,与人们生活和利益息息相关的信息容易诱发广泛的传播。"打针西瓜"的谣言之所以被大范围传播,是因为西瓜是人人都会食用的,它与人们生活的关联度强,被视为公共性事件来展开讨论,更易生成谣言类的舆情。但在微博传播的谣言,并不一定原生于微博,相当部分的谣言是由贴吧或微信朋友圈等其他渠道延伸到微博上的。如 2015 年荔枝泡药水引起手足口病、2016 年洗衣液含荧光增白剂致癌等谣言,最先都出现于微信朋友圈,后来蔓延到微博,最终引发微博、微信等的信息共振,导致大范围的谣言传播。

3.谣言传播在微信和微博上的对比

微博与微信虽然都是新媒体社交平台,但是却有不同的特点。

其一,用户关系上,微博用户之间属于弱关系,微信属于强关系。美国社会学家格兰诺维特(M. Granovetter)最早于 1973 年提出的著名社会学理论"强弱关系"理论,该理论指出,人们在社会交往中存在两种性质的人际关系。一种是强关系,社会人际关系的主体具有较强的个体同质性(即个体所属行业、价值观趋同)、较为紧密的人际关系(主要在情感方面);另一种是弱关系,个体异质性较强的那部分连接(因为每个个体交往范围较广,所接触个体可能从事不同行业,从而个体可以获得广泛的信息),个体之间关系比较脆弱(即不靠太多情感因素来维系)。② 在 Web2.0 迅速发展之后这一理论备受关注。研究发现,"弱连接"虽然不如"强连接"那样有助于建立坚固且紧密的社会联系,但却有着高效的、低成本的传播效果。以微博为代表的社交媒体属于典型的弱连接,而以微信朋友圈为代表的社交媒体属于典型的强连接。"吃酸菜鱼感染 SB250 病毒死亡"的谣言事件就是以微信"强连接"传播为基础。因此在谣言传播上,以弱连接为代表的微博谣言传播广度大于微信,以强连接为代表的微信传播深度大于微博。

其二,开放程度上,微博开放性较强(公共空间),偏向于媒体属性;微信开

---

① 薛瑞汉:《微博信息传播面临的新问题及路径选择》,《河南社会科学》2012 年第 8 期,第 88 页。

② M. Granovetter . The Strength of Weak Ties[J]. American Journal of Sociology,1973,78(6):1360-1380. 转引自谢梦瑶:《"点赞":网络社交平台中的弱连接》,湖南大学 2015 年硕士学位论文,第 4—5 页。

放性较弱(私人厨房),偏向于社交属性。微博为开放的平台,任何人都可以发布和传递信息,而微信类似于闭环的平台,是以线下关系为基础的延伸。因此在谣言的传播上,微博谣言传播得较广,而微信谣言传播得较窄。在辟谣的难易程度上,微信的辟谣难度更大。谣言的传播范围和辟谣的难易程度也直接影响了谣言议题的传播周期。微博谣言虽传播速度快,范围广,但在辟谣上也可以同时得到这种效果。而微信私密性的特点,令谣言传播速度不及微博,在辟谣方面难度也更大,也使谣言的议题周期更长。

其三,意见领袖在微博的作用大于微信。微博上的意见领袖多则上千万的粉丝,一条信息的发布或转发,都可以使之成为公共话题。正面的转发传播行为,能够及时辟谣,减小谣言产生的负面影响,例如"吃酸菜鱼感染 SB250 病毒死亡"的谣言传播事件,各地网络公安等微博大 V 及时的辟谣行为,有效消除了民众心中的恐慌和不确定性。微信的沟通是基于线下关系,这大大限制了微信好友的数量和范围。在"多层区隔"不完全相同的圈子内,微信的"去中心化"特点明显,因此在意见领袖的作用上,微博的影响力要大于微信。

三、舆情与谣言

1. 谣言的类别

关于谣言的分类,最早和流传最广的是纳普(Knapp)的分析,主要依据于 1942 年 9 月从波士顿谣言诊所和大型杂志上得到的有关战争的资料。通过对上千条谣言进行分析,按照谣言投射出来的心理分为愿望型谣言、恐惧型谣言和敌意型谣言。愿望型谣言是指像做白日梦一样,把愿望当作现实的乐观谣言,占到总数的 66%;恐惧型谣言是指表达对"妖怪"的恐惧或忧虑的谣言,占到总数的 25%;敌意型谣言是指像"楔桩"一样嵌入群体,制造对抗,离间团体的谣言,占到总数的 2%。[①] 与纳普不同,卡普费雷(Kapferer)提供了两种不一样的分类方法。其一,根据产生原因将谣言分为事件型谣言、细节性谣言和想象性谣言;其二,根据涵盖范围将谣言分为犯罪谣言、明星谣言、职场谣言、销售谣言、金融谣言和政治谣言。[②]

国内学者对于谣言的分类有:

胡百精从社会心理视角对谣言进行分类:如根据造谣者动机,可分为牢骚

[①]　Robert H. Knapp. A Psychology of Rumor[J]. The Public Opinion Quarterly,1944,8(1)22-37.

[②]　[法]让-诺埃尔·卡普费雷:《谣言:世界最古老的传媒》,郑若麟译,上海人民出版社 2008 年版,第 222 页。

性谣言、攻击性谣言、宣传性谣言、牟利性谣言、误解性谣言等；根据是否主观故意，可分为主观编造的谣言和无意引发的谣言。[①] 学者邓国峰等从宏观角度对网络谣言进行了分类：从内容上分为恐怖型谣言、危害型谣言、怜悯型谣言、利益型谣言等；从目的上分为有意捏造的谣言和无意讹传的谣言；从形态上分为政治谣言、军事谣言、经济谣言、社会生活谣言、自然谣言等；从褒贬色彩上分为美好期许型谣言和黑色预言型谣言；从后果上分为有害谣言和无害谣言；从存在时间上分为短期谣言和长期谣言；从时间上分为过去谣言、新闻时事谣言和未来预言谣言等；从传播规模和影响程度上分为局域性谣言和全国性谣言，前者指局限于某个网络社区或地域性的谣言，后者指跨网络的在全国普遍传播的谣言，后者对社会更具有影响力。[②] 搜狐新闻中心总监吴晨光则将谣言大致划分为四个种类。第一是常识类。这类谣言在生活中比较常见。比如高铁辐射引乘务员流产、手机 SIM 卡会被诈骗电话复制并被窃听等。这类谣言往往硬伤比较明显，但因为多数人不具有分辨这些谣言的知识储备，而"宁可信其有"。第二是时政类。这种谣言多是由个人网站或者微博引发，涉及人物多是"有身份的人"，容易引发网友关注和讨论。第三是图片类。这类谣言在微博上十分常见，比如北京"7·21"大雨和江西校车事故中都有人把旧图片大量在网上传播。此外，像吴仁宝曾经登上美国《时代周刊》封面的图片则是使用 PS 手段移花接木的典型。第四是伴随突发事件而大量出现的谣言，因为事发突然，现场情况又比较混乱，所以信息也真假不一，很多人经常会选择先转发再求证，一旦有人恶意传谣，造成的恶劣影响也比较广泛。比如在四川雅安芦山地震中就出现诸如"5 年前有人预测到雅安地震""198 名俄罗斯救援人员赴灾区"等谣言。[③]

网络谣言是舆论的一种畸形变态，它体现了负面的民众舆情。人们在心理上和行动上受到谣言的引导，归根到底在于谣言的内容关系到他们的利益和需求。"无风不起浪"，谣言有某种刺激因素才能产生和扩散，几乎所有影响巨大的谣言都和现实生活有一定的对应性，是民众现实生活中的恐惧压抑，对社会的不满和对未来的彷徨的一种折射。但谣言的传播并非杂乱无序毫无章法。

近年来，食品和医疗卫生方面是谣言传播的重灾区，如 2011 年日本大地震后食用碘盐可以防辐射的谣言；2012 年葡萄中含有甲胺磷、氧乐果、对硫磷甲

---

① 胡百精：《危机传播管理》，中国传媒大学出版社 2005 年版，第 67 页。

② 邓国峰、唐贵伍：《网络谣言传播及其社会影响研究》，《求索》2005 年第 10 期，第 88—90 页。

③ 《网络谣言何其多——专家解析网络谣言种类与传播》，人民网 http://opinion.people.com.cn/n/2013/0826/c368025-22695482.html，2017-04-20。

基、对硫磷等致癌物质,食用后致癌的谣言;2013 年食用转基因大豆油的消费者更容易患肿瘤、不孕不育症的谣言;2014 年的富氧水是"补氧神水"的谣言;2015年草莓普遍含有乙草胺违禁农药食用后致癌的谣言等,都是与食品和医疗卫生方面有关、传播较为广泛的谣言。

食品和医疗卫生方面的谣言相较于其他方面的谣言更容易成为社会舆情,原因在于:

其一,当下中国的现代化同时拥有工业化和自反现代化的特征,即"压缩的现代化",因而中国的风险问题展现出比西方社会更大的复杂性,这种复杂性既强化了风险的生产,又没有给风险的制度化预期和管理留下时间。[①] 中国进入社会转型期后,食品和医疗事故频发,导致民众对社会生活的不确定情绪增强,而在互联网和新媒体的时代,自媒体被赋予了建构和传播风险的权利。在其建构的风险语境中,民众的风险感知也随之加强,这也让谣言的传播有了可乘之机。

其二,这类谣言往往是"利他型的谣言",谣言传播者往往相信了一个未经证实的谣言,从关爱自身和亲朋好友的角度出发转发和告知。他们坚信自己在做正确的好事,而无任何的心理负担,这也导致了谣言的传播,亲情、友情往往成为微信圈谣言传播的助推器。

2. 谣言的危害

网络谣言会产生极大的危害。学者桑斯坦在其著作《谣言》中揭示了谣言传播中"从众流瀑"和"群体极化"两大危害。"信息流瀑"导致的"从众流瀑"缘于以下两个方面:

第一是"沉默的螺旋"效应。学者伊丽莎白·诺尔-诺依曼在其著作《沉默的螺旋:舆论——我们的社会皮肤》中提出了"沉默的螺旋"这一概念。她指出,人们在表达自己想法和观点的时候,如果看到自己赞同的观点且受到广泛欢迎,就会积极参与进来,这类观点就会更大胆地发表和扩散;而发觉某一观点无人或很少有人理会(有时会有群起而攻之的遭遇),即使自己赞同它也会保持沉默。意见一方的沉默会造成另一方意见的增势,如此循环往复,便形成一方的声音越来越强大,另一方越来越沉默下去的螺旋发展过程——大多数个人会力图避免由于单独持有某些态度和信念而产生的孤立。[②] 在上述"吃酸菜鱼感染

① 贝克、邓正来、沈国麒:《风险社会与中国——与德国社会学家乌尔里希·贝克的对话》,《社会学研究》2010 年第 5 期,第 220—221 页。

② [德]伊丽莎白·诺尔-诺依曼:《沉默的螺旋:舆论——我们的社会皮肤》,董路译,北京大学出版社 2013 年版,第 4—8 页。

SB250 病毒死亡"谣言传播的事例中可以看到,谣言在微信群和微信朋友圈流传得最为广泛,因为微信群中的成员都是具有某些相同社会特征的个体,成员作为一个组织群体的个体,为了避免孤立,在群体压力之下,个体会追随群体意见,以获得群体的好感和认同,不管他们私下的想法或怀疑是什么。从集体心理的角度看,如勒庞在《乌合之众:大众心理研究》中指出的:"在集体心理中,个人才智被削弱了,从而他们的个性也被削弱了。异质性被同质性吞没,无意识的品质占了上风。"①

第二是由于"意见领袖"的作用。美国学者拉扎斯菲尔德等在其著作《人民的选择》中提出了"意见领袖"的概念,指在人际传播网络中经常为他人提供信息,同时对他人施加影响的"活跃分子",他们在大众传播效果的形成过程中起着重要的中介或过滤的作用,由他们将信息扩散给受众,形成信息传递的两级传播。② 在"吃酸菜鱼感染 SB250 病毒死亡"的谣言传播中,微信群里的活跃分子(意见领袖)会率先发声,接收到这一谣言后通常会有两种反应,一是鉴别出"吃酸菜鱼感染 SB250 病毒死亡"是谣言,呼吁群体成员不要相信,积极辟谣;二是积极接受他人观点,相信"吃酸菜鱼感染 SB250 病毒死亡"是真实事件,对谣言进行二次传播,转发到其他的微信群或朋友圈中,扩大了谣言的传播范围。但那些思想开阔并且诚恳冷静地鉴别信息是否是谣言的真正怀疑者,在现实生活中凤毛麟角,所以在"沉默的螺旋"和"意见领袖"的共同作用下,"信息流瀑"的爆发就导致了"从众流瀑"的产生。在从众流瀑中的人们会强烈相信某些共同意见,这通常会导致谣言的传播。即便人们会怀疑一则谣言,或者相信它不是真的,但是为了避免群体制裁,他们不会反对群体的判断。在实际的群体决策中,人们不确定那些公开表达的观点是来自独立知识,还是信息流瀑,抑或从众压力。很多时候,我们都过高估计了人们对独立信息而非社会压力的依赖程度。因而,谣言便在群体中扎下根来。③

再看谣言导致的群体极化的危害。

"谣言是一个集体作品。"④桑斯坦在其著作《谣言》中指出,群体极化是指当想法类似的人聚在一起讨论时,他们通常会达到一个比讨论前的倾向更为极端的立场。群体极化现象在生活中普遍存在。当群体成员一开始就倾向于承担

---

① [法]古斯塔夫·勒庞:《乌合之众:大众心理研究》,冯克利译,中央编译出版社 2004 年版,第 22 页。

② [美]拉扎斯菲尔德、[美]贝雷尔森、[美]高德特:《人民的选择》,唐茜译,中国人民大学出版社 2012 年版,第 43—45 页、第 128—129 页。

③ [美]凯斯·R.桑斯坦:《谣言》,张楠译,中信出版社 2010 年版,第 50—51 页。

④ 郭小安、张荣:《谣言心理的三个研究维度:理论整合与现实关照》,《天津行政学院学报》2014 年第 5 期,第 41—50 页。

风险,他们便更有可能以极大的热情去承担风险。这种群体极化现象的出现,称之为"冒险转向";如果群体成员从一开始就比较谨慎,他们在相互讨论之后就会变得更加谨慎。这种群体极化现象的出现,称之为"谨慎转向"。"冒险转向"和"谨慎转向"都类属于群体极化。①

桑斯坦还指出群体极化会使谣言变得坚不可摧,他认为散播谣言的原因有三:其一,信息交换会强化已经存在的想法;其二,肯定＋信心＝极端;其三,社会网络可以"极化"和"放大"谣言。②

在"吃酸菜鱼感染 SB250 病毒死亡"谣言事件的传播中,使群体极化发生的三大原因展现得淋漓尽致。

其一,信息交换会强化已经存在的想法。在"吃酸菜鱼感染 SB250 病毒死亡"谣言事件的传播中,谣言主要的传播渠道是微信群,当这条谣言被转发至微信群时,群中的成员接收到这条信息,因不安心理等因素的影响,发生"冒险转向"的倾向性更大。群中成员肯定会加以讨论,假若群中部分成员偏于相信信息为真,这些成员会在群里讨论;那些不确定是否是谣言或半信半疑的成员,看到或听到很多关于这条信息的讨论获得了广泛的支持,他们也会倾向于加入讨论之中。当人们倾向于回应他人的看法时,任何有某种倾向的群体都不可避免地向这一方向进一步转移。最终,群中绝大部分成员会受其影响。

其二,肯定＋信心＝极端。当群体内其他成员都十分坚定时,就会对自己的看法更加有信心;当他们对自己的看法更加有信心时,就会变得更加极端;那些缺乏信心且不确信他们应该作何思考的人倾向于弱化自己的看法。当谣言传至微信群中时,群中的大部分成员也无法肯定信息是否真实,但出于集体记忆等心理因素,大多数人会偏于相信其真实性,加上意见领袖的肯定和引导,更使摇摆不定的群体成员相信这一信息。

其三,社会网络可以"极化"和"放大"谣言。在谣言的传播过程中,社会网络发生着重要的作用。在 20 世纪 40 年代的一项经典研究中,哈佛大学心理学家奥尔波特和博斯特曼发现了一个谣言传播的必要条件:易受外界影响的人必须和其他人保持联系。社会网络可以充当"极化机器",因为社会网络能确定并放大人们已有的看法。"信息茧房"的概念可以描述这一现象,即"我们只听到我们选择的东西和愉悦我们的东西的通讯领域"③。人们会习惯性地将自己包

---

① [美]凯斯·R.桑斯坦:《谣言》,张楠译,中信出版社 2010 年版,第 56—58 页。

② [美]凯斯·R.桑斯坦:《谣言》,张楠译,中信出版社 2010 年版,第 60—64 页。

③ [美]凯斯·R.桑斯坦:《信息乌托邦:众人如何生产知识》,毕竞悦译,法律出版社 2008 年版,第 8 页。

裹在由兴趣引导的信息中,从而进入了"回音室"。因为人们接触的媒体处在一个相对封闭的环境,一些意见相近的声音不断重复,并以夸张或其他扭曲形式重复,让处于相对封闭环境中的大多数人认为这些扭曲的故事就是事实的全部,从而产生"回音室效应"。在"吃酸菜鱼感染 SB250 病毒死亡"谣言传播的事件上,无论是在微信群还是在微信朋友圈里,"吃酸菜鱼感染 SB250 病毒死亡"的信息流传,相当于人们走进了一个相对封闭的微信传播空间,谣言不断重复,并不断产生新的变体,"回音室效应"由此产生,让大多数的民众相信了微信上流传的谣言就是全部和真实的信息。

3. 谣言的治理

我国网络谣言的传播及治理伴随着互联网的普及和技术的进步。自 20 世纪 90 年代中期接入互联网到 1999 年的小众媒体阶段,由于网络普及率较低,网民数量较少,这一时期的网络谣言无论在数量上还是影响力方面都比较小,关注度不高,治理意识尚未形成。1999 年到 2009 年互联网的大众媒体阶段,网民队伍逐年扩大,商业网站及依附传统媒体的门户网站纷纷建立,论坛、博客、贴吧等自媒体平台开始出现,为网络谣言创造了传播平台。这一时期网络谣言的危害开始显现,治理意识萌发。但由于技术的限制,信息的传播以一对多、点对面的传播模式为主,这一阶段的网络谣言通常以"假新闻"的面目出现。2009年到 2013 年的社会网络阶段,网民数量空前增加,论坛仍旧是谣言传播的重要平台,但以微博为代表的自媒体由于能够建构广泛的社会网络而一跃成为最主要的信息传播渠道,媒介环境的变化为网络谣言的自身蔓延提供了便利条件。①

法国学者让·诺埃尔·卡普费雷指出,拉斯韦尔提出的"5W"传播模式是谣言传播机制的重要理论依据之一,该模式从心理学和传播学的角度对网络传播谣言进行了分析。② 其中"5W"具体是指 Who(谁)——谣言的制造者和发出者、Says What(说了什么)——谣言传播的内容、In Which Channel(通过什么渠道)——谣言通过何种传播渠道进行传播、To Whom(向谁说)——谣言的受众是谁、With What Effect(有什么效果)——谣言对受众产生了何种影响。对于谣言的治理也可以从上述五个方面出发。

从谣言的制造者和发出者来说,"谣言止于法律"。桑斯坦曾指出"寒蝉效

---

① 张春华主编:《社会舆情核心议题与治理实践》,社会科学出版社 2016 年版,第 139 页。
② 转引自陈烨《突发事件中的网络谣言传播研究》,华东师范大学 2010 年硕士学位论文,第 1—18 页。

应"①是规避谣言危害的一大途径。尽管很多人坚信思想市场,认为思想市场是确保他们获取真相的最佳途径。在某种程度上,言论自由的目的是促进自治;倘若设立任何检查制度妨碍言论自由引发"寒蝉效应",有可能妨碍真相的传播。但是还有一种相反的情况不容忽视。有时候,"寒蝉效应"有可能起到很好的保卫作用。没有"寒蝉效应",思想市场有可能使人们接受、散播对个人和机构破坏性极强的错误信念。对"寒蝉效应"本身的恐惧也会对公众讨论和我们的行为产生"寒蝉效应"。如果谣言的传播导致了严重的问题,我们就必须小心。虚假消息很可能伤害甚至摧毁个人生活,也可能产生严重的经济后果。综上,社会规范甚或法律对散布虚假谣言加以禁止的做法是明智的。② 因此为了维护社会稳定,抑制谣言给我们带来的危害,应该通过社会规范制度对谣言进行事先警告和事后惩治,从而避免谣言,惩罚造谣和传谣行为。

近年来,国家对网络治理的力度不断加大,2013 年 9 月 9 日,最高人民法院和最高人民检察院发布《关于办理利用信息网络实施诽谤等刑事案件适用法律若干问题的解释》。解释中首次明确了利用信息网络实施诽谤、敲诈勒索、寻衅滋事等刑事案件的定罪量刑标准。此外,该解释还明确规定:利用信息网络诽谤他人,同一诽谤信息实际被转发 500 次可判刑,点击量达到 5000 次以上,应当认定为《刑法》第 246 条第一款规定的"情节严重",可构成诽谤罪。这一规定使我国谣言治理的法制化迈出了坚实的一步。为了应对微信、微博、QQ 群等社交平台上发布虚假信息的现象,2015 年 11 月 1 日起,《刑法修正案(九)》在第 291 条中增加一项规定:编造虚假的险情、疫情、灾情、警情,在信息网络或者其他媒体上传播,或者明知是上述虚假信息,故意在信息网络或者其他媒体上传播,严重扰乱社会秩序的,处 3 年以下有期徒刑、拘役或者管制;造成严重后果的,处 3 年以上 7 年以下有期徒刑。食品安全领域是谣言传播的重灾区,2017 年 7 月,国务院食品安全办等 10 部门联合下发《关于加强食品安全谣言防控和治理工作的通知》,明确谣言涉及的当事企业是辟谣的第一责任主体,并要求严厉惩处谣言制造者和传播者。通知强调,任何组织和个人未经授权不得发布国家食品安全总体情况、食品安全风险警示信息,不得发布、转载不具备我国法定资质条件的检验机构出具的食品检验报告,以及据此开展的各类评价、测评等信息。一旦发现违法违规发布食品安全信息,应严肃查处,并向社会公告。

---

① "寒蝉效应",特别指在讨论言论自由或集会自由时,人民害怕因为言论遭到国家的刑罚,或是必须面对高额的赔偿而不敢发表言论,如同蝉在寒冷天气中噤声一般。"寒蝉效应"的发生,将导致公共事务乏人关心,被视为过度压制言论或集会自由的不良后果。

② 〔美〕凯斯·R.桑斯坦:《谣言》,张楠译,中信出版社 2010 年版,第 10—11 页。

对于谣言传播的内容,"谣言止于公开"。公众之所以相信谣言,是因为信息不对称,在政府没有公开事情真相时,或者没有全部公开、公开不及时,均给造谣者有机可乘,为造谣和传谣提供了基础。公众只能道听途说,以讹传讹,相信谣言。如果政府或对应部门能在第一时间辟谣,能公开事情真相,谣言也就失去了市场和传播机会。因此,政府和企业相关部门应该准确发布消息,畅通信息渠道。从源头上根治,落实信息公开透明制度。例如:上海市网信办与解放日报·上海观察联合成立的上海网络辟谣平台,不但成立了官方网站,还通过新媒体平台微信等每日推送辟谣信息,促进信息的公开透明。2015 年 4 月 3 日,国务院办公厅印发《2015 年政府信息公开工作要点》。2015 年政府信息公开工作的总体要求包括:认真落实《中华人民共和国信息公开条例》,推进重点领域信息公开,加强信息发布、解读和回应工作,强化制度机制和平台建设,不断增强政府信息公开实效,进一步提高政府公信力……2016 年 8 月,国务院办公厅印发《关于在政务公开工作中进一步做好政务舆情回应的通知》,对各地区各部门政务舆情回应工作作出部署。通知要求提高政务舆情回应实效。对涉及特别重大、重大突发事件的政务舆情,要快速反应、及时发声,最迟应在 24 小时内举办新闻发布会。对其他政务舆情应在 48 小时内予以回应,并根据工作进展情况,持续发布权威信息。

对于谣言传播的渠道来说,"谣言止于真相"。

首先,作为现今谣言传播的主要渠道新媒体传播平台,应健全网络舆情查证机制和谣言应对机制。例如:新浪微博对于虚假信息和谣言的传播,提供了三种方式进行查证:第一,可以给@微博辟谣、@系统管理员、@微博小秘书等官方账号发私信举报;第二,给不实信息曝光专用信箱(weibopiyao@sina.com)发举报邮件;第三,通过微博首页右下方的"举报不良信息"入口或单条微博左下方的"举报"字样进行举报。腾讯微信在阅读公众订阅号时如果觉得信息不实,则可以通过公众号右下方的"投诉"入口进行投诉;或通过腾讯新闻《较真》栏目"求较真",腾讯会对网友想要查证的问题"较真",对不实信息和谣言进行核查。此外,2017 年 6 月 9 日,微信正式发布了辟谣小程序,用户不仅可以主动搜索谣言,而且当用户阅读或分享过的文章一旦被鉴定为谣言,将会收到提醒,让谣言无处遁形。

其次,在自媒体方面,尽可能提高信源的准确率。在互联网和新媒体时代,辟谣的成本也大大降低,个人和组织能够在第一时间借助网络力量以正视听。例如:"辟谣联盟"目前成员已将近数千人,是网络上首个民间辟谣组织,"果壳网""科学松鼠会""科学人""谣言粉碎机"等,都承担着净化新媒体环境的重要职责。

再次，作为权威媒体，应提高"新闻专业主义"和"职业素养"，慎用 UGC（User Generated Content）用户生成内容信息，使用时要审核确认之后再使用。权威媒体作为公众信任的信息源，更应承担起及时准确传播消息的责任，树立权威、真实的媒介形象，因此对待消息更需谨慎认真，杜绝传播不实消息。在畅通信息的传播渠道的同时要正面引导舆论，以专业调查分析、深度报道解读来为公众答疑解惑，满足受众的求知欲，消除公众的顾虑和恐慌。例如，2015 年 8 月 28 日，在中央网信办、食药监总局、农业部、质检总局和新华社支持下，由新华网联合食品行业协会、研究机构及行业工作者共同发起成立的"中国食品辟谣联盟"，以关注食品安全、传播科学知识、维护食品行业形象，并以净化网络环境、肃清网络食品谣言、促进中国食品行业健康有序发展为宗旨，有效发挥了权威媒体的公共性，对治理食品方面谣言发挥了巨大的作用。

对于谣言的受众来说，"谣言止于智者"。在《谣言心理学》中，奥尔波特和博斯特曼把谣言传播的公式归结为 $R \approx I \times A$（R 是 Rumour，"谣言"；I 是 Important，"重要"；A 是 Ambiguous，"含糊"），换句话说就是：谣言传播的广度随其对相关人员的重要性乘以该主题证据的含糊性的变化而变化，重要性与含糊性之间的关系不是加法而是乘法。因为，如果两者之中有一个为 0，也就没有谣言了。[1] 之后，美国学者克拉斯将其补充为 $R \approx I \times A/C$（C 是 Criticize，批判力），其中 C 是意指公众的"批判力"对应着"智者"，他认为如果一则谣言的重要性和不确定性都很高，但是受众一眼就能辨别出是虚假消息，那么该谣言就没有生命力，不能忽视个体对谣言的批判力。[2] 因此，从该公式看公众的批判力与谣言的强度为负相关，即"智者"越聪明谣言的强度就越低。因此，网络用户应该提高自身的媒介素养，培养分辨、查证意识，加强辨别信息真伪的能力；提高传播信息的责任意识和法律意识，认识到谣言的严重性和危害性，努力运用科普知识自发辟谣。

对于谣言传播所产生的效果来说，随着互联网和新媒体的兴起，谣言俯拾皆是。桑斯坦指出，在谣言泛滥的时代，恶意的谣言尤其麻烦，它们会给个人和机构带来切实的损害，且难以纠正。谣言会危及个人的职业生涯、国家的政策、公职人员的隐私权等。[3] 在 2017 年"两会"期间，娃哈哈董事长宗庆后在接受媒体采访时，称"我们（娃哈哈）其他没有什么困难，最大的困难是网络谣言给我们

---

[1]　[美]奥尔波特等：《谣言心理学》，刘水平、梁元元、黄鹏译，辽宁教育出版社 2003 年版，第 17 页。

[2]　易良润、徐速：《微博科技谣言传播影响因素的实证分析——兼论微博谣言传播公式》，《当代传播》2015 年第 3 期，第 82 页。

[3]　[美]凯斯·R.桑斯坦：《谣言》，张楠译，中信出版社 2010 版，第 3 页。

造成的"。宗庆后以娃哈哈曾经最成功的大单品营养快线举例,从 2014 年开始,就有谣言称营养快线阴干后可做避孕套,后来演变成喝了会得白血病,产品受肉毒杆菌污染被紧急召回等等。根据娃哈哈的统计,这些谣言共传播了 1.7 亿次。他认为,正是受这些谣言的影响,营养快线本来可以销售 4 亿箱,现在只有 1.5 亿箱,损失相当于 200 亿!

新媒体时代,给谣言的传播提供了一个良好的时机,那么它也同时提供了一个鉴别谣言的良好机会,人们得以在公开讨论中学会如何养成独立思考和独立判断能力。毕竟,要消除谣言,最好的办法不是塞给每个人一个正确的答案,而是让人们知道怎样去寻获正确的答案。①

本章小结

1.谣言并非互联网背景下的特殊产物,但互联网的产生大大加速了谣言的传播速度和广度。

2.微博和微信虽同为社交媒体,但在谣言传播上却有着不同的特点。

3.网络谣言是舆论的一种畸形变态,可能给社会造成危害。社交媒体时代学会独立思考和独立判断至关重要。

复习与思考

1.请用勒莫"幼虫—蛹—成虫"的理论解释谣言的传播过程。

2.微博与微信对谣言的传播产生了哪些不同影响?

3.理解谣言传播中可能会产生的"从众流瀑"和"群体极化"两大现象。

4.辩证看待谣言治理中的"谣言止于法律""谣言止于公开""谣言止于真相"的措施。

---

① 果壳 Guokr.com:《谣言粉碎机》,新星出版社 2012 年版,序二。

第五章 "意见领袖"与新媒体舆情

一、案例:崔永元与转基因话题

1.话题背景

全球范围内转基因话题的争议从未停止过。1983 年,世界上第一例转基因植物在美国成功培植。1996 年,全球首次开始大规模商业化种植转基因作物。根据中国产业信息网显示的数据,全球转基因作物的种植面积从 1996 年的 170 万公顷发展到 2015 年的 1.797 亿公顷,增加了近 100 倍。经过前 19 年的连续增长,全球转基因作物种植面积于 2014 年达到峰值 1.815 亿公顷。全球转基因第一种植大国是美国,其种植面积达到 7090 万公顷,占全球种植面积的 39.45%。另外几个排名前十的国家分别是巴西、阿根廷、印度、加拿大、中国、巴拉圭、巴基斯坦、南非、乌拉圭。[①] 但在全球范围内食用转基因食物对人体是否安全的争议从未停止过,各国政府对转基因作物的态度也不尽相同。欧洲对待"转基因食品"的态度也比美国要保守得多;欧盟国家中以法国、德国为代表对种植转基因玉米执行禁止制度;日本则是"不鼓励、不抵制,适当发展"的原则。日本政府从科学角度并不否认转基因技术,但在商业运用中却对转基因食品设置了极高的门槛。日本政府规定,含有转基因成分的商品必须在包装上显著标明。俄罗斯总统普京于 2016 年 7 月签署法令,禁止在俄境内种植转基因作物、养殖转基因动物、生产转基因食品,并禁止俄罗斯进口转基因食品,违者将处以罚款。对转基因作物实施严令禁止的国家很大部分的原因是由于民众的激烈反对,转基因技术受到来自消费者和科学家的多方质疑。即使在转基因种植大国美国,前任总统奥巴马于 2016 年 7 月 29 日签署名为《国家生物工程食品披露标准》的法案,授权农业部长就转基因食品确立强制性披露标准及实

---

① 中国产业信息网:《2016 年全球转基因种植现状(图)》,2016 年 8 月 31 日,http://www.chyxx. com/industry/201608/443630.html,2017-02-16。

施方法和规程。

中国转基因作物育种研究始于 20 世纪 80 年代中期。从国家"863 计划"启动开始,转基因作为一种先进的生物技术在我国开始被积极地探索研究,20 世纪 80 年代中国科技界主要针对转基因棉花新品种研发,涉及食品类的转基因玉米、大豆和水稻尚处于实验室研发阶段。转基因作物的风险尚未受到广泛关注。据统计,2015 年,中国转基因作物的种植面积为 370 多万公顷,其中转基因棉花为 370 万公顷、转基因木瓜 7000 公顷,还有 543 公顷的杨树。虽然目前中国还没有种植转基因玉米等作物,但中国政府已向研究机构和国内公司支付了至少 30 亿美元用于研发本国产的转基因种子,目前也正在讨论加快待批转基因作物种植的审批。① 2016 年中央一号文件强调:加强农业转基因技术研发和监管,在确保安全的基础上慎重推广。

转基因争论在中国已经持续十多年,中国有关转基因话题的公开辩论要追溯到 2001 年底,一本名为《美梦还是噩梦》的书在国内出版,首次向国人介绍了西方对转基因作物的争论,引发转基因的第一场公开辩论。但这种辩论多是来自科学、哲学圈的人士,普通民众中间有关转基因的话题舆论尚未形成。中国转基因舆论的高潮源于 2009 年农业部为转基因水稻华恢 1 号、Bt 汕优 63 和转植酸酶基因玉米颁发的安全证书,这是全球首次为转基因主粮发放证书,中国成为全世界首个核准转基因水稻的商业化种植的国家。商业化的种植意味着转基因食品将走向人们的餐桌,转基因话题自此关乎每一位国人的切身利益,一度引发热议。2012 年我国湖南衡阳爆出著名的"黄金大米"事件,有关转基因作物是否安全的质疑、转基因技术的实验伦理乃至转基因背后暗藏的商业利益再一次被舆论推向风口浪尖。由腾讯网发起的"转基因食品调查"中,近 23.2 万人认为转基因食品不安全,24.4 万余人不支持转基因粮食在中国商业化种植,分别占受调查总人数的 89.3% 和 94.1%。②

转基因事件遭遇网友普遍的不信任绝非偶然事件,造成此结果的原因在于一方面我国食品安全事故频发,各类监管部门贪污腐败现象不绝于耳。从三聚氰胺到地下工厂地沟油,民众对政府及其相关食品安全政策本身就抱有怀疑态度。转基因推广的政策制定中由于缺乏民众的监督与参与,黄金大米和滥种现象的曝光引发民众恐慌,其中暗藏的商业利益消息虚实难辨,民众基于个体经验本身对转基因作物就保持着高度的排斥心理。另一方面,转基因专业性较

---

① 中国产业信息网:《2016 年全球转基因种植现状(图)》,2016 年 8 月 31 日,http://www.chyxx.com/industry/201608/443630.html,2017-02-16.

② 清扬:《方舟子崔永元论战转基因》,《大众科学》2014 年第 2 期,第 24—25 页。

强,普通大众缺乏基础科学知识。在由科技日报社和中国科学技术发展战略研究院组织的《公众对转基因技术态度调查》中,听说过"转基因"的公众,只有9.1%自认为对转基因方面的知识了解"非常多"或"比较多",47.5%自认为"比较少",24.9%"非常少",18.4%"完全没有"。即便在文化程度最高的"大专以上学历"人群中,自认为对转基因方面的知识了解"非常多"或"比较多"的也只占17.7%。[①] 在没有可靠信源的基础上,很多人只能凭借意见领袖话语判定转基因的科学性。

2. 崔永元转基因话题之辩

2013 年 9 月 7 日,方舟子参与中国农大实验基地采摘转基因玉米并煮熟品尝活动,活动中方舟子表示应创造条件让国人可以天天吃转基因食品。

2013 年 9 月 8 日,崔永元转发腾讯新闻文章《方舟子:应创造条件让国人天天吃转基因食品》并评论人们有选择吃和不吃的权利。

2013 年 9 月 9 日,方舟子回应崔永元为传谣且没有质疑资格,随后两者就科普资质开展多轮辩论打响微博论战。

2013 年 9 月 10 日,崔永元方舟子论战升级,@司马南、@铁肩侠、@麦田、@陈里等大 V 相继加入论战。

表 5-1　崔永元腾讯微博 2013 年 9 月 8—11 日发布情况[②]

时间	崔永元腾讯微博内容	主观性	转发与评论	点赞数
9 月 8 日	转基因食品,人们有吃和不吃的权利	是	21020	/
9 月 9 日	科普 1:介绍李约瑟	否	1740	/
9 月 9 日	科普 2:不同观点存在现实性	是	1724	732
9 月 9 日	科普 3:调侃方舟子	是	2537	975
9 月 10 日	科普 4:论科普资质	是	6073	1370
9 月 10 日	科普 5:质疑方舟子	是	7046	1674
9 月 10 日	科普 6:论合格科普人	是	4341	1256
9 月 11 日	科普 7:质疑权威机构	否	4253	932
9 月 11 日	科普 8:质疑农业专家	否	3407	899
9 月 11 日	长微博总结科普转基因	是	10747	1424

---

① 搜狐网:《转基因沟通为何难 〈公众对转基因技术态度调查〉解读》,2016 年 5 月 18 日,http://mt.sohu.com/20160518/n450058616.html,2017-02-16。

② 以上评论、转发、点赞数的统计时间为 2017 年 2 月 15 日;表格中的"主观性"指崔永元所发的微博是客观陈述还是有自己的主观评论。

2013年9月11日,腾讯薇薇发起投票【方舟子PK崔永元,你会支持谁?】共计6万余网民参与投票。支持方舟子,认可转基因食品安全,会主动选择吃的共计3075人(4.63%);支持崔永元,对转基因食品安全性持保留意见,不会吃的共计61601人(92.82%)。

2013年9月12日,来自广东、山东、安徽、湖北的12名律师联名致信国家食药局和农业部,要求公开转基因食品相关信息,满足公众知情权和自由选择权。

2013年9月16日,《人民日报》公布一份由农业部及专家学者提供的转基因食品名单。农业部回应已批准安全证书的有棉花、水稻、玉米和番木瓜;只有棉花、番木瓜批准商业化种植。

2013年10月17日,农业部网站刊登题为《转基因技术已广泛应用于多个领域》的文章,否认吃转基因食品会致癌、影响生育、导致土地报废。

2013年10月21日,崔永元首次赴美调查转基因,澄清"美国人天天吃转基因"的说法,并在腾讯微博实时发布调查结果及图片。

2013年10月22日,61名院士请求转基因水稻产业化,农业部称将加大科普宣传,为我国转基因生物技术产业化应用营造良好舆论环境,并加快转基因生物管理法规修订。

2013年12月7日,崔永元第二次赴美调查,采访50人左右,到美国的超市、农场、转基因实验室等地走访拍摄。

2013年12月20日,从美国归来的崔永元举行媒体说明会,就公众普遍关心的"离职央视""赴美调查转基因产品""与方舟子的微博斗争"等问题回答了在场多家媒体的提问。

2014年3月1日,崔永元68分钟《小崔考察转基因》纪录片正式在各大视频平台上线,新浪、腾讯、搜狐同步推出。

2014年3月5日,身为全国政协委员的崔永元提交政协提案,连续4天多次在新浪发表微博就转基因问责农业部并@人民日报。

2014年3月6日,新浪网、搜狐网发布的题为《农业部长:我现在在吃转基因原料加工食品》的新闻,据乐思软件网络舆情监测室显示,总共有11万网友对此发表了评论。

2014年6月16日,中国农业大学柯炳生校长指责崔永元的美国转基因纪录片"站不住脚",崔永元致信农大校长辩论转基因。

2014年7月26日,央视《新闻调查》栏目播出《追查转基因大米》,央视记者王志安在武汉超市随机购买的5袋米,3袋中查出转基因,引发大量舆论。

2014 年 7 月 29 日,崔永元微博、微信公众号同步推文《给农业部窦处长支招》,相关微博话题引发 122.3 万阅读量,微信阅读量也达近万(统计截止时间 2017 年 3 月 30 日)。

2015 年 3 月 5 日,两会期间,崔永元再提转基因相关提案,称转基因滥种已非常严重。多位代表委员提交了与转基因相关的提案议案。

2015 年 3 月 26 日,崔永元在复旦大学发表题为"班门弄斧转基因"的演讲,与生命科学教授卢大儒现场激辩转基因。

2016 年 3 月 8 日,崔永元发布微博《我的政协提案(2016)》,获 14830 次转发,7944 条评论,20160 次点赞(统计截止时间 2017 年 3 月 30 日)。

2016 年 4 月 13 日,农业部首度召开围绕转基因问题专题发布会,集中回应了农业转基因相关热点话题。

2016 年 6 月 29 日,108 名诺贝尔奖获得者联名签署公开信,要求绿色和平组织停止反对通过生物技术改良农作物和食物的活动。崔永元加入辩论,并发表文章《崔永元十问诺奖联名信》和《小崔说黄金大米》。

2016 年 11 月 4 日,在苏州举办的 2016 中国全零售大会上,崔永元以中国传媒大学教授、著名主持人的身份,做了题为"打造消费者与商家的根本连接点"的演讲,并表示已进入零售业,将在 3 个城市为 3 万会员提供非转基因商品。

2017 年 3 月 5 日.崔永元发表微博《关于基因编辑农作物安全监管问题的提案》,该文有超过 30 万＋网友点赞(统计截止时间 2017 年 3 月 22 日)。

......

转基因事件经社交媒体发酵成为舆论热点有三个明显的时间节点:一是 2013 年 9 月崔永元与方舟子的腾讯微博论战,众多大中小 V 纷纷涉入话题各自站队,此前有关转基因多为政策宣导等科普性话题,没有引发广泛争议;二是 2014 年 3 月崔永元赴美拍摄的纪录片于各大视频网站公开投放,使得转基因是否安全以及国内"滥种"的话题再次得到广泛关注,成为社会热点事件;三是每年的两会期间,崔永元屡屡发文使得每年两会期间有关转基因的话题舆情都会有明显的集中爆发趋势。

3. 转基因辩论中的媒体表现

2013 年 9 月 8 日,《京华时报》微博发表题为《院士携网友试吃转基因玉米》的文章,人民网、新华网、央视网、光明网、中新网、凤凰网、和讯网、网易新闻、搜狐新闻、新浪新闻、腾讯新闻、头条新闻等网媒及官微均转载报道。腾讯新闻微博客户端转载"方舟子:应创造条件让国人天天吃转基因食品"的新闻,转发和评论量达到 23751 人次（统计截止时间 2017 年 3 月 30 日）。当天，崔永元转发腾讯新闻并发布微博，引起网友广泛热议，舆情爆发。

2013 年 9 月 9 日，伴随更多微博意见领袖卷入，舆情快速升温，9 日，@王牧笛、@陈一文顾问，10 日，@司马南、@编剧赵华、@麦田、@顾明秀、@松鼠云无心，11 日，@吕岩松、@李多钰，12 日，@刘仰、@种田的农民、@罗崇敏，13 日，@王志安等微博大中小 V 陆续加入话题讨论。

腾讯、新浪微博为代表的新媒体阵地迅速涌现相关热议话题，根据人民网舆情监测，腾讯微博话题"你愿意每天吃转基因食品吗"，截至 2013 年 9 月 13 日，讨论量达 85 万条。新浪微博话题"方舟子崔永元论战"讨论总量已超 50576 条。话题"揭露转基因内幕真相，触目惊心"更是引发 91041 名网友关注。在"转基因食品能不能吃"的热议中，85％的网友认为转基因产品中的毒素对人有很大的危害，高科技未必就能带来便利，不能吃。[1]

2013 年 9 月 12 日至 13 日，传统纸媒跟进报道"崔方论战"，如《新民晚报》的《争论转基因"扬起满天尘"》（12 日）、《钱江晚报》的《崔方对掐，缺位的裁判何在》（12 日）、《南方日报》的《转基因论战的合理性》（13 日）等。

根据人民网舆情频道统计，截至 13 日 13 时，"方舟子崔永元微博论战转基因食品话题"位居舆情热点排行第二位，已有至少 200 万网友参与讨论和超过 16 万条网友评论。截至 13 日 15 时，崔永元方舟子转基因辩论网络新闻已达 2493 条，原创微博 12 万条。[2] 9 月 7 日至 13 日，不同媒体在方舟子与崔永元转基因食品辩论中的整体表现如图 5-1 所示。

2013 年 10 月 17 日，农业部网站刊登题为《转基因技术已广泛应用于多个领域》的文章。文中提到凡获安全证书的均可放心食用，迄今未发现食用安全问题；由于精确的技术和严格监管，转基因作物甚至可能比传统食品更安全。随后，"转基因"话题爆发性增长。当天的相关网络新闻由此前的 200 余篇达到超过 950 篇，相关微博超过 3 万条。10 月 18 日，相关舆情热度继续猛增，当日的相关网络新闻超过 2300 篇，相关微博超过 5 万条。19 日，相关舆情热度有所回落。[3]

根据锐安舆情分析，自 2013 年 9 月 1 日至 12 月 31 日，各类网站共发布了

---

① 人民网：《今日舆情解读："崔方"网络对掐既伤和气又伤科学》，2013 年 9 月 13 日，http://yuqing.people.com.cn/n/2013/0913/c212785-22917114.html，2017-03-18。

② 人民网：《今日舆情解读："崔方"网络对掐既伤和气又伤科学》，2013 年 9 月 13 日，http://yuqing.people.com.cn/n/2013/0913/c212785-22917114.html，2017-03-20。

③ 人民网：《今日舆情解读：推广转基因"民意"绕不过去》，2013 年 10 月 21 日，http://yuqing.people.com.cn/n/2013/1021/c212785-23278708.html，2017-03-20。

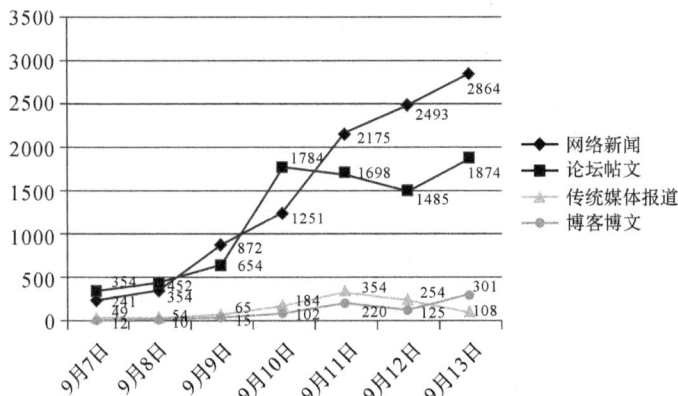

图 5-1 人民网舆情监测室 2013 年 9 月 7 日至 13 日转基因相关话题媒体关注度监测截图

1007 篇与此舆情事件相关的文章。其中新闻帖子 276 篇,论坛帖 717 篇,博客博文 14 篇。其中,人民网占 39%,新浪占 24%,搜狐占 10%,凤凰占 3%。论坛贴吧中,天涯占 51%;博客中,网易占 36%,博客中国占 29%。主要时间点为:10 月 21 日 53 篇;12 月 16 日 31 篇;12 月 22 日 125 篇;12 月 26 日 59 篇;12 月 29 日 44 篇。平日里 5—8 篇不断。①

2014 年 3 月 1 日,新浪视频、腾讯视频、搜狐视频同步推出《小崔调查转基因》。视频网站爱奇艺、凤凰视频、网易视频、酷六视频等跟进播放,人民网、凤凰网、新浪网、网易新闻等门户网站均作报道,如新华网《崔永元 1.3 亿拍纪录片 电视台开价 1500 每集》,新浪网《崔永元赴美考察转基因推出 68 分钟纪录片》《崔永元赴美考察转基因全程视频(实录)》,凤凰网《崔永元:如果我在央视转基因的纪录片不可能播出》……传统媒体如 3 月 2 日《北京青年报》的《崔永元:我在转基因上不偏执》,3 月 6 日《太原晚报》的《网友热议崔永元转基因纪录片》,3 月 10 日《现代快报》的《政协委员解读崔永元转基因视频中易混淆的问题》,3 月 11 日《大河健康报》的《崔永元转基因纪录片中的科学错误》……

因为崔永元政协委员的身份,每年的两会也是崔永元与转基因话题集中曝光的时刻。②

---

① 天涯论坛:《崔永元与方舟子恶斗网络舆情数据分析》,2014 年 1 月 15 日,http://bbs.tianya.cn/post-free-4079840-1.shtml,2017-03-20。

② 统计截止时间:2017 年 2 月 15 日。

表 5-2　崔永元 2014 年两会期间新浪微博摘录

时间	崔永元新浪微博内容	转发数	评论数	点赞数
3 月 4 日	针对欧盟退回中国上百批次含转基因成分米制品质问农业部	49296	18770	32621
3 月 5 日	政协提案	28497	7504	18182
3 月 6 日	调侃自身言论自由被管制	20806	10688	28786
3 月 7 日	调侃农业部不做实事	35715	24876	40934

除了崔永元微博自媒体的话题,两会期间的话题本来也容易成为焦点所在,如凤凰网 2014 年全国两会专题中刊发《崔永元:中国转基因滥种最厉害 两会上会出示证据》《崔永元:对转基因,政府应该"往死了监管"》;新浪娱乐网"明星在两会"《崔永元教你如何成为焦点》等,2015 年两会期间,凤凰网刊发《崔永元:跟王岐山反映了转基因问题》,中国网《全国政协委员崔永元:希望每个政协委员都能较劲》……

4.转基因舆情中的话题走向

2013 年 9 月崔永元与方舟子论战时,崔永元还没有正式涉足对转基因是否科学的讨论,更多的是呼吁面对转基因的选择权。随着方舟子的回应,论战逐步深入,随后崔永元亲赴美国、日本等地调查,开始质疑转基因食品安全、转基因作物滥种及监管不力等。

总体看,关于转基因争论的舆情有一个大致的话题走向:作为当事人的崔永元其自媒体的话题走向先是呼吁普通人应该有对转基因产品的选择权,再是质疑转基因食品的安全性及监管部门的失职。多数网络媒体则较多地集中于名人效应上——将转基因事件中的注意力集中在崔永元身上,如:

人民网的《崔永元谈转基因:你可以不信我 但要捍卫自己的权利》;

《崔永元:我为什么要在转基因论战上坚持到底》;

《崔永元回应媒体调查转基因结论迥异:超搞笑 你哪位》;

《媒体指崔永元赴美调查手段业余:作为名人不负责》;

中新社、环球网、中国新闻网均发表《崔永元:愿和袁隆平讨论转基因》;

中国新闻网的《关于转基因:农大校长批崔永元反转基因纪录片:观点站不住脚》;

新京报官网的《崔永元详谈与方舟子论战转基因食品安全》;

凤凰网的《方舟子、崔永元大战转基因,科学去哪儿了?》;

新华报业全媒体《崔永元:中国转基因滥种最厉害 方舟子:他出现"弱智失误"》;

网易新闻的《崔永元回应转基因:撒谎嘴硬》;

新浪财经的《中农大校长驳斥崔永元转基因有害论:站不住脚》……

也有少数网媒开设转基因专题讨论,将注意力集中于转基因食品,如凤凰网的《凤凰大学问沙龙 No.10 激辩转基因:生物安全、主粮与科学话语权》,但相比于前述集中于当事人名人身份的新闻标题和新闻视角,这类话题相对较少。

与网媒凸显明星效应不同,传统媒体的表现中规中矩,如:

《财经天下周刊》的《媒体称与崔永元同期赴美调查转基因结论迥异》;

《铿锵三人行》的《梁文道:转基因食品应分为两个层面看待》;

《长江日报》的《解决转基因争论既依靠科学也尊重民意》;

《检察日报》的《崔永元:自费调查转基因食品安全问题》;

《北京青年报》的《崔永元:国内转基因专家不是书呆子就是在撒谎》;

《南方都市报》的《崔永元邀农大校长辩论转基因 听女儿劝告思考是否继续死磕》;

《新闻晨报》的《崔永元:转基因论战我为何要一条道走到黑》;

《京华时报》的《美科学家谈崔永元转基因纪录片:有些内容译错了》……

相较于网媒用词的大胆犀利,传统媒体的用词及标题都相对保守,但有关话题也基本围绕崔永元自身影响力展开。

在转基因舆情事件中,网友的态度比较分明。2014 年 6 月 17 日,在新浪微博发起的话题投票"崔永元与中国农大柯柄生校长的隔空论战你支持谁"中,共有 2 万人参加,支持崔永元的网友占 81.5%。根据北大纵横管理咨询集团合伙人、食品产业专家崔凯 2016 年 5 月至 10 月所做的《中国公众对转基因食品的认知研究》,在所发放的 2200 份问卷中,受访者对转基因食品持有支持、反对和中立态度的比例分别为 11.9%、41.4% 和 46.7%。[①] 同样身为意见领袖的各中

---

① 中国经济网:《中国最大规模转基因民调显示:支持率仅 11.9% 认知率更低》,http://weibo.com/ttarticle/p/show? id=2309614086227023309120,2017-03-17。

小 V 也纷纷站队表明立场,如反转人士@陈一文顾问"任何人,包括出口转基因大豆粮商,将国外不明病原体输入中国,是犯罪行为",挺转人士@方玄昌"他是真糊涂,可悲的是,他的梦话居然会成为一方政府的指令,同时也成为助飞谣言的翅膀",中立人士@吉四六"中国面临着一场明显的信任问题。美国普通人虽然也不懂转基因,但他们信任政府与科学家"。

二、新媒体与意见领袖

通过新媒体上呈现的大大小小舆情事件,我们不难发现有两个因素在每一起网络舆情事件中都发挥作用:一个是传统媒体与新媒体互动,另一个就是意见领袖的作用。[1]

意见领袖的存在有必然的现实意义。根据伯内斯的观点,我们很少会意识到,对于我们群体生活机能的有序性来说,这些隐形的管理者是多么的必要……从理论上讲,每位公民都可以在公共议题和私人事务上作出自己的决定;而实际情况却是,如果人民必须卷入艰深的经济、政治、道德方面的数据,对所有问题进行考量,他们会发现自己什么结论也得不出来。我们已经自发达成了共识,允许一种隐蔽的治理为我们筛选数据、突出重点,最终让我们的选择范围被缩小到可操作的程度。[2] 意见领袖如同黏合剂,将具有相同看法的普通网民聚合在一起,为可能形成的舆论提供了群聚的可能。

1.新媒体下意见领袖角色特征、分类

意见领袖的概念由美国哥伦比业大学拉扎斯菲尔德等人于 1948 年在《人民的选择》一书中提出,并在其《个人影响》一书中得以进一步阐释。意见领袖是一些看起来对议题持有兴趣并且擅长表达的选民,他们不仅能够给出政治性的建议,甚至还竭力改变其他人的想法,这些意见领袖存在于所有的职业群体中。[3] 从受众的角度看,大众传播的信息并没有直达受众,而是按照"媒介—意见领袖—受众"的方式进行。意见领袖有充当大众传媒和群体中其他人的中介的功能。多数人通过与其所属的群体中的意见领袖的人际交往获取更多的信息和观点。[4]

---

① 李良荣、张莹:《新意见领袖论——新传播革命》,《现代传播》2012 年第 6 期,第 31 页。

② Bernays,E. L. Propaganda,NY,Horace Liveright,1928:10.

③ [美]保罗·F 拉扎斯菲尔德、史富尔森、高德特:《人民的选择》,唐茜译,中国人民大学出版社 2012 年版,第 8 页。

④ [美]保罗·F.拉扎斯菲尔德、贝雷尔森、高德特:《人民的选择》,唐茜译,中国人民大学出版社 2012 年版,第 33 页。

随着数字化时代的到来,互联网络的海量内容和空间让信息得以广泛传播,各类社交媒体、自媒体的蓬勃发展为网络意见领袖群体的凸显创造了更为广阔的活动平台。我们可以清晰地捕捉到意见领袖突破时间与空间的障碍对广大的网民产生影响,他们的言论被网民信赖和接纳,态度激起网民的评论与转发。

与传统大众媒体时代相比,新媒体时代下的意见领袖呈现出新的特征。

首先在数量上,由于数字媒体的虚拟性与信息的海量包容性,意见领袖呈爆发式增长,除了传统媒体中原有的精英型意见领袖,网络平台上来自各行各业的草根意见领袖作为新势力已经崛起。其次是传统的意见领袖多固定于自身所处的阶层或社区,并与其他的意见领袖保持着隔绝的状态,但是互联网时代下时间、空间的阻隔被打破,意见领袖得以在网络空间汇聚起来,并就各类公共事件相互探讨发声,舆情通过各大意见领袖联合作用快速攀登顶峰。在与媒介的关系上,传统的意见领袖多数处在较高的社会阶层中,对媒介有着天然的接近和使用权,他们较普通人拥有更多的信息来源。但是随着网络时代降临,信息不再是稀缺资源,而意见领袖本身成为自媒体。以崔永元拍摄的转基因纪录片为例,先是通过新浪、腾讯、搜狐等视频网站传播,再由微信微博等社交媒体传播,网媒和传统媒体联合作用形成统一的意见环境。再者,口碑式的传播使得网民相互推荐阅读参与热议导致舆论剧烈升温,一时间反对转基因滥种的舆论成为主流言论,人人都关注转基因现象。

相较于大众媒体,新媒体下意见领袖在舆情中具有更高的卷入度和辨识度。因为数量明显增长,意见领袖也有了不同的分类。

从职业分类的角度看,新媒体时代的意见领袖主要有传统媒体人、公共知识分子、草根网友、明星名人和政府官员等几类。

传统媒体人。这是一批转战于新媒体的新闻人,包括主持人、编辑、记者、专栏作家等,除了@崔永元外,@凤凰李淼、@刘刚在路上、@闾丘薇露、@中青报曹林、@记者王继发、@王志安等媒体人在以往的职业生涯中积聚起来的人气和公信力均延续到了新媒体空间。相较于普通人,他们具有资源优势和新闻敏感性。

公共知识分子。他们被认为是媒体中最早的一批意见领袖。一般以专家、学者、教授、公职人员居多,具有较强的社会责任感,对社会民生等话题相当敏感,对于公共话题常常发声,如"随手拍照解救乞讨儿童"活动的倡导者@于建嵘、"免费午餐"活动的倡议者@邓飞等。

草根网友。以草根为代表的意见领袖来自各行各业,各个社会阶层。他们在媒体的使用和经验上都是后起之秀,以其平民化、日常化的视角和沟通方式揽获大批粉丝。

明星名人。新媒体中最引人注目的一批意见领袖,多以娱乐明星为主,账号动辄上千万的粉丝量是普通微博活跃用户无法企及的。在新浪微博推出的明星势力榜中,位居榜单前50位的基本被各路明星覆盖,@胡歌、@韩寒、@陈坤、@姚晨、@高晓松、@蔡康永、@小S、@李开复、@潘石屹都具有较强影响力,他们同时也是引发社交媒体热门话题的主要人物。

政府官员。微博问政已经成为潮流,以@昆明市长、@曹力伟、@芝麻官悟语——王敬瑞为代表的一批政府官员入驻新媒体,显示了新媒体日趋强大的影响力。这些意见领袖对促进政策实施和直接触达民意具有积极的作用。

从影响力的角度看,有单一型意见领袖、综合型意见领袖和对立型意见领袖等几类。

单一型意见领袖。单一型意见领袖往往是专业型人才,他们在所属的专业领域具有较高知名度和公信力,但是局限于自身擅长的领域,在其他的领域则可能转换身份成为受影响者。此外,单一性意见领袖还包括某类突发事件的爆料者,在事实尚不明晰的情况下补充细节或是充当舆论的发起者,随着事实真相的清晰化,其意见领袖的身份就会快速被取代。

综合型意见领袖。综合型意见领袖往往在各类舆论事件中都发挥作用。互联网为意见领袖提供了先天的跨领域优势,他们常涉足民生、政治、娱乐等各类话题,拥有巨大的粉丝数量和较为持久的影响力,即使随着某一特定舆情的结束,他们也可能继续保持意见领袖的身份并在其他舆论、舆情中继续发挥领袖作用。

对立型意见领袖。对立型意见领袖一般具有较强争议性,拥有数量众多的支持者和反对者,他们多出现在有争议的公共舆论中,如方舟子。

不同类型的意见领袖构成了新媒体下舆情蓬勃发展的重要面相。整体看,意见领袖在各类舆情事件中都起到了重要的影响,而且,不同类型的意见领袖还存在权威性、精英化和强传播力等共同特征。

先看权威性的特征。新媒体时代下,信息突破媒介资源稀缺的桎梏以爆炸的方式递增,大众媒介主导下信息的不对称性被消解,每一个人都无限地接近信源。然而伴随着信息富足的同时,网络世界的眼球经济和匿名性也带来了各种虚假或者极端的信息。海量的碎片化信息难以甄选,而新媒体中"把关人"地位的缺失也加剧了虚假信息流通的可能性,这为新媒体时代权威意见领袖的出现提供了土壤。新媒体下意见领袖的权威性除了对所涉及话题具备一定的专业了解,还被网友所信赖甚至依赖。这种信赖或依赖源于意见领袖在新老媒体中个人形象的常年累积,包括持续不断的发声以及在舆论中的引领。新媒体作为一个个人色彩浓厚的聚合地,网友对意见领袖的信赖或依赖往往超越对其专业度的信赖,这也使得新媒体下跨界的意见领袖成为常态。

以转基因话题为例,崔永元无疑是个跨界的意见领袖。其言论的公正性和代表性常被质疑,然而崔永元赴美拍摄的转基因纪录片一定程度上扭转了这种质疑。如果说之前转基因话题一直围绕着对科学技术的争议,多数民众对转基因科学知识掌握的不足导致了信息接收的片面性和随机性,那么崔永元此次纪录片的拍摄使民众对转基因话题拥有了更为直观的印象。崔永元一方面通过科学家、农业部官员的发声对转基因是否安全的论点进行正反梳理;另一方面通过超市、贸易农场的实地走访,直接展现美国人对转基因态度的各项论据。

再看精英化的特征。网络的开放性与包容性造就了一大批草根阶层的崛起,他们的真实身份隐藏在匿名的网络中,因为原创作品或表现出位而拥有大量粉丝,如"作业本"等微博大号均拥有众多粉丝,影响力甚至可以匹敌部分明星。但不可忽视的是社会精英拥有相对丰富的社会资源,他们有着更为广阔的信息来源渠道,语言技巧娴熟,通过提供价值信息能够吸引其他用户的关注。[1]在意见领袖的互动传播结构中,用户的现实社会地位非常重要,网络精英的社会资源强度决定了组织网络的规模和影响力。[2] 可以看出新媒体中依旧存在阶层的划分,精英分子依旧是新媒体中话语权的优胜者。在转基因舆论风潮中,崔永元自费近百万拍摄纪录片,担任采访者并邀请到诸多政府官员及科学家进行专业讲解,这都不是普通草根意见领袖能够做到的。这也凸显了在新媒体语境下,意见领袖的精英化仍是不争的事实。

最后是强传播力的特征。粉丝网民对于是否订阅或关注意见领袖账号拥有自主权;其关注往往是基于相同的兴趣爱好或价值观,一旦关注就具有稳定性;群体内部具有较高的忠诚度和团结度,这也使得舆情触发的阶段粉丝社群可以迅速集聚人气。再者,新媒体具备的转发、评论、点赞等反馈机制又可使信息达到二次乃至多次传播。高度趋同的群体效应使居于话题中心位置的意见领袖不可替代,其言论往往被粉丝无条件支持并进行态度效仿,进而发展出多个信息源头,从而使围观网民数量以几何倍增长。

崔永元作为媒体人具有先天的粉丝优势。他发布的第一条新浪微博即获得过万的转发与点赞,截至 2017 年 1 月,崔永元腾讯微博粉丝数近 1700 万,新浪微博粉丝数 966 万,粉丝群共 79 个,成员由 119 人至 1 人不等。在新浪微博

---

① 芦何秋:《社交媒体意见领袖研究》,武汉大学出版社 2016 年版,第 67 页。

② 王君超、郑恩:《"微传播"与表达权——试论微博时代的表达自由》,《现代传播》2011 年第 4 期,第 82 页。

2016 年 12 月推出的明星势力榜中,崔永元位于内地榜排行第 173 名。根据统计数据,崔永元的个人微信公众号在 2016 年度获得超过 81 万的累积阅读数,累积点赞数 7 万多,活跃粉丝数约 67000 人,超过 80% 的运营者。而其 2016 年传播最广的内容即为回应农业部新闻发布会,阅读量超 10 万,点赞超 4 万。可以说正是因为大量的粉丝数量才使得转基因一度处于风口浪尖的位置。

2.新媒体下意见领袖的传播模式及影响扩散

根据拉扎斯菲尔德等人研究,在大众传播中,信息不是直接传给受众的,而是按照"媒介—意见领袖—受众"的方式进行,意见领袖往往充当消息的过滤者和深化中介者。而在新媒体和即时通信网络普及的当下,信息到达率空前提升,使得意见领袖在媒体接近性上的优势被削弱。新媒体使自上而下的垂直传播模式被打破,意见领袖与媒体和受众的传播模式由单一走向复杂。

首先,受众可以将自身意见快速反馈并得到回应。以微博为例,网友可以通过转发、留言、点赞或是私信的方式直接表达对于某一公共话题的看法。反馈环节激发了网民参与讨论的热情,意见领袖既可向普通受众传递自己的意见与态度,又可借助反馈渠道补充和扩大话题效果。崔永元在其微博平台就曾多次转发支持以及批评他的微博,其坦诚汇集正反两面信息的态度不仅没有削弱其意见领袖的地位,反而在争辩中使转基因话题更为大家所熟悉,这样的方式也为自己增加了一大批新粉丝。

其次,意见领袖与大众媒体交互性增强。一方面,意见领袖通过大众媒体获取话题,发表言论形成公共话题;另一方面,意见领袖自身的话题性和影响力又促使大众媒体跟进热门事件或话题,直接影响其对内容和素材的筛选报道。崔永元与方舟子论战的开始即转发腾讯新闻一篇名为《方舟子:应创造条件让国人天天吃转基因食品》的文章,随后,大众媒体对崔永元及围绕转基因话题的报道数量及篇幅明显增加。舆论过程中,新媒体与大众媒体合力扩大了舆论话题,引发了更广泛的争议和讨论。

最后,舆论中可能出现意见领袖群体内传播。由于新媒体中话题的开放性与包容性,每个网民都可以介入讨论并获取关注,在同一舆论事件中可能会出现不止一个意见领袖,他们共同作用于话题本身,进而也扩大了舆论的影响范围。转基因事件中,与崔永元微博互动频繁的@编剧赵华、@烧猪肉炆荷兰豆、@曹明华和曹明逸、@百里河 8888、@刘仰 相互关注,这些用户在微博上对于转基因话语的传播,已经形成了圈层化的传播网,信息在这些用户中进行多级传播和共享。而@方舟子、@司马南等意见领袖也证明了整场转基因话题中存在多个意见领袖,这些意见领袖又自成一体,相互支持,并且也有大量粉丝跟进传播。

新媒体环境下意见领袖有不同层次的影响面。

(1)作用于自身粉丝。意见领袖因其出色的表达能力或原创能力往往可以吸引数量可观的粉丝。粉丝群体辨识度高,归属感强烈,是转发或再次传播意见领袖言论和态度的主力军。粉丝通常无条件转发或是点赞意见领袖的微博微信,并自主形成多次传播且具有传播与意见的排他性,遇到争议性话题时容易引发集体情绪失控乃至网络暴力事件。转基因事件中崔方双方粉丝都发表了不当言论,具有不同程度的人身攻击。

(2)作用于相同观点的意见领袖。虽然微博、微信用户基数庞大,但那些最有影响力的意见领袖之间存在着直接的互动联系。而具有一定影响力的双方通过转发、开帖或附议等形式,就某一话题形成蜂群效应。以转基因话题为例,经常与崔永元微博进行互动的@曹明华和曹明逸粉丝3万多,@烧猪肉炆荷兰豆粉丝5万多,@吕永岩粉丝7万多,通过对转基因的共同讨论使转基因话题舆论进一步放大。

(3)作用于相反观点的意见领袖。新媒体的舆论少不了话题性和争议性,因意见不同,双方论战往往能直接制造舆论话题并凸显集群效应。在崔永元与转基因事件中,以方舟子、司马南为代表的挺转派人士一直坚定表示转基因是我国农业必经的发展方向,并不断对崔永元文科生身份及其所具备的科学常识提出质疑。由于方舟子也具有一定数量的粉丝,在与崔永元交锋的同时,双方粉丝也通过质疑对方不断使得话题升温,最终引起全民对转基因话题的讨论。

(4)作用于大众媒体。很多公共事件在传播初期较难在传统媒体上得以报道,普通民众常常将新媒体作为大众行使舆论监督的平台。新媒体上舆情的升温可以为传统媒体的报道打开突破口,新旧媒体频繁交互影响。意见领袖常常通过议题的介入,利用舆论力量整合线上线下资源,共同推进事件的发展方向。崔永元就其两会期间对转基因的看法接受多家媒体采访,使得转基因话题得到更广泛的传播。

(5)作用于普通网民。意见领袖对普通网民的影响力有限。普通网民往往对公共事件的看法已有一定的先入为主的意见,他们会选择与自身意见更为接近的意见领袖而获得认同感。在转基因话题中,普通网民对转基因话题的关注更多出于自身食品安全的考量,而以科学家为代表的挺转人士其一本正经的科普并没有改变整体舆论走势,反而激起更多的反对声音。

然而,民众从来不进行独立思考,所有的人只是从精英提供的选项中进行选择。[①] 这就意味着意见领袖在起到引领作用的同时也一定程度上禁锢了我们的思想;意见领袖如果缺乏社会责任感和道德心,也会给社会的公共利益和安全稳定带来负面影响。

(1)三人成虎。公共热点事件层出不穷,其中不免涉及商业利益、人际关系等多重利益关系。网络中也盛行着这样一批推手:单纯以牟利为生,利用意见领袖的身份散布谣言、恶意炒作博得眼球经济或人为造成舆论压力。自由发声的网络空间逐渐演化成粉丝垄断下的名利场。例如曾经轰动一时的秦火火案件,即通过抹黑铁道部、攻击红十字会、中伤公众人物炒作自己谋求利益。由于其看似公正的角度和揭露使得大批网友群情激奋,即使造谣者最后受到法律的制裁,谣言造成的伤害也不可挽回。

(2)语言暴力。网络用语没有一板一眼的斟酌,也不需要经过传统媒体中的严格审查;匿名和开放的自主性带来言论自由的同时也带来了网络言论的无序和混乱。网友们可以各抒己见表达情感,但由于网友素质良莠不齐,某些意见领袖为了渲染气氛、表达情感,往往采取较为激烈或者措辞不当的用语,特别是当公共事件充满争议时。意见领袖语言暴力除了污染网络空间,对未成年人产生不良影响外,还可能引发粉丝相互攻击的网络暴力事件,使得公平开放的公共领域成为七嘴八舌的争吵"集中营"。

(3)垄断话语权。人们接收到的信息往往已经经过了二次加工,粉丝无意识地跟从意见领袖做出看似合理的选择,而实则却是丧失了自己发声的权利和机会。一旦话语权遭到垄断,不仅会使得网络这个公共领域失去它本身包容万象的特色,也会造成利益集团控制意见领袖操纵舆论的发生。

3.意见领袖发展趋势

中国数字化浪潮中意见领袖的角色并非一成不变。20 世纪 90 年代的 BBS/论坛时代,网络技术还没有得到全面普及,普通大众还处在科技前沿的朦胧期,早期进入网络论坛并先于发声的意见领袖多为专业玩家或计算机从业者。这些人在互联网的匿名性中找到发声途径,率先成为互联网时代第一波意见领袖。2005 年博客出现,意见领袖出现规模式增长,大量传统媒体人、明星开始涉足互联网领域,徐静蕾、韩寒、郭敬明、李承鹏等明星的介入为博客吸引了更多的人气。这个时期互联网中意见领袖仍有着明显的精英趋势,是现实中已有的话语权利在虚拟空间的平移。2010 年微博兴起,中国的互联网技术已经有

---

① [美]约翰・R.扎勒:《公共舆论》,陈心想、方建锋、徐法寅译,中国人民大学出版社 2013 年版,第 354 页。

了显著发展,网友在各类舆论事件中作用凸显,网络平台上的发言逐渐由匿名性过渡到实名认证。意见领袖公信力得以进一步加强,原有的名人效应被强化,坐拥数百万粉丝的各路大V横空崛起。与此同时,大批草根意见领袖崛起;然而,一些利益团体利用意见领袖操纵舆论扰乱公共领域空间的现象也时有发生。

2013年9月9日,最高人民法院、最高人民检察院《关于办理利用信息网络实施诽谤等刑事案件适用法律若干问题的解释》出台,此后,意见领袖的发展方向上有了明显变化。网络舆论从精英阶层设置议程、构成关键少数,发展为大众话语权、平民话语权,并出现了贬斥精英的反智倾向。[1] 整体上,近年新媒体空间的意见领袖呈现如下变化:

(1)大V逐渐淡出,中小V日趋活跃。互联网初期阶段,由于匿名性和开放性,在社交网络的发展和平台的推动下,最初的一批意见领袖在社会、民生、政治领域畅所欲言,特别是针对社会问题,批判社会不公现象上言辞激烈,引发大量网友的围观和参与。随着互联网信息管理的完善,各类网络水军团伙被清理,网络净化治理行动的开展,大V们趋于低调,或迁徙到微信等自媒体平台。与此同时,一批中小V开始崛起,这批专家型中小V意见领袖拥有一定的专业知识和较高的话语权,在网络媒体中发挥着日益重要的作用,他们都是在自身领域精耕细作,利用专业知识和信息揽获一批粉丝。相较于大V,他们的粉丝数量基数较低,但是仍具有相当的影响力。

(2)体制内意见领袖数量上升。以新浪微博平台为例,截至2016年岁末,新浪微博平台认证的政务微博达到164522个。其中,政务机构官方微博125098个,比前一年增长9%;公务人员微博39424个,比前一年增长5%。[2] 中共中央统战部新成立"新的社会阶层人士工作局",工作对象包括非公经济人士、留学人员,还有"新媒体中的代表性人士"。统战部官方微信解释说,新媒体人士包括新媒体经营人员和网络"意见人士"。[3] 相较于普通意见领袖,体制内的意见领袖拥有更多的政治话语权,他们或是上传下达各类政策法规,或是收集民意,对政策的推行、社会的稳定和网络空间的和谐发展有一定的积极影响。体制内意见领袖的培养标志着政府试图在新媒体领域施加更广泛的影响。

---

[1]　人民网:《把握互联网治理尺度 杜绝"舆论飞地"》,2016年12月22日,http://yuqing.people.com.cn/n1/2016/1222/c408999-28969438.html,2017-03-28。

[2]　人民网:《2016年人民日报·政务指数微博影响力报告》发布,2017年1月19日,http://yuqing.people.com.cn/n1/2017/0119/c209043-29036185.html,2017-03-28。

[3]　人民网:《把握互联网治理尺度 杜绝"舆论飞地"》,2016年12月22日,http://yuqing.people.com.cn/n1/2016/1222/c408999-28969438.html,2017-03-29。

(3)意见领袖更迭速度加快。大众传播时期意见领袖的地位较为稳固,由于社会交往的封闭性和单一性,意见领袖多在人际传播中占有绝对的优势地位。互联网时代观念的多元化使得意见领袖由精英阶层逐步发展到草根阶层,能否成为舆论的意见领袖往往取决于网络的活跃度和发帖数、发帖质量等详细的客观标准。意见领袖门槛的降低、数量的增多,也造成了更迭速度的加快,一旦选择沉默或是延迟回应,意见领袖的地位将很快被取代。

虽然新媒体初期大 V 的红利时期已经过去,随着新媒体的日益成熟,粉丝的理性回归,以中小 V 意见领袖为中流砥柱的格局已经初步形成。新格局下,意见领袖仍随着社交媒体、直播、VR 技术的推演不断发展出更深层次的内涵,其角色定位势必更加分化。

三、意见领袖对新媒体舆情的触发与延展

1. 意见领袖对舆情的触发

结合我国社会背景,转基因话题引发持久舆论关注的原因离不开新媒体的环境。在以转基因话题为代表的舆论事件中,我们可以清晰地看出转基因舆情的特点:

爆发快。新媒体汇集了亿万网民,加之信息的自由流动,转基因舆论自崔永元、方舟子的论战开始,各类大中小 V 纷纷卷入话题争辩,这一话题一度登上最热门榜单,短时间内舆情热度快速升温。

面积广。新媒体提供了自由交换意见的场所,关于转基因的争论得以吸引数十万计的网友参与讨论,并借助转发评论自主形成多次传播,最后引发全网用户的大讨论。

卷入快。无论之前是否了解转基因话题,新媒体的热点话题设置具有一定的议程设置作用,网民易被话题卷入其中,并自发为舆论造势。

话题广。转基因话题涉及日常饮食,更易引发共鸣产生舆论;话题范围多种多样,从科学理性到食品安全,从道德事件到口水站队,从欺骗蒙蔽到信息公开,舆论话题呈发散状。

情绪化。群体心理特征研究者勒庞认为,当个体组合成群体,个性湮灭在共性之中,有意识会让位于无意识,群体不再思考。可以明显看出在崔永元所公开发布的微博中,情绪激烈的内容往往有更多转发和评论,这表明网民在新媒体中习惯情绪宣泄,这种态势也容易引发群体极化现象的出现。

从转基因舆情的各个阶段看,意见领袖在各个阶段所起作用又略有不同。一项统计显示,在舆论萌芽期、扩散期、高潮期和消退期介入舆论的意见领袖的

比例分别为 30％、16％、42％和 12％。① 我们将舆论分为萌芽期、扩散期、高潮期以及后高潮期四个部分并逐一探讨意见领袖在舆论不同阶段所发挥的作用。

(1)萌芽期:打破平衡,形成风潮

如果说在舆论初期,各类意见虽然不一,但由于彼此势力均衡,相互牵制,保持着既有的平稳。意见领袖的介入正是打碎平稳的那枚石子,意见领袖拥有数量庞大且忠诚度高的粉丝,其一言一行更易引发网民的探讨和追逐。在公共事件尚在暗潮涌动期,话题尚未汇聚,也就没有显现舆论的势力。意见领袖此时通过鲜明的态度发声,即可一瞬间汇集民意并掀起广泛讨论。

转基因食品安全在我国一直颇具争议,崔永元和方舟子关于转基因的论战如同导火索,将一直以来争论不休的以部分科学家、政府为代表的挺转派和以广大普通民众为代表的反转派两大阵营的矛盾集中带出。虽然崔永元也并不能直接确定转基因的技术安全性,但争辩本身足以引起人们的关注甚至思考。舆论一旦形成便势不可挡,根据百度搜索量显示,崔方论战开始后,转基因话题搜索迎来增长的小高峰,关于转基因方面的提问、草根调查、相关主题的贴吧数量成倍增加。

(2)扩散期:话题深入分散,观点趋于多元

公共舆论事件迅速形成风潮后,意见领袖往往乘胜追击,带动线上线下媒体资源使之尽量扩散为全民话题,引发更多讨论。在与网友的关系维持中,除了力争给予网民更全面的事实信息,还通过举证、阐明态度,以及对网友的反馈,拉近自己和普通网民之间的关系,促使舆论热度的持续。这个时候的舆论往往意味着多个意见领袖的卷入,无论意见是否相同,大家都通过发表言论稳住舆论的走向,话题也在争辩中得到更深一步的解读和讨论,新媒体的马太效应更会放大舆论。

在转基因事件中,崔永元持续与方舟子论战,与网友及其他意见领袖互动,其自费拍摄的纪录片等行为都不断保持了舆论的热度。线上线下媒体的直接联动使转基因话题得以高涨。

(3)高潮期:深化舆论,情绪迸发

很多话题在舆论的扩散期就由于话题的脆弱性或短暂性而衰减,但一旦在扩散期汇集了更多的民意,则意味着必将迎来话题的高潮期。这个阶段,网上舆论一片沸腾,各类情绪化的表达战胜理性表达且更容易引发共鸣。在涉及民生问题时,个人化的情绪、鲜明的言论往往使汹涌的民意达到顶端,汇成强烈的舆论之势。在这一阶段,传统媒体常常和民间舆论场共同发力,施压于政府,迫

---

① 谢耘耕:《中国社会舆情与危机管理报告(2011)》,社会科学文献出版社 2011 年版,第 385—401 页。

使政府或有关人员出面解释澄清甚至影响政策走向。

崔永元在 2014 年 3 月 1 日两会之前将纪录片放到网上,这个时间点很巧妙,一方面是恰逢两会,为自己在两会期间言论造势;另一方面这个时候舆论环境比较单一,大家的关注点都聚焦在两会上,借助两会融合线上线下媒体,可以使积累的舆论达到顶峰。

(4)后高潮期:舆论不断,保持后劲

在舆论的后高潮期,由于民众关注度疲软,新鲜话题层出不穷,意见领袖往往需要借助相关议题或等待时机适时发声为话题创造良好的舆论条件。不同于普通网民对各类舆论热点的追逐和转换方向,意见领袖对话题具有持续的黏性和关注度。他们通过长期的证据搜集及发布信息,可以使话题不间断地出现在公众视线之内。崔永元与转基因话题已经密不可分,这与他持续与中国农业大学专家的对呛、与卢大儒复旦的争辩、打假方舟子等事件相关联。他的微博、微信也维持着对转基因话题的更新,并数次登上热门话题。崔永元的微信《我的政协提案(2016)》和 2016 年 4 月《崔永元回应农业部新闻发布会》均获得 10 万+的阅读量。可以看到在舆论的后高潮期,意见领袖的角色并非完全褪色,而是会有持续的影响。

2.意见领袖舆情延展的方式

(1)建构缜密的话语体系。意见领袖大多拥有较完整的话语体系,无论是在措辞的使用还是情感的表达上。意见领袖深谙网络环境,除去条理清晰、逻辑缜密的表达,还注重使用网络用语,并使自己的语言尽可能的平民化和简单化,易于网友们的理解和传播。在语言的表达上也特别注重煽动的技巧,群体夸大自己的感情,所以只会被极端的情感打动。[①] 有的意见领袖虽然本身并非特定专家,但对社会问题分析透彻,通过巧妙构建话语体系,在舆论中占据有利的主导地位,保证自己的意见得以传播并经受得住不断出现的反对和挑战之声。以崔永元转基因纪录片为例,通过实地调查,采访专家、官员,举出了大量的事例来增加内容可信度。多种传播技巧的应用,既有感性煽动,也有理性权威的数据分析举证,引发网友更多重视。

(2)强烈的个人色彩。在意见迥异的新媒体环境下,意见领袖更需要强烈的个人特色和辨识力以引领舆论。明星名人具有天然的"吸粉"优势,我们在微博上所看到的崔永元是《实话实说》的主持人崔永元,是身为央视主持人的崔永

---

① [法]古斯塔夫·勒庞:《乌合之众:大众心理研究》,冯克利译,广西师范大学出版社 2007 年版,第 68 页。

元,这会为崔永元带来众多粉丝。网友会自动将对崔永元的信任转化为对其话题或是言论的信任,而且,粉丝数量的多少也决定了话题影响的深度广度。意见领袖的观点一旦引发大量网友的评论和转发,在互联网多节点辐射性传播模式的影响下,话题得以乘积式扩散,舆论热潮由此形成。

(3)切合民意民情。形成较强网络舆情的公共事件一般都是涉及较广泛网民、牵扯到多数人日常切身利益的事由。不管是北京的毒跑道事件,还是山东的疫苗事件,这些群体性事件都涉及了成千上万的家庭。而意见领袖通过其敏锐的嗅觉和对信息更为接近的优势,准确地切中网民痛点,通过爆料或者转发评论,将早已存在的不安和不满汇聚起来,最终导致大面积舆情的爆发,而此类舆情的爆发往往因为速度快、面积广、民意汹涌而更难得到平复和控制。

(4)情绪传染。勒庞曾经指出,领袖的动员手段是断言、重复和传染。[①] 断言和重复在新媒体的嘈杂的环境下影响力逐步减弱,但是情绪的传染一直存在于群体之中,当我们本身即携带对相关机构或企业的偏见时,周遭事实一旦强化这种偏见,情绪便会以极快的速度传播开来。

纵观转基因的整体舆论态势,我们可以清晰地看到以崔永元为意见领袖在转基因舆论中的角色功能。扎勒在《公众舆论》中分析到,要想避免精英主导公共舆论的现象产生,可以尝试以下做法:媒体对所有的专家意见充分报道;激励专家找出解决问题的有效方法……[②]充分报道,充分的知情权和选择权也是转基因舆情及其他舆情的共同诉求;避免意见领袖主导舆情也并非万全之策。如何拉近与网民的距离,培养优秀的意见领袖,树立自身公信力,才有利于社会的稳定繁荣。

从治理的角度讲,针对意见领袖与社会舆情可以有以下举措:

(1)建立快速反应机制。建立健全网络危机应对机制,培育优秀的意见领袖。当出现较大规模舆情事件时,能尽快启动预警措施,上传下达,保持信息的流畅,通过意见领袖引导或者及时应对,疏通民意民情,安抚民心,通过制度性政策,保障反应机制运作的流畅和顺利。

(2)加强治理制度。加强对网络谣言及网络暴力事件的监管和法规政策制定,严惩利用网络犯罪、在网络上有过激不当行为的网民。通过政策法规约束网民不当行为时需要注意的是,所有的管理、治理需要在不损害网络作为公共

---

① ［法］古斯塔夫·勒庞:《乌合之众:大众心理研究》,冯克利译,广西师范大学出版社 2007 年版,第 130 页。

② ［美］约翰·R.扎勒:《公共舆论》,陈心想、方建锋、徐法寅译,中国人民大学出版社 2013 年版,第 354—355 页。

领域的前提下进行。

(3)培养意见领袖责任感。鼓励意见领袖树立良好的主人翁意识,提升意见领袖的素质,通过社会性的奖励,鼓励意见领袖代表民意直抒己见,给予意见领袖一定的政治自由及政策宣导权利,认真倾听意见领袖的意见,必要的情况下可与意见领袖协同一致处理问题,力求稳定民意,疏通舆情。

(4)培育专家型意见领袖。当下科学传播等领域的行业专家对互联网形态及表达方式尚且陌生,往往不能保证第一时间介入话题影响舆论。专业型意见领袖的适时发声往往可以将舆论引向良性发展的方向,而不至于使得科普知识和科学专家遭遇信任危机,反而成为舆情攻击的对象。

本章小结

1.意见领袖在网络舆情的触发和延展上发挥着重要作用,意见领袖理论对于我们理解网络舆情有着重要作用。

2.意见领袖在新媒体发展下衍生出新的特点,其内涵、传播模式、影响等需要我们具体分析。

3.意见领袖在舆情不同阶段有不同的角色功能,需要结合案例分阶段探讨。

复习与思考

1.自媒体时代意见领袖的形成机制及影响力。

2.在社交媒体、直播、VR等技术的推演下,意见领袖内涵的深化。

3.分析草根和名人在网络舆情中担任意见领袖角色的相同和不同点。

4.请分析某舆情事件中意见领袖的作用及影响。

第六章 "媒介审判"与新媒体舆情

一、案例:湖南产妇事件与医患矛盾事件

1.湖南产妇事件回顾

2014 年 8 月 10 日下午,湖南省湘潭县妇幼保健院一名张姓产妇,在做剖腹产手术时,因术后大出血死亡。湘潭县卫生局称,8 月 10 日 12 点 05 分胎儿出生后,产妇出现呕吐呛咳,院方立即抢救,但产妇因羊水栓塞引发多器官功能衰竭,抢救无效于 21 点 30 分死亡。

8 月 11 日 10 时 26 分,@"小懒虫太阳晒屁股啦"发微博痛斥湖南省湘潭县妇幼保健医院,微博还配有两幅患者家属在医院门口拉横幅的图片。

8 月 12 日 16 时 15 分,来自"华声在线—湘潭频道"的报道:"产妇惨死手术台 医生护士跑路 医院称已尽全力",之后中国青年网、新华网、人民网等都以"湖南一产妇死在手术台,主治医生护士全体失踪"为题进行了报道。

8 月 13 日 14 时左右,中国湘潭县网官方微博通报称,8 月 10 日,湘潭县妇幼保健院发生一起产妇死亡事件,初步诊断为"羊水栓塞"可能,医院立即启动院内、县、市孕产妇抢救绿色通道,市、县有关专家主持抢救,因羊水栓塞引起的多器官功能衰竭,经全力抢救无效,孕妇于 10 日 21 时 30 分死亡。院负责人表示,产妇死亡原因是突发性"羊水栓塞",属概率极低、抢救难度很大的一种产程并发症,院方抢救及死后告知家属都已尽到义务。湘潭县卫生局副局长还解释称,产妇死亡是比较严重的事情,医院先通过政府与家属进行沟通而不是宣告死亡。

8 月 13 日,人民网"求真"栏目 15 时 40 分首发对湖南湘潭有关部门的求证采访,确认"医生护士全体失踪非实情"。

同日,《人民日报》发表评论《别轻易下结论》。

8 月 13 日 14 时 24 分,湘潭县官方发布"湘潭县妇幼保健院产妇死亡情况相关情况介绍",称产妇死于羊水栓塞,并表示院方在胎儿剖出后即对产妇启动

了多级抢救通道。16 时许,湘潭县卫生局副局长齐先强就媒体报道做出回应,否认医护人员全体失踪,称"抢救已完成,只是在休息室",并作出以下 9 点说明:

(1)患者 8 月 10 日上午 11 时许进入手术室,行剖宫产,12 时 05 分,顺利产下婴儿。随即出现产后大出血,13 时,检验科电话报告,凝血功能明显异常,纤维蛋白原检测不出,初步诊断羊水栓塞。

(2)14 时 20 分,患者在手术台上出现心跳呼吸骤停,经积极抢救,5 分钟后心跳呼吸恢复。

(3)湘潭县妇幼保健院请上级医院会诊,15 时左右,湘潭市中心医院会诊专家到达该院,认同羊水栓塞的诊断。建议切除子宫。

(4)副院长与患方交待病情并签字以后,17 时 15 分切除子宫。

(5)21 时左右,切除子宫以后,仍未能抢救成功,院方宣布死亡。

(6)患者死亡后,该院副院长与患方在手术室门口沟通,被围攻。

(7)23 时左右,患方强行破门,冲入手术室。此时院方已经完成尸体护理,人员撤出手术室。

(8)媒体所述的吃槟榔者是脱下工作服在值班室内的医务人员。

(9)整个事件过程中,院方积极抢救,进行了多次病情告知与沟通。

8 月 15 日,湘潭县卫生局官方微博发布最新进展:8 月 14 日 20 时左右,经医疗纠纷技术鉴定组与死者家属沟通协商,死者家属同意进行尸体解剖,并履行了法定手续。

8 月 16 日,湘潭县卫生局负责人表态称,从整个医疗程序来讲,院方应该尽到了医院的责任。

8 月 20 日,针对网友质疑湘潭产妇死亡的尸检结果未能如期公布,湘潭县妇幼保健院副院长杨剑回应称,公布尸检结果仍需 10 天左右时间。政府部门会依法依规来处理此事,一切都要依据尸检结果来定,在结果出来前,不会同死者家属谈判赔偿问题。

9 月 11 日,湖南湘潭市"8·10"产妇死亡事件联合调查组 11 日晚通报,通报称:经湘潭市医学会医疗事故技术鉴定工作办公室组织专家鉴定组依法依程序鉴定,湘潭县妇幼保健院"8·10"产妇死亡事件调查结论为产妇的死亡原因符合肺羊水栓塞所致的全身多器官功能衰竭,事件不构成医疗事故。

……

2.湖南产妇事件与医患舆情中的媒体表现

据现有资料看,最早介入该事件进行报道的媒体是微博。@"小懒虫太阳

晒屁股啦"在 8 月 11 日 10:26 所发微博,称:

> 湘潭县妇幼保健医院惨无人道,将产妇活生生地弄死在手术台上!并隐瞒真相,一直说在抢救 10 小时,这是什么惨无人道的无良医院?什么凶残的庸医?我们请求政府揪出真凶!我们请求市长还死者张宇一个公道!刚出生的孩子还在嗷嗷待哺,却已和母亲阴阳两隔。

该微博同时@新浪湖南和湖南身边事。随后 20 分钟内,该网友几次转发该条微博,并@新浪新闻、天涯聚焦、湖南身边事、湖南卫视、新浪湖南、湘潭公安、头条新闻等微博大号,但该条微博并没有在舆论场上引起多大关注。

8 月 12 日 16 时 15 分,来自"华声在线—湘潭频道"的题为《产妇惨死手术台 医生护士跑路 医院称已尽全力》的新闻报道拉开了媒体对该事件的关注序幕。报道称:产妇丈夫听说产妇已经死亡后,即敲门询问手术室情况,但手术室内没有任何人回答他,且门被反锁,当他撬开手术室大门后,却看到了妻子的尸体。当天,网易视频、新浪新闻、海外网、网易新闻、东北网、21cn 新闻、大洋网新闻、财经新闻、《海峡都市报》等多家媒体纷纷以《产妇手术台上死亡 医生失踪》为题转载该事件。同时,在新浪微博上,@辽宁晚报、@楚天金报、@财经网、@凤凰东方传媒、@新安晚报、@重庆时报、@楚天都市报、@法制日报、@新京报等多家媒体官方微博纷纷报道湘潭产妇死亡事件。与此同时,另一篇题为《湖南一产妇死在手术台 主治医生护士全体失踪》的文章也在网上流传:

> 8 月 10 日,湘潭县妇幼保健医院一名张姓产妇,在做剖腹产手术时,因术后大出血不幸死亡。但医院没有及时告知家属,直到家属踹开手术室大门,看到"妻子赤身裸体躺在手术台,满口鲜血,眼睛里还含着泪水,可却再也没有了呼吸。而本应该在抢救的医生和护士,却全体失踪了,房间里只有一些不明身份的男士在吃着槟榔,抽着烟"。

这则报道随后被多个门户网站转发并在微博舆论场上被众多媒体微博快速发布,至此,该事件的舆情量出现爆炸性增长,并登上多家媒体新闻头条。报道内容多数只提到产妇死亡后孤零零躺在病床上,并没有提到产妇家属拉着横幅在医院门口聚集;反而是"主治医生护士集体失踪"的标题,成为众多新闻的"亮点"。众多网友声讨抢救医生的冷漠和缺乏责任心,并指责其没有职业操守,院方"详细情况不便介绍"的回应更被认为是"掩盖罪行"。

此时的舆情已然由"成蛹"开始走向"破茧"——传统媒体的新媒体平台、各机构官方网站、个人自媒体、网民跟帖评论等构成了跨媒体的舆情攻势。媒体的关注度在 8 月 12 日到 13 日间达到了顶峰,各类报道达到了 1266 篇。到 8 月 13 日下午 15 时 30 分,在搜索引擎中,仅在百度新闻一个平台,就有 318 篇新闻;单就新浪微博中就有 1496 条;新华网、人民政协网、中国新闻网、中原经济网、网易新闻、人民网财经频道、新华网湖北频道、凤凰网河南频道、苏州新闻网等多家主流媒体网站对此进行了报道和转载……媒体的集中报道为事件设置了议程,引发意见领袖和普通民众更多的关注,截至 8 月 13 日下午 15 时 30 分,网络大 V 中,有@彭晓芸、@王志安、@董藩、@沈东军、@点子正、@西木博士、@李文的智蹼、@康国平、@朱朱文强、@徐宥箴1、@崔小平律师、@一斗大豆、@黄章晋、@烧伤超人阿宝等多人关注和转发了此事。

面对媒体的报道以及舆论铺天盖地对医生和医院的指责,媒体人@王志安提出质疑,在微博中写道:"我要是医生和护士也早就跑了,不跑等着被打死吗?现在这种医患关系,只要死了人,甭管啥原因,打死个医生和护士都不奇怪吧。可在记者的报道中,这变成了玩失踪。"@烧伤超人阿宝的表达则显得更激烈一些,他于 13 日下午发表名为《媒体,请不要让你们的良知集体失踪——还原"湖南一产妇死在手术台 主治医生护士全体失踪"事件真相》,指出"湘潭的这次事件,完全就是一出农村宗族势力制造的恶性暴力医闹事件,而媒体,再一次光荣地充当了帮凶的角色",并痛斥"某些媒体竟公然为聚众打砸围堵医院的暴徒张目,某些记者,自甘堕落,沦为无事生非的谣棍"。微博舆论场开始出现不同声音的碰撞。

8 月 13 日开始,随着"湘潭产妇死亡事件"舆情在网上愈演愈烈,有关产妇死亡原因、医护人员是否失踪、医院是否担责、亲属是否耽误抢救时间等话题成为媒体和网友议论的焦点。在事件尚未出来之前,官方回应、家属控诉、医院自辩、媒体分析,加上网民对湘潭产妇死亡事件的各种猜疑、指责、剖析等声音的交织,不断推动舆情的发酵。据人民网的相关舆情分析(如图 6-1),网友观点中有 23% 表达了对媒体报道专业性的质疑;认为家属行为不理性的看法占 10%;反思当下医患关系的占 11%;认为需要明确产妇死亡各方责任的占 14%;追问事件真相的占 20%;对医院、医生进行谴责的占 17%……

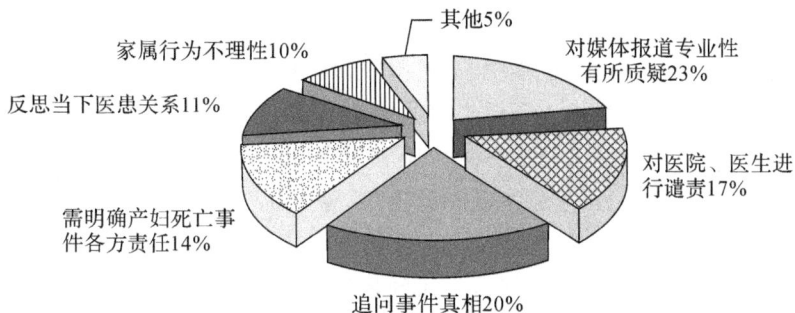

图 6-1　湖南湘潭产妇死亡事件网友观点倾向性(抽样:198 条)①

舆情的孵化与爆发离不开社交新媒体与传统大众媒体这两大"左膀右臂"。社交媒体的广泛报道引起了传统媒体的关注,8 月 13 日,人民网"求真"栏目 15 时 40 分首发对湖南湘潭有关部门的求证采访,这条权威报道确认"医生护士全体失踪非实情"以及尚在进行的相关调查,使更多新闻事实被披露,这对舆论的正向引导具有一定的作用。8 月 13 日《人民日报》发表评论"别轻易下结论",随后,《环球时报》《法制日报》《南方日报》《广州日报》《新京报》等多家媒体发表评论文章,如《新京报》的"医护集体失踪太离奇　舆论不必着急宣判"、《京华时报》的"医疗责任才是产妇死亡的核心议题"等广泛传播。《南方都市报》采访了死者家属,家属承认存在情绪失控、强行踢门等过激行为,但否认拒绝在切除子宫的手术单上签字,并未耽误抢救时间。环球网则认为,媒体报道应拒绝火上浇油,涉医新闻需审慎落笔;医疗调查鉴定死亡原因,拒绝和稀泥式维稳,不能以"息事宁人"的态度"拿钱了事"。这些报道,还原了更多的事实真相,让湘潭产妇死亡事件的讨论更加深入、理性。

8 月 15 日,中国医师协会在其官网发表题为《尊重生命、尊重事实、尊重法律》的声明,文中指出:这一事件不良后果的出现令人惋惜,媒体热炒产妇的死亡甚至有多幅照片冲击大众的视野,确能挑动人们对于医患之间敏感的神经,但是这恰恰加剧了医患之间的对立,伤害了医患之间的互信。媒体理性、冷静地处理医疗不良事件是一个理性社会不可或缺的组成部分,对此,请媒体人深思。②

综观整个事件,网友首先在自媒体爆出该事件的微博并没有在舆论场上引起很多关注。随后传统媒体的介入使该事件舆情出现爆炸性增长,舆论开始一

①　人民网:《湖南湘潭产妇死亡事件舆情分析》,http://yuqing. people. com. cn/n—0827/c210114-25550373. html,2017-04-08.

②　http://www. sohu. com/a/244128_101096,2017-04-08。

边倒向批判医院和医生。其后，人民网的介入使得更多新闻事实得以披露，媒体关注度快速上升。这个过程中，人民网"求真"栏目首发对湖南湘潭有关部门的求证采访，确认"医生护士全体失踪非实情"，成为事件重要拐点。与此同时，一些医学专家也通过个人自媒体为医院和医生发声，向公众普及"羊水栓塞"的知识。舆情渐渐反转，由批判医院和医生"草菅人命"到批判媒体的不实报道及患者家属在医院进行医闹、患者丈夫和婆婆为了以后可以生二胎迟迟不在手术通知上签字，最后耽误了医生挽救生命的最佳时间等。之后，媒体回归理性，舆情渐归理智。概括地讲，"湖南产妇死亡事件"的舆情发展大致经历了三个阶段：批判医院—批判媒体及死者家属—反思医患关系失信。

3. 医患矛盾中的媒体误导

在湖南产妇舆情事件一波三折的过程中，新媒体在不明真相的情况下扮演了"牧童"的角色，大众舆论的导向被其"牵着鼻子走"。自媒体在事件调查之前就妄下断言，@"小懒虫太阳晒屁股啦"的微博直指医生将产妇活活弄死在手术台上，之后"华声在线"记者发表文章《湘潭产妇死在手术台医生护士不知去向医院称已尽全力》将矛头直指医院抢救不利，一时间使医院成为众矢之的。媒体未经查证就以"产妇惨死""医生失踪"等为题，报道只强调"医护人员全体失踪"，而对患者家属存在过激行为只字不提。这些报道带着太多主观预判——如"孤零零躺在病床上"的细节，再加上事件结果和细节的缺失，导致了公众的强烈关注和对医院方的道德审判。媒体先于司法部门对案件做的"媒介审判"，无疑使本就紧张的医患关系火上浇油。

湖南产妇死亡事件中，《产妇惨死手术台 医生护士跑路 医院称已尽全力》一稿刊发后，一些媒体和网站又以《湖南一产妇命丧手术台 医生护士全部失踪》《湘潭县妇幼保健医院产妇大出血眼含泪水死在手术台 医护人员失踪》等为题转载。"产妇丧命医护失踪"的话题，一时高居门户网站和微博热门话题榜首。仅从标题看，遣词造句竭尽煽情，媒体倾向明白无误。因此有人说中国最大的医闹不是医院也不是患者，而是媒体，这一说法虽然有失片面，但也不无道理。新闻框架理论认为，媒体不是被动地反映现实，而是以特定的视角和手段，有选择地将"现实"重新建构。

近年，在涉医报道中，媒体误导舆论的现象时有发生。

2010年的"缝肛门"事件，《南方都市报》记者在未经查实的情况下就以《深圳医疗荒唐事件：疑红包给少，产妇被缝肛门》为题刊发了报道。随后，央视《新闻调查》深入调查发现这是一则假新闻，产妇肛门并未被缝，而是对产后痔疮的紧急止血处理。伪造夸大这则假新闻的《南方都市报》记者事后承认为了博取公众眼球,赚取点击率,在未充分调查双方当事人的情况下,凭患者单方面说辞和自己的推测,写了这则新闻。

2011年深圳新闻网发布的《医院要做10万元手术　最终8毛钱治愈》也被证实为虚假新闻。该新闻致使深圳儿童医院备受困扰,5日内接连出现了三起家长拒绝手术治疗的病例。

2016年的"丢肾门"事件,媒体再一次使医院蒙受不白之冤。最早报道的是《新安晚报》发表了题为《我的右肾去哪了》的头版新闻,"患者术后右肾丢失"引爆舆论,医生隐瞒医疗事故、右肾被偷摘等众多说法被大肆渲染。然而,经医疗部门权威认定,最终确定当事患者的右肾系因创伤而萎缩,舆情从而反转。"丢肾门"事件后,福建省以政府令的形式向社会公布《福建省医疗纠纷预防与处理办法》,明确指出,媒体须对医疗纠纷报道失实承担责任。

……

医患矛盾的解决是一个系统工程,如改革医疗体制,让老百姓看得起病、住得起院,杜绝医院任意提高药价、提高费用以谋取私利等。媒体的角色功能也是这项系统工程的重要内容,媒体在报道医疗事件时,应该保证事件的真实和中立客观的态度,避免起到"煽风点火"甚至"媒介审判"的作用。

二、关于"媒介审判"

1."媒介审判"的内涵

"媒介审判"是一个舶来词,相似表达还有"媒体审判""新闻审判""舆论审判"等。西方法学界认为,"媒介审判"是一种不依据法律程序对被告或犯罪嫌疑人实施的非法的道义上的裁判,也叫"报刊裁判"(trial by newspaper)。目前,国内关于"媒介审判"的概念尚未统一。魏永征对"媒介审判"的提法为多数学者认同:

> 超越司法程序抢先对案情作出判断,对涉案人员作出定性、定罪、定量刑以及胜诉或败诉等结论。"媒介审判"的报道在事实方面往往是片面的、夸张的以至是失实的。它的语言往往是煽情式的,力图激起公众对当事人憎恨或者同情一类情绪。它有时会采取"炒作"的方式,即由诸多媒体连手对案件作单向度的宣传,有意无意地压制了相反的意见。它的主要后果是形成一种足以影响法庭独立审判的舆论氛围,从而使审判在不同程度上失去了应有的公正性。[①]

---

① 魏永征:《新闻传播法教程》,中国人民大学出版社2002年版,第209页。

"媒介审判"的现象很早就被确认,并广泛存在于各类媒体报道中,它是媒介角色越位或错位的表征,并被人们认为可能影响司法公正。上个世纪中期发生在美国的"谢帕德案件"是媒介介入司法并对其产生影响的典型案例。1954年6月4日,美国的一个外科医生谢帕德被指控谋杀自己的妻子。由于事发现场没有留下任何线索,案情无法开展。但是,民众和媒体的合理想象认定谢帕德医生是杀死其妻子的凶手。媒体为了炒作的需要,不断制造新闻,以此刺激受众情绪,致使法院最终裁定谢帕德医生有罪。谢帕德医生每年上诉,一直上诉了十二年,屡次被法院驳回。直到1965年,美国最高法院接受谢帕德医生的请求,重新审判,被判无罪。[①]

中国虽然不存在陪审团制度,但是也有滋生"媒介审判"的土壤,"媒介审判"是传媒、司法、舆论和政府四方相互作用的结果。这四方在"媒介审判"的过程中发挥着不同的作用,其中,是媒介信息将其他三方连接在一起,充当了"舆论风向标"的角色。

总结近年的舆情事件,大致有这样几个过程:舆论开端("自媒体"焦点舆论)—舆论发展(主流媒体跟进,进行集中报道、头版头条等)—舆论膨胀(媒体深入挖掘,专题报道、网络言论争鸣、"意见领袖"引导)—舆论整合(意见趋于一致,舆论群体出现)—舆论消散。与舆情事件的发展过程类似,国内同样形成了极具特色的"媒介审判"模式:"媒体报道—公众声讨—领导介入—法院审理"。[②]如近年的张金柱、邓玉娇、刘涌、药家鑫、李天一、罗尔等舆情事件……或多或少都出现了"媒介审判"的声音。那么到底为什么会出现"媒介审判"?"媒介审判"会带来什么样的影响以及如何规避"媒介审判"的负面影响呢?

2."媒介审判"的原因

长久以来,媒体与司法存在着微妙的关系,在分析"媒介审判"产生的原因时应该从司法和媒体两个角度展开。

慕明春在《"媒介审判"的机理与对策》中将"媒介审判"产生的原因归纳为五种:司法缺位、新闻界越位、媒介经济利益的驱动与恶性竞争、公众人治情绪的执着、制度建设空白。[③] 这里,我们参照以上归纳,从几个方面分析"媒介审判"产生的主要原因。

司法缺位。不得不承认,当前司法队伍中的确存在着一些法官自律意识比较弱,业务素质能力差,对于一些案件的审理久拖不决或者判决有误的现象,其

① 陈力丹、刘宁洁:《规范传媒的庭审报道》,《当代传播》2007年第2期,第21页。
② 张冠楠:《"媒介审判"下的司法困境》,《法学》2011年第5期,第15页。
③ 慕明春:《"媒介审判"的机理与对策》,《现代传播》2005年第1期,第64—65页。

效率和公正性引发了公众的质疑。随着改革的不断深入和市场经济的不断发展,群众和媒体关系的热点案件也逐年增长,如涉及国企改革、农民工工资、房屋拆迁、征地补偿等。司法机关处理案件的难度越来越大,法院工作由此面临巨大的压力和严峻的挑战,在办案中稍有闪失,就会造成很大的社会影响。如果司法机关不能秉持司法公正,杜绝司法腐败,缺乏公开、透明的案件审理,不能满足广大群众的知情权,其后果便是民众寄希望于媒体,借助媒体的强大舆论影响来向司法机关施压,以维护自身权益。"媒介审判"的实质就是以道德代替法律审判,本身就是一种法制观念和法律意识淡薄的表现。因此,"媒介审判"是现代社会媒介化背景下由新闻界和民众共同制造的具有人治色彩的传播现象。

媒介"越权"。国内媒介常被百姓理解为官方的代言人。在百姓眼中,媒体的公信力和可信度高,是民意表达和维权的重要渠道,因此,民间一直流传着这样的话:"有困难,找媒体;有问题,找记者。"特别是现代媒体确实拥有巨大的信息传播能力、广泛的社会影响力,这为新闻媒体作为舆论代表对权力进行监督带来了条件。然而,如果媒体对于事情的判断出现偏差,就很可能会带来"媒介审判"的不良后果。

媒体过分追求经济效益。国内媒体具有"事业性质,企业管理"的双重属性。从改革开放到现在,中国目前已经成了一个巨大的媒介市场。而市场的运作就需要资金的支撑,特别是在媒体脱离了国家财政拨款、同时又面临国际化和数字化冲击的今天,媒体为了提高阅读量和发行量等竞相追逐各种社会热点,而司法审判工作一直是社会关注的热点和舆论的焦点。媒体在对一些案件的报道中,采用"煽情式"的语言对案件进行片面、夸张甚至失实的报道,力图激起公众对当事人的憎恨以及对案件的关注,从而侵犯了犯罪嫌疑人获得公正审判的权利;或是媒介在案件报道中直接给犯罪嫌疑人冠上"歹徒""罪犯""变态狂"等称谓,简单、主观地"分析报道"作案动机和作案过程等。①追逐热点不仅缘于媒体回应民意的需求,而且还是获得市场回报的主要手段。

公众人治情绪严重。人治是与法治相对立的概念,指的是依靠个人的权威治理国家的一种政治主张。国内人治思想由来已久,早在春秋时期,儒家文化盛行,孔子就提出"为政在人""其人存,则其政举,其人亡,则其政息"的主张。人治是儒家学说倡导的一种理念,被封建统治者长期奉为正统。新中国成立以来,国内在解决人治问题上采取了各种措施,但是一些部门和领域仍然存在权大于法、司法不公等现象。当公众遭遇司法不公时,最有效的方法便是求助于

---

①　陈力丹、刘宁洁:《规范传媒的庭审报道》,《当代传播》2007年第2期,第21页。

媒体、施压于当事方以便引起上级有关领导的重视。领导重视、领导指示也成为舆情"出茧"或舆情走向高涨的常见现象或特征,由此开始,相关事由进入处理期——或是司法部门介入,或是职能部门正式表态、介入等。舆情消退之后,这类事件的处理方式却也影响到普通民众的判定或记忆——领导出面、领导表态才能解决,这也再次增强了公众关于人治的印象与情绪。

3."媒介审判"的影响

应该一分为二地看待"媒介审判"产生的影响,也就是说,它既有值得肯定的一面,也有值得反思与否定的一面。

先看"媒介审判"的复杂性所在。一定程度上,媒体舆论监督的目的在于保障社会大众的知情权,监督司法的公平与公正,因此,任何案件的处理,如果有媒介介入,那么司法机关处理案件时就会慎之又慎。"媒介审判"虽然给司法机关带来压力,但倘若司法部门能顶住压力,认真研判案例,秉公办事,那么"媒介审判"就更加接近于有效的舆情监督,以2000年的"刘涌案"为例:

> 2000年7月,沈阳警方将长期横行当地、残害百姓的刘涌等黑社会团伙一举摧毁,抓捕涉案人员50多人。辽宁省铁岭市人民检察院于2001年8月向铁岭市中级人民法院提起公诉,指控被告人刘涌犯组织、领导黑社会性质组织罪,故意伤害罪,抢劫罪,敲诈勒索罪,私藏枪支、弹药罪,妨害公务罪,非法经营罪,偷税罪,行贿罪。
>
> 2002年4月17日,辽宁省铁岭市中级人民法院对刘涌案公开宣判,刘涌被以组织、领导黑社会性质组织罪、故意伤害罪等多项罪名一审判处死刑。同案的宋健飞也被法院以故意伤害罪等多项犯罪判处死刑;其他犯罪嫌疑人分别被判处有期徒刑到死缓各不等的刑罚。刘涌不服一审判决提起上诉。
>
> 2003年8月15日,辽宁省高级人民法院对刘涌案公开宣判:撤销原一审判决中刘涌的死刑判决,将原判决中刘涌故意伤害罪的死刑判决改为死缓,合并刘涌的其他犯罪刑罚,决定对其执行死缓。同时宣告核准宋健飞死刑。当日宣判后,宋健飞被押赴刑场执行死刑。
>
> 2003年10月8日,最高人民法院作出〔2003〕刑监字第155号再审决定,以原二审判决对刘涌的判决不当为由,依照审判监督程序提审本案。12月18日,最高人民法院在辽宁锦州开庭对此案进行审理。20日,最高人民法院作出判决,并于22日宣判:判处刘涌死刑。宣判当日,刘涌被执行死刑。

这个一波三折的过程——由死刑改判死缓,由死缓改判死刑,引爆各种形式的声讨。在后一个波折中,媒体扮演了重要角色。在辽宁省高级人民法院终审改判刘涌死缓后,2003 年 8 月 21 日《外滩画报》刊发了评论《黑帮头目改判死缓质疑》。一石击起千层浪,国内多数新闻媒体对此案进行了大量追踪报道和广泛质疑,由于巨大的舆论影响,最高人民法院提审该案,并作出再审决定,判处刘涌死刑立即执行。

刘涌案说明"媒介审判"的复杂性所在——它与舆论监督之间的界限并不是十分清晰,它在监督司法公正、赋予民众知情权的同时,是否"越界"也会有伯仲难分的情况。刘涌案中,也有对媒体的批评,比如《外滩画报》的《黑帮头目改判死缓质疑》中有这样的表述:

> 如果罪孽深重的刘涌都可以不死,那么死刑留给谁用?

这种越过司法系统的死刑判定对媒体应恪守客观中立的准则提出了挑战,但也有不同的声音为这篇报道辩护。《中国青年报》2003 年 8 月 25 日的《媒体质疑刘涌改判死缓的价值》这样评价《外滩画报》的文章:

> 是一篇突破性的报道……也许辽宁高院对此案的判决有站得住的依据,但在强调依法治国的今天,法院也有义务对所谓的"本案的案性和实际情况"作出明确而令人信服的解释。

随后,2003 年 8 月 28 日《北京青年报》刊发《从刘涌死刑改判死缓看司法信息披露的重要性》的文章:

> 刘涌为什么被改判,是每一个公民都有权利发问的。代替公众提问,给公众明确的答案,是传媒的职责,这不是干预司法的独立性,而是维护广大人民群众的知情权,是对司法审判所进行的必要监督。也许,根本就不存在什么"黑箱",也没有受到行政干预等外来因素的影响,但正是由于信息披露的不充分,客观上损害了公众的知情权,导致了人们对审判公正性的怀疑,而法律的权威也因此受到了影响。

有权利发问和怎样发问,有权利监督和怎样监督是媒介掌握自身角色分寸的关键,但舆情、民意的高涨却是不争的事实。如果没有舆论的监督,没有媒体强大的舆论监督,高院会不会提审刘涌,尚未可知。

再如轰动全国的孙志刚案,通过媒体的评论与质疑所掀起的舆论热潮直接推动取消了城市收容遣送制度,促进了司法的完善:

> 2003 年 3 月 17 日晚上,任职于广州某公司的湖北青年孙志刚在前往网吧的路上,因缺少暂住证,被警察送至广州市"三无"人员收容

遣送中转站收容。次日,孙志刚被收容站送往一家收容人员救治站;3月20日,孙志刚死于这家救治站。

4月25日,《南方都市报》刊登了题为《被收容者孙志刚之死》的封面新闻,披露了孙志刚死亡一个多月无人过问的情况。这篇报道配有社评《谁为一个公民的非正常死亡负责》,社评提出了两个问题:一是孙志刚该不该被收容?文章指出,根据《广东省收容遣送管理规定》,拥有有效证件、固定住所和生活来源的孙志刚根本不属于收容对象。二是即使孙志刚属于收容对象,谁有权力对他实施暴力?

该稿刊出当天上午就被新浪网等网站转载,"孙志刚案"由地方新闻升级为全国新闻,一时间成为社会关注的焦点。网友纷纷发表评论,置疑收容制度,社会舆论迅速形成。2003年6月12日,新华社发表时评《孙志刚案反思:"收容站"应当成为"救济站"》;随后,《城市生活无着的流浪乞讨人员救助管理办法》公布施行,标志着收容制度即将成为历史。紧接着,全国各地的收容所纷纷摘牌,旧的收容遣送制度逐渐被救助管理制度所代替。

如果没有媒体的报道,"孙志刚案"不可能成为一个公共事件;如果没有媒体的大量追问、审视、批判,孙志刚事件能否成为推动政策修订的关键节点也未可知。

再看"媒介审判"的负面影响。"媒介审判"的确加剧了新闻自由与司法独立之间的冲突。现实社会里,法院与媒体从各自立场出发,法院基于司法独立排斥媒体的干扰,媒体为实现新闻自由积极介入司法活动,导致二者冲突的升级。如果媒介"越位",不仅会使自身的公信力下降,还会侵蚀司法独立,而司法独立又是司法公正的根本。所以说"媒介审判"所产生的负面影响既包括对媒介自身也包括对司法机关的负面影响。

媒介往往在不明真相的情况下,就以"杀人犯""罪大恶极"等带有严重感情的词语引导舆论。近年来,舆论反转案件经常出现,大部分都与媒体的报道有关,这使得媒体的公信力下降,同时也使媒体自身陷入讼累之中。如湖南产妇死亡事件中,"华声在线"在不了解事件的全过程时就刊发了题为《产妇惨死手术台医生护士跑路 医院称已尽全力》的新闻,引发民众对医院的批判指责。随着事件真相逐步浮出水面,舆情反转,媒体随即成为众矢之的;不仅如此,记者也为此惹上了官司——中国医师协会首次投诉记者,表示要追究相关媒体失实报道的责任。

避免"媒介审判"产生负面影响,应从根源上来治理,这就需要从司法制度本身的完善、加强媒体自身的建设以及鼓励公众理性的参与三个方面同时入手。从媒体自身讲,规避"媒介审判",首先需要明确媒体自身的定位、提高业务素质、加强媒介行业自律。

社会主义新闻事业是党、政府和人民三位一体的耳目喉舌。媒体要及时准确地为党、政府和人民提供国内外真实的信息,依法行使自身的舆论监督作用。媒体在行使舆论监督的权利时,必须树立以下几种意识:书记员意识。就是把信息公开,用事实说话;调查员意识。调查是舆论监督的硬功夫,要有发言权,先当调查员,一切结论都来自于调查之后;联络员意识。媒体进行舆论监督,既不是给司法机关当对立面,也不是替上级机关当"特派员",而是要在社会与司法部门之间发挥联系、沟通、疏导、协调的纽带作用,充当的是联络员的角色;守门员意识。尽职尽责的大众传播媒体在舆论监督的过程中应当是称职的守门员,把一切干扰、影响、弱化舆论监督积极效果的信息拒之于传播的大门之外。[①]

遵纪守法、客观公正是新闻传播活动的基本职业道德标准。2009 年《中国新闻工作者职业道德准则》修订版发布,新闻工作者基本的工作标准为:全心全意为人民服务,坚持正确舆论导向,坚持新闻真实性原则,发扬优良作风,坚持改革创新,遵纪守法,促进国际新闻同行的交流与合作。在遵纪守法的总要求下,要求新闻工作者维护司法尊严,依法做好案件报道,不干预依法进行的司法审判活动,在法庭判决前不做定性、定罪的报道和评论。

媒体社会责任的实现途径要本着对政治负责、对公民负责的态度在司法活动二者之间寻求一个平衡点。媒介行业要加强自律,不应为了追求轰动效应而对司法机关尚未作出审判的案件作出定论。

三、舆情与"媒介审判"

在众多舆情事件中,涉法涉诉舆情是一种重要的舆情类别,如果媒介和司法机关对这类舆情处理不当,就很容易产生"媒介审判"。

1. 新媒体舆情之"媒介审判"的分类

国内外并没有统一的关于"媒介审判"的分类。关于"媒介审判"的类型,仁者见仁、智者见智,但新媒体时代的"媒介审判"具有一定的可归类性,因此,大致可以将新媒体时代的"媒介审判"按不同依据分为不同的类型。

(1)按照"媒介审判"发生的领域来划分,可以分为涉法涉诉的舆情与涉官涉富的舆情,这两类更容易引发"媒介审判"。

涉法涉诉的"媒介审判"。由于人民法院具有相对的独立性,因此与媒体存

---

① 慕明春:《"媒介审判"的机理与对策》,《现代传播》2005 年第 1 期,第 65 页。

在信息不对称的情况时有发生。在关于涉法涉诉的案件中,司法机关往往给媒体和公众造成"真相隐藏"的印象,涉法涉诉的舆情一旦处理不当,很容易酿成"舆论审判代替司法裁判"的不良后果。回顾近年一些"媒介审判"的典型案例,张玉柱案、药家鑫案、复旦投毒案等可以归结为涉法涉诉类"媒介审判"。

复旦投毒事件属于涉法涉诉类舆情及"媒介审判"。在案件发生后,复旦大学官方微博于2013年4月15日发出一则通报,通报称该校研究生黄洋因中毒生命危在旦夕,并证实"基本认定同寝室某同学存在嫌疑"。之后犯罪嫌疑人林某的真名、微博、真人照片、教育经历等信息不断被媒体曝光,甚至有媒体和公众扮演起了"福尔摩斯"的角色,开始从林某此前的微博信息中推断其"作案动机",以致流传出"情杀""竞争""误杀""仇视医生"等多个版本的说法。在法院未做出审判的情况下,《南方周末》的报道《与自己的战争——复旦研究生为何毒杀室友》直接将案件定性为毒杀。媒体采用了直接认定事实的方式,将犯罪嫌疑人的"罪行"当作确定无疑、不需再审判的"事实"来处理,因此被视为典型的"媒介审判"案例。

再看涉官涉富的"媒介审判"。近年来,有关贪腐的舆情一直为人们所关注,由此产生的"官二代""富二代"等敏感词汇刺激着公众的神经。网民在"仇富""仇官"的心理下,对涉及资本权贵、社会分配不均、贫富分化问题极为敏感。一旦舆情涉官涉富,往往很容易造成"媒介审判"。邓玉娇案、蒋艳萍案、张金柱案和李天一案等就是典型的涉官涉富类"媒介审判"。

李天一案之所以能成为舆论热点,与李天一的家世背景是分不开的。在该案件审理过程中,大量媒体都积极地参与到调查当中,甚至发表非专业结果来为"弱者"呐喊,也在一定程度上影响了审判结果。

(2)按照"媒介审判"的结果或影响可划分为:外界一致认同的"媒介审判"和有争议的"媒介审判"。

先看外界一致认同的"媒介审判"。目前,国内并没有界定"媒介审判"的清晰标准,因此,是否存在"媒介审判"现象,需要社会各界人士共同鉴定。1997年河南"张金柱"一案轰动全国。张金柱在最后被执行死刑时曾哀叹:"我是死在你们记者手中。""张金柱案"已经过去了二十年,但这个案件还时常被人们提起,因为该案在一开始就被打上了"媒介审判"的标签。

媒介关于张金柱事件的报道不计其数,但首先刊发消息的是1997年8月25日《大河文化报》的报道:《昨晚郑州发生一起恶性交通事故:白色皇冠拖着被撞伤者狂逃,众出租车司机怀着满腔义愤猛追》。随着媒体的报道和肇事者身份(原郑州市公安局二七分局局长)的披露,民意被激怒,事情的发展很快进入了另一个轨道。报社和法院不断接到市民的电话,要求判处张金柱死刑,"不杀不足以平民愤"的声音占据了上风。于是,在法院审理期间,出现了壮观的场面:市民奔走相告,法庭外支起了音箱"直播"庭审,近万名市民聚集收听。

在此期间,媒体主要以官民对立的框架继续着对案件的追踪,以《南方周末》发表于 1997 年 12 月 12 日的报道为例,刊登于头版头条的《中州惊天大血案开审》有这样的陈述:"受害者苏东海,是中州宾馆的普通工人,而肇事者张金柱却曾是职权显赫的原郑州某公安分局局长、一级警督。地位悬殊的双方若对簿公堂,会是什么样的结局?人们猜测着。"报道还配有三张图片:第一张的配文是"母亲张菊花抱着儿子的遗像,她的发间还尚存着儿子梳理过的气息";第二张是法院门前聚集的群众及"诛杀公安败类张金柱 为民除害"的横幅,配文是"数千名群众静候在门外,等候审判消息";第三张配文是"张金柱有着丰富的反审讯经验,他在法庭上振振有词"。显然,图与文有着情绪渲染与官民对立的强调。本研究也在此前提过舆情与视觉境效的关系——图片、视频的感性因素更大于文字,而近年的舆情传播中,利用图片、视频引动民众情绪的案例也越来越多。

作为交通肇事人的张金柱成为霸道官员作威作福的象征,《南方周末》的报道还有编评:

> 官员作威作福越来越频密,越来越霸道了。本案张金柱自视为权倾一方的公安局长,就无视交通秩序与百姓安全,竟敢在行人繁多路段逆向行驶横冲直撞无视满街行人的呼唤阻遏,若混世魔王般疯狂肇事杀人……面对如此残忍如此明白的故意伤害罪,法院还要拖到百日开庭,且在万数百姓庭外期待下仍不当庭宣判,人们期待的法律面前人人平等的法制建设是多么的步履维艰啊!

1998 年 1 月 12 日,张金柱一审被判死刑;1998 年 2 月 16 日,河南省高院维持了一审判决;10 天后,张金柱被执行死刑。

再看有争议的"媒介审判"。从理论上说,任何一个案件只要进入了公众的视野,激活了公共话题,集聚了较大能量的舆论,都有可能对司法产生压力而导致出现审判背离司法公正价值目标的结果。但是,由于"媒介审判"的构成因素极为复杂,而司法审判制度设计本身具有的控制和屏蔽机制足以缓解甚至化解所谓舆论压力,因此从司法审判的结果看,真正能构成"媒介审判"的案例并不是很多。[①] 较典型的案例就是对"药家鑫案"的争议。

---

① 穆明春:《法治与理性的胜利——对"药家鑫案"的舆论影响考量》,《当代传播》2011 年第 5 期,第 41 页。

药家鑫"军二代""官二代"的身份一直是媒体报道的"重头戏",最终药家鑫被判处死刑。也有人认为"药家鑫案"不是"媒介审判",而是舆论与司法的一场互动,最终结果是舆论和司法的双赢。

(3)按照"媒介审判"的审判主体可划分为:新闻媒体的"媒介审判"和社会公众的舆论审判。

虽然"媒介审判"也称"舆论审判",但是在新媒体时代,"媒介审判"的主体越来越多样化,因此有必要根据审判主体对"媒介审判"进行分类。

新闻媒体的"媒介审判"并不是指进行"媒介审判"的主体只有新闻媒体,而是指新闻媒体成为舆情的首发媒体,在一开始报道事件时就进行了"媒介审判",从而影响了公众舆论。"湖南产妇死亡事件"就是这类"媒介审判"的案例。虽然最早进行该事件报道的是自媒体,但并没有引发人们的关注,而"华声在线—湘潭频道"的《产妇惨死手术台 医生护士跑路 医院称已尽全力》的报道将产妇死亡提升为公众事件。之后,一些媒体包括新华网、人民网等在未经查实的情况下发布新闻《湖南一产妇死在手术台,主治医生护士全体失踪》。这些媒体在法院审理之前就将矛头直指医生,导致大众舆论向非理性的方向发展,使得医患矛盾进一步激化。

社会公众的舆论审判是指超出媒体领域的社会舆论审判。当网民对某一事件的关注达到一定的程度时,该事件就蔓延于媒体范畴之外成为全社会关注的热点。社会公众的舆论审判往往是媒体审判的更高等级,它的影响范围及舆论势头都更大,它对事件结果的影响度也更深。张金柱案所谓的"不杀不足以平民愤"指的就是社会公众势不可挡的舆论情绪。

总之,新媒体时代,"媒介审判"大有愈演愈烈之势。所以,司法与媒体,公正与舆论,一直是法律和新闻从业人员思考的重要问题。司法机关的案件审查中,媒介监督很有必要,而且媒介也是沟通司法与公众的桥梁,是满足公众知情权的重要手段。但是,媒介监督过线,就会走向"媒介审判",势必会干扰司法独立。

司法独立是司法公正的重要保障,而司法公正关乎着社会的稳定。规避"媒介审判"产生负面影响的根本就在于处理好新闻自由和司法独立之间的关系,这就要求新闻媒介或自媒体以及司法机关都做到恪守本分,在进行新闻报道或处理司法案件时坚持做到"以事实为根据,以法律为准绳"。

2.新媒体时代的"媒介审判"与舆情互动

"媒介审判"的关键是形成舆论热点,进而对司法系统施加压力。这个过程中,如果舆情能与司法审判形成良好的互动,就可以有效地避免"媒介审判",保证司法的公正客观性。

现实生活中,网络舆情与司法审判互动的情况时有发生。在新媒体时代,社会公众开始掌握了话语权;公众随着法制意识的不断加强,也越来越关注司法领域的公平正义。对于司法工作来说,新媒体舆情一方面可以有效监督司法工作是否公平正义,促使其不断改进自身的工作作风;另一方面由于新媒体舆情的形成与司法审判在体制、思维逻辑等方面存在着巨大的差异,两者间的冲突也时有发生。事实上,就两者的本质来看,网络舆情与司法审判都统一于社会主义建设的事业当中,两者在价值追求上是契合的。司法审判需要社会舆情的有效监督,而社会舆情虽然是权力监督的一种形式,但也并不等于权力本身,更不能"越位"代行审判之权。

以 2009 年杭州"5·7"飙车案为例,正是因为新媒体的传播和舆论监督的力量,才使得事件有了正向的发展。

> 2009 年 5 月 7 日晚 8 时许,谭卓在浙江省杭州市文二西路被胡斌驾驶的改装三菱跑车撞飞,后送医后不治。有目击者声称,谭卓被撞出大约 5 米高后再重重摔在 20 米以外的地方,可能当场死亡。同日,肇事者胡斌被刑事拘留,但有网友发现肇事者 QQ 还在进行更新,因此质疑肇事者是否被及时拘捕。

> 5 月 8 日,杭州交警召开新闻发布会,提及当时车速在 70 码,舆论大哗。同日晚间,杭州市民及浙江大学学生自发走上街头为谭卓举行追思会。5 月 10 日,谭卓追悼会召开。同日,杭州警方承诺秉公办理此案。

> 5 月 11 日,杭州警方承认肇事者存在违法超速行为。5 月 12 日,杭州市部分人大代表和政协委员发表声明对此事表示关注。

> 5 月 13 日,杭州市政府澄清肇事者胡斌的飙车同伴翁振华并非市政府领导的儿子。该案中肇事车辆涉及的超速行驶和车辆改装问题将由专业司法鉴定机构来判定。

> 5 月 14 日,杭州飙车案事故鉴定完成,专家称"车速肯定不是 70码"。杭州市公安局当日向媒体发布交通肇事案鉴定报告,认定事故车在事发路段的行车时速在 84.1 公里到 101.2 公里之间,且肇事车辆的发动机进排气系统、前照灯、悬挂、轮胎与轮辋、车身内部已在原车型的基础上被改装或部分改装。该鉴定报告被网友质疑,受害人父亲拒绝在鉴定报告上签字。

> 5 月 15 日,杭州警方以交通肇事罪向检察院提请批捕,并认定本

次事故由胡斌承担全部责任。同时杭州警方也就 70 码说法向公众道歉。

谭卓被撞身亡的消息首先出现在网络上,并引起网民关注。在杭州当地论坛"19 楼",网友们纷纷发帖悼念这个年轻的生命,谴责肇事者。之后,一篇题为《富家子弟把马路当 F1 赛道,无辜路人被撞起 5 米高》的帖子出现在网上,发帖者随时更新事件动态,引来大批网民留言,回帖超过 1.4 万条。通过现场肇事车的车牌号,网民搜索发现胡某在事发前就有与同伴驾驶跑车在市区道路飙车的经历。在车辆违章记录里,网民搜索到这辆肇事车的其他超速的记录。之后,胡的"QQ 空间"也被网民找到并破解。网民看到,主人心情在 5 月 8 日凌晨 2 时 49 分被更新:"一片空白,闯大祸了。"这一更新让网民们质疑,在涉嫌刑事责任的情况下,肇事后胡没在第一时间被刑拘,还能回家上网?5 月 8 日,杭州市西湖交管部门召开第一次新闻发布会,警方称,根据当事人陈述和相关证人的陈述,初步认定肇事车辆时速是 70 码左右。这一说法显然未能得到公众的认可,也招致了现场目击者和网友的极度愤慨与不满。在天涯论坛上,有网友经过细心演算称,时速 70 码的汽车要将人撞出 20 米远、5 米高,除非谭卓是以每小时 40 公里的速度与三菱跑车面对面碰撞。一句"70 码",将杭州交警送上了风口浪尖,舆论纷纷指出交警的处理有偏袒肇事方之嫌。"70 码"在网络上被网民演绎为"欺实马"迅速蹿红,成为新的网络名词,网络舆论更加汹涌……

值得审视的是,以网络舆论施压、寻找更多证据(如 QQ 更新、此前的超速记录等)的行为是与大规模的人肉搜索相伴随的。网友在网上公布了胡斌及其家人的个人信息,对胡斌"富二代"身份的强调无疑起到了火上浇油的作用。一时间,网友纷纷表达不满情绪,质疑胡斌的身份背景使该案件不能公正对待。

在互联网时代,人人都可以是信息的发布者,"媒介审判"大有愈演愈烈之势。"媒介审判"—"舆论审判"—"民意审判"成为新媒体时代"媒介审判"的基本过程。但是媒介并不能完全代表社会舆论,而社会舆论也不一定是民意的体现。网络舆论相对的自由、隐匿性、非理性等特点导致一些舆论表达的情绪偏激、哗众取宠或刻意歪曲和散布虚假信息。当这种声音越来越多并达成合力时,就必然会给司法部门带来压力。与传统媒体相比,新媒体时代的"媒介审判"具有了一些新特征:

(1)自媒体成为"媒介审判"的主要发源地。新媒体时代的到来,将信息源无限放广。以上文提到的杭州飙车案为例:杭州飙车案发生后,网民们纷纷在网上发言,揭发事件真相。贴吧里类似的帖子如"为了你我的生命安全,请大家以 70 码的速度顶帖顶起 5 米高 20 米远"的网络流行语迅速流行于网络。

　　(2)谣言四起成为"媒介审判"的副产品。在某一事件发生后,一些网友在弄清事情的真相前极易盲目地依照"同情弱者"的朴素情怀,或者出于义愤之情等追加评论,往往使事件真相更加扑朔迷离,舆情的走向也一波三折。杭州飙车案中,围绕肇事者身份的各种谣言层出不穷,在事态的发展中被不断添油加醋,使得司法独立性遭到干预。同时,把个人身份与阶级、阶层等身份进行绑定从而强调或制造传播点与情绪点,以击中社会普遍存在的某些情绪痛点或情绪痒点,也是近年社会舆情、"媒介审判"的常见现象。

　　(3)新媒体"媒介审判"的同时往往伴随着新闻侵权。新闻侵权,一般是指新闻媒体利用新闻传播工具对公民、法人或其他组织造成不法侵害的行为。根据我国法律规定,犯罪嫌疑人和罪犯仍然拥有一定的基本人格权。新媒体时代,人们开始自我赋权,"公民记者"应运而生。当"公民记者"自我赋权无限膨胀时,不仅会干扰司法审判,同时也容易发生新闻侵权事件。在处理一些公共案件时,司法机关按照各种程序要求,只公布当事人与案件有关的信息。但是媒体为了吸引注意力,公众为了满足好奇心等,会通过各种渠道来搜集、整理、分析当事人的个人信息,或者直接对案件当事人进行"人肉搜索",大肆传播案件当事人的各种信息,以至于侵害了他人的名誉权、肖像权、隐私权等。"李天一案"中,李天一作为未成年嫌疑人,按照新刑诉法司法解释第469条规定:"审理未成年人刑事案件,不得向外界披露该未成年人住所、照片等资料。"但是,一些地方媒体、门户网站甚至国家级主流媒体,通过公开披露其姓名、图片、视频等进行了大量的侵权式报道。

　　(4)新媒体"媒介审判"背后有更深层次的社会问题。社会舆情与"媒介审判"往往反映出事件背后隐含的深层社会问题。新华网2009年5月27日的一篇评论把杭州"飙车案"和"邓玉娇案"两件看似不相关的案件联系起来审视如何建树公信力的问题——"飙车案"本是没有多少技术含量的肇事案,"邓玉娇案"按正常也仅是个普通的刑事案件。然而,由于两地警方及相关部门的操作失当,导致公信力的丧失,以至于事件被无限的扩大,迅速演化成为一场席卷全国的网络舆论风暴。[1]

本章小结

　　1."媒介审判"是传媒、司法、舆论和政府等四方相互作用的结果。

---

　　① 连玉明、武建忠:《中国舆情报告·领导决策信息年度报告》,中国时代经济出版社2010年版,第66页。

2."媒介审判"产生的原因可归纳为五种：司法缺位、新闻界越位、媒介经济利益的驱动与恶性竞争、公众人治情绪的执着、制度建设空白。"媒介审判"的影响具有不确定性，需一分为二地看待。

3.新媒体时代"媒介审判"的关键是形成舆论热点，进而对司法系统施加压力。这个过程中，若舆情能与司法审判形成良好互动，便可有效避免"媒介审判"，保证司法公正。

复习与思考

1.理解"媒介审判"的内涵及生成原因。

2.探析"媒介审判"模式。

3.结合具体案例，就网络舆情与司法审判的互动谈谈你的看法。

第七章　性别议题与新媒体舆情

一、与性别有关的舆情案例

舆情发生、演变及应对中还涉及一个容易被忽视的面相——性别视角。从社会发展的角度看,性别意识的推进(如社会对艾滋病、同性恋、性骚扰等现象的讨论)、女性受教育程度的不断提升、更多女性加入职场及管理行列、女性分担家庭开支等情况均影响到就业与家庭领域的诸多话题。再从传播技术的角度看,新媒体的"平权"潜质使更多女性得到与男性相同的信息近用权、信息发布权等。相对于男性而言,女性面临着现代化进程"前后两只脚"的情况:市场化以来的中国一只脚迈向速度、效率、理性、竞争及教育等方面的机会均等,另一只脚却依旧停留于缓慢演进的男性中心主义的传统世界中,更何况对于承担哺育子女的女性而言,生育成为女性职场生涯的某种"障碍"。正是在这样的背景下,当代舆情就不可避免地会涉及性别的议题——尤其是关于女性性别的议题。

从常见舆情看,涉及女性性别议题的舆情往往包含女性身份的标签化、负面化以及与婚嫁有关的舆情,这两个方面的舆情后者主要与婚嫁这一传统/当代观念的相遇为主,是与家庭领域有关的话题;前者偏于新的女性身份、女性性别内涵,如女司机、女博士、"女汉子"、拜金女、"剩女"等,这一类更偏于社会身份的变迁,本节依此列举两类案例:

1. 关于"天价彩礼""彩礼地图"的舆情

"天价彩礼"是由系列新闻构成的较温和的舆情,与山东疫苗那样的舆情相比没有集中爆发、影响严重、民众情绪过激等特征;它与利益部门、职能部门无关,它似乎更加日常化。"天价彩礼"的舆情从空间讲更加广泛——它涉及不同的城乡地域,从时间讲更加绵长——它由类似事件或类似新闻构成一条话题链,并且逐渐引出一些话题讨论,从而成为近年舆情中一个涉及婚姻风俗、性别博弈、计划生育、养老政策等多面相的综合性话题。

关于"天价彩礼"的新闻或话题：

首先是一起惊人的新闻：（2017年）2月11日，河南安阳发生一起杀妻案件，随后各类媒体纷纷报道或转载：

中国青年网新闻：《新郎新婚夜锤杀新娘：天价彩礼让喜事变丧事》

腾讯新闻：《新郎新婚夜锤杀新娘 只因天价彩礼引发悲剧》

网易新闻：《洞房花烛夜新娘被新郎锤杀 疑因女方索要天价彩礼钱》

网易新闻：《新郎新婚夜锤杀新娘 不能承受的天价彩礼之痛》

网易新闻新浪微博官方账号：《失控的彩礼 在金钱中挣扎的婚姻》

都市快报新浪微博官方账号：《天价彩礼之痛：新郎新婚夜因11万彩礼锤杀新娘》

新浪新闻：《新郎新婚夜锤杀新娘 只因不能承受的天价彩礼之痛》

中国之声微信公众号：《新郎新婚夜锤杀新娘 天价彩礼引发了多少悲剧》

头版头条微信公众号：《新郎新婚夜锤杀新娘 只因不能承受的天价彩礼之痛》

……

关于"新婚夜新郎锤杀新娘"的新闻、消息一时间成为各类媒体包括短视频的热点内容。而这个事件之前，关于彩礼的各种报道就已经成为一个有一定的持续热度、跨越地域范围的话题，如关于彩礼指导意见的舆论：

2016年11月28日，中宣部、中央文明办召开会议，要求把反对铺张浪费、反对婚丧大操大办作为农村精神文明建设的重要内容。

2016年12月27日，河南省濮阳台前县下发《台前县推动移风易俗树立文明乡风建设"德美台前"实施方案》以及《台前县农村红白事标准参照指导意见（征求意见稿）》等文件。《指导意见》提倡喜事新办，提倡简化婚前程序，简约订婚、结婚形式。要求进行彩礼控制，禁止借婚姻索取财物。提倡"不要房、不要车，自己家业自己创"的自强创业观，摒弃因婚借贷、婚后还账尤其是让老人背账还账陋习。彩礼总数控制在6万元以内。

《指导意见》在网络上引发热议。由"新浪河南"发起的话题投票中，在5939人的参与者中支持这一指导意见的人占到50.5%，认为此举可以遏制攀比的恶习;不支持的占 37.7%,认为这是人家自己的事;不好说的占 11.8%。在"新浪河南"的此条微博下(2017 年 1 月 4 日),有 5019 条评论;2239 条点赞;1241 条转发。下面是热度最高的前 5 条评论内容:

@呆小二子:政府多管百姓闲事,对老百姓的这些事应引导而不是强制命令,对官员们则应相反,该政府是否有点本末倒置!

@松鼠妹的尾巴日常:以后找老公别找濮阳的了,不是濮阳男人不好,是濮阳政府比较……在这种政府……的地方生活,永远都奔不了小康。

@逗逗是个好孩子:我觉得,评论里有的男士,如果你有一个独生女,到了该结婚的年纪,你的女婿什么都没有,只有一个嘴上说一个爱你女儿的心,如果你要彩礼,他用卖女儿这种话跟别人说,你能把女儿敞亮地嫁给他我真的佩服你。

@7 上 8 下唱忐忑:政府管内部,不要官员中大行攀比之风就好。百姓自己挣的钱怎么花,用得着他们操心吗?

@Lexi 小姐自在如风:管得宽,有本事你管房价啊。

事发有因,在《指导意见》出台之前,关于彩礼"杀人"、天价彩礼的新闻就频频出现,以下是几条热门新闻:

报纸报道:《抢斧杀死女友　起因是彩礼钱　行凶者有自首情节被大连市中院一审判处死缓》,《大连晚报》2016-12-21。

网上热门帖子:2016 年 2 月珠海网友"小强不是小强"发帖说,2015 年 12 月发现自己女朋友怀孕了,十分兴奋,并计划告知双方父母,准备结婚。但女朋友的父亲表示,结婚可以,必须有 20 万元的礼金,否则免谈。"小强不是小强"最终凑得 12 万元,令他意外的是,女朋友已被父亲带到医院做了人流手术。

电视报道:《彩礼真贵,爱情就珍贵?》,CCTV《新闻 1+1》2016-02-24。节目中主持人董倩说:其实说到底,农村的天价彩礼问题反映的是农村深层次的一个贫困的问题。节目最后的总结:今天我们关注的是天价彩礼,其实天价彩礼说到本质是一个买卖婚姻,我的婚姻我做不了主,那么我们现在什么时候才能够做到我的婚姻我做主,恐怕还有相当一段的路要走,解决这个问题要多方努力。

《准岳母开 50 万天价彩礼　吓坏宿迁"准新郎"》,宿迁网 2015 年11 月 17 日。

《天价彩礼　毁了多少好姻缘?》,2016 年、2017 年网传新闻。结语:很多感情的破裂,彩礼只是一个起因罢了。如果两个人真心相爱,只想在一起,没彩礼又如何呢?如果因为彩礼而分手,追究其根还是两个人不够相爱。

以下是按相关度、帖子点击数等摘录的几个帖子:

《云南丈母爹要天价彩礼16.6万,这是在赤裸裸地卖女儿啊》,天涯社区论坛2016-01-08。

《农村"剩男"婚不起 几十万的天价彩礼逼死人!》,天涯社区论坛2016-01-26。

《农村婚嫁30万起娶个老婆得倾家荡产 天价彩礼究竟何时休?》,天涯社区论坛2016-01-17。

紧随"新婚夜新郎锤杀新娘"话题的是由主流媒体参与进来的关于彩礼的讨论:

《彩礼要降,生男生女得一样》,《人民日报》2017-02-27

《破解彩礼重压背后的婚姻困局》,《人民日报》2017-02-24

《沉重的彩礼》,《人民日报》海外版,2017-02-20

《天价彩礼如何根除》,《光明日报》2017-02-22

《消除天价彩礼先去贫困》,《法制日报》2017-02-26

《"限价令"能否管住彩礼钱?》,《工人日报》2017-02-16

《彩礼异化成明码标价"卖女"? ——甘肃庆阳天价彩礼现象调查》,《中国妇女报》2017-02-16

《"天价彩礼":扭曲的价值观亟待纠偏》,《中国妇女报》2017-02-20

《消除天价彩礼,先要消除农村贫困》,《中国青年报》2017-02-21

《人民日报》新浪微博官方账号:《越贫困彩礼越涨》,2017-2-20,并附彩礼地图。

《人民日报》新浪微博官方账号:《甘肃"光棍村":相亲十八年,彩礼从三千涨到二十万》,2017-02-15,并附短视频。

……

其中,引起广泛讨论的是《人民日报》的一条微博:《彩礼要降,生男生女得一样》(2017-02-27),阅读量550万+,评论8089条,转发2433条,点赞5912条。(查询日2017-03-03)下面是热度最高的前5条评论内容:

@二逼小郎君:这文章咋看得我这么难受。合着鼓励生女孩的意义就是让男的娶媳妇。

@阿Q先生：彩礼是男权社会的产物，讨论降低彩礼的同时，也要讨论生孩子是不是不管男女不管头胎二胎可以商量着跟爸妈任意一方姓，而不执着和男方姓？是不是也可以商量着婚后和婆婆一起还是妈妈一起住，而不执着于和婆婆住？抛开男权谈降彩礼甚至取消彩礼的都是耍流氓，真当男人出个＊就享受一切男权优待？

@御冷香不是那个游戏渣卡：不想给彩礼，入赘不就好了？入赘不用买房买车，女方还包吃住呢，你非要娶个进门伺候你们全家的保姆还不想给钱？政府鼓励入赘呗，凭什么号召女的上门当丫鬟啊。

@365天与我何干：央视春晚还叫生儿子呢

@摸爬滚打咕噜爬：那句话怎么说来着？985、211你考不上，本科类大学你都考不上，给你个机会交赞助费上学，你还嫌贵？

引起热议的还有另一条附上彩礼地图的微博：《越贫困彩礼越涨》（2017-02-20），阅读量903万，评论1万，转发5215条，点赞6752条（查询日2017-03-03）。

从涉及的地域范围以及话题集中度、参与人数、延续时间、评论态度等看，"天价彩礼"的话题已然构成一个温和型的舆情现象。从媒体表现看，既有主流传媒的参与以及这些媒体在新媒体平台的二次传播——这种二次传播的影响力甚至会大于其首发媒体的影响力；也有社交平台如论坛、帖子或者微博评论等的民众参与。从媒体角度讲，自上而下与自下而上的"彩礼"话题使得这一舆情再次呈现传统媒体与新媒体共同介入、主流媒体话题影响力明显的舆情特征。从话题范围看，因为"天价"、杀害、犯罪、贫困、习俗、农村空心化等信息点的广泛，"天价彩礼"的舆论内容、舆论走向呈现出集中度相对较弱的特征，它既涉及农村贫困的社会进程问题，也涉及传统习俗的历史文化问题。从舆论场或话题的认识论角度看，民间讨论已有较多性别文化、女性性别权利等立场与视角，但主流舆论场则较多男性择偶的立场与评判。

2. 关于"女司机"的舆情

涉及女性性别身份的另一个舆论标签是"女司机"，这个标签与"剩女"类似，均通过新闻舆论、网络议论等成为一个绵延时间较长，是间或以某一事件带动热点话题的温和型舆情。

曾几何时，"女司机"是新中国女性政治地位的象征：

《沈上线上的内燃机车女司机》，《人民日报》1975-03-24

《出色的运输小队女司机》，《人民日报》1981-03-08

《我国第一代火车女司机　沈新莉安全行车65万公里》，《人民日

报》1992-01-02

《女司机的风采》,《齐鲁石化报》1992-03-02

《共和国第一代女司机》,《人民日报》1998-02-10

……

1962年发行的第三套人民币上还有女拖拉机手的身影;改革开放后,"女司机"仍旧是国家建设中男女性别平权、工作能力相同的象征。但新世纪以来的"女司机"多指私家车女司机,大约自2003年、2004年开始,关于女司机的新闻标题就出现了较多负面内容并且也常常因一些事件而形成温和型、持续型的舆情。无论是新闻或网络上流行的诸如"珍爱生命,远离女司机""你们全家都是女司机",还是"成都女司机被打"等,都是先前以职业身份为主的"女司机"向私家车司机转变过程中出现的新现象——这个过程也是新媒体勃发的阶段。因此,不仅是各种新闻报道呈现出应对这一现象中由不适应到逐渐适应的特征,而且在新媒体空间也有同样的过程与特征。

从新闻报道讲,关于"女司机"的热点事件往往会有如下内容:

《女司机错踩油门新威驰撞上大树》,《北京青年报》2003-04-19

《女司机闹市连撞8人》,《兰州晨报》2004-10-08

《女司机肇事频发》,《华西都市报》2005-07-18

《校门口无视路标女司机自取其辱》,《张家港日报》2006-05-17

《耍横女司机被行政拘留》,《新文化报》2007-10-10

《剽悍女司机和消防车抢道》,《青岛晚报》2008-01-05

《女司机的雷人行为》,《台州晚报》2009-09-08

《女司机发飙被警方刑拘》,《六盘水日报》2010-08-20

《女司机上演"穿墙术"》,《常州晚报》2011-12-25

《远离女司机》,《滨海时报》2012-05-02

《女司机驾车糗事多》,《法治新报》2013-11-25

《女司机驾车撞上火车》,《十堰晚报》2014-11-18

《近视女司机撞上花坛》,《扬子晚报》2015-04-28

《女司机让车爬树了》,《牡丹晚报》2016-04-16

……

以上虽是个案性的新闻标题,但大多把肇事者个人化为"女司机"这一标签化身份,更有报道的新闻标题称要"远离女司机"……这样的报道个例也能从报道数量上得到一定的印证,在知网的"读秀"平台上,以"女司机"为标题查询,在"读秀"的报纸类文献中有以下(图7-1)发现。

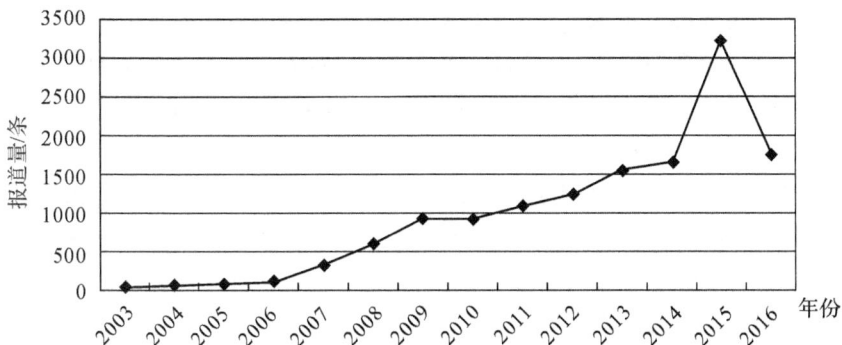

图 7-1 "读秀"收录的近十余年"女司机"的报道量①

报纸对"女司机"的报道量明显从 2003 年、2004 年开始,这个时段也正是网络舆论渐渐彰显其作用的时期,比如 2003 年的孙志刚事件、刘涌案的宣判等。总之,"女司机"逐渐进入民众视野的时期,正是新媒体空间成为舆论产品、舆论通道的开端期;同时,这一时期"女司机"成为话题中心,也是城市中产逐渐生成、私家车保有量不断增长的过程,如图 7-2 所示。

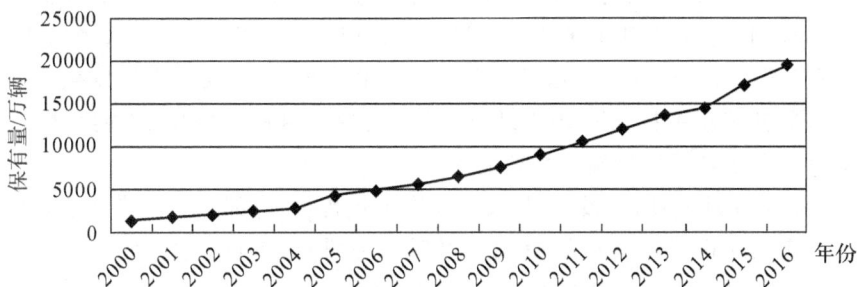

图 7-2 2000 年以来民用车保有量统计表②

如果说"天价彩礼"是社会转型过程中性别议题与婚姻及经济地位的关联,那么,"女司机"的话题涉及的则是女性进入原本由男性主导的公共空间。"女司机"不再指向职业属性,她们开的车不再专属政府机构、服务大众的交通工具、劳动工具,而是服务于自己的交通工具。这是社会转型过程中的性别身份转型,这种转型必然牵涉到性别观念与性别定位,它亦体现于媒体与社会大众对这一现象的反应中。诸如"女司机"的标签化:"马路杀手""珍爱生命 远离女司机"、女司机肇事逃逸、乱踩油门、麻烦制造者、任性、行为离谱、车技不行、反应滞后等。

---

① 作者根据读秀数据制表。
② 作者根据相关谣言传播过程自制图表。

　　网络空间流传着更多关于"女司机"的"事故"和"故事":"女司机 方圆十里,寸草不生"的各种图片;女司机开车爆笑视频;女司机开车违规的笑话;"那些震惊全中国的女司机 都是血淋淋的教训"之类的帖子;其中不乏主流门户网站的文章:如"新浪汽车"的文章《该怎么正确向女司机表达"我想活下去"》:"达哥自诩汽车界老司机,开车走过南,闯过北。珠穆朗玛峰泡过澡,三亚海边洗过脚。但是至今听到一个名字还会瑟瑟发抖,那就是——女!司!机!……如果你不听话妈妈就开车带你去玩呦。"《女司机"手一抖",越野车伤三人》《北京两女司机相撞,互呛对方:你全家都是女司机》……

　　由系列话题构成的"女司机"舆情,如同一条波纹状的线条,持续、绵长、不温不火,但其间也会有典型事件引爆原本就已存在的舆情"幼虫",从而"坐实""女司机"的问题所在,如2015年3月,"深圳宝安机场90后女孩豪车撞向围观人群 致9死23伤"的消息与2015年5月成都女司机被爆打的新闻引爆舆论场。

　　2015年3月1日下午,肇事司机杨某驾驶奔驰小轿车与男友一同前往机场乘飞机。当车辆行至机场高架桥离港平台转弯处时突然失控,冲向右侧护栏继续行驶,撞向在护栏边观光的人员。事故共造成9人死亡(其中5人当场死亡、包括肇事司机在内的4人送医院抢救无效死亡)、23人受伤。事故发生牵涉到几个问题:开车新手技术不熟练;围观人群在行车道违规停留,离港平台变身"观景平台";机场管理措施严重缺失等。

　　2015年5月3日,一段35秒视频在网上热传:在成都市三环路娇子立交桥附近,一名男司机将一女司机卢某逼停后当街殴打,事件发生后,引发轩然大波,网友纷纷谴责男司机的暴行。一时间,网上有关"路怒族"的批判一浪高过一浪。多家媒体对"路怒现象"发表评论,微博上也发起热门话题"你是路怒族吗?",引发热烈讨论。

　　随后警方公布一段行车记录视频,起因于女司机突然变道影响到男司机行车,随后双方有斗车行为,差点酿成车祸。此时媒体报道焦点由对"路怒族"男司机的集中批判转向对不遵守交通法规的女司机的大力声讨。舆论反转,充斥着对女司机法律意识缺失的谴责及对女司机的人肉搜索,其身份证信息、名下车辆状况、违章情况、开房记录、婚恋情况等均被曝光。网友纷纷表示"女司机违反交通法规强行变道,应该被好好教训下"。

　　2015年5月5日,打人男司机张某接受派出所进一步调查;因涉嫌寻衅滋事罪被警方刑事拘留,并录了一段视频对卢小姐道歉。

　　5月11日,网络传出被打女司机卢某的致歉信。反思自己开车中的鲁莽和不理智,表示在这个事件里深知网络暴力、人肉搜索给自己及其家人带来的伤害及影响。

成都女司机被爆打事件从 5 月 3 日开始,至 11 日女司机卢某发出致歉信,一周多的时间是舆论的峰值期。但社会热议持续的时间相对更长,仅以新浪微博与腾讯微博为观察平台,这一话题的舆论热议就从 5 月 3 日持续到 6 月初;并且,又与 3 月发生的深圳宝安机场事件及持续十多年的"女司机"话题形成一种"互文"式的舆情——车技不行、行为乖张、甚至品德也值得怀疑。从媒体介入讲,这一阶段较大的新闻媒体也开始讨论这一话题,但视角相对多元,如中央电视台《新闻 1+1》栏目的"媒体揭斗车族形成原因:车辆增多　司机素质未跟上"。5 月 12 日凤凰卫视《锵锵三人行》讨论女司机家人前后截然不同的回应态度及网民的表现:网友讨论中有对女司机的网络暴力和语言霸凌,以及网民讨论问题的"不理性"。

与大众媒体的理性分析不同,网络上的批评显出更多分歧,多数人认为女司机别车就证明了她"活该被打",人肉搜索出的开房记录和违章记录更能证明她是一个坏人,这也在凤凰卫视关于这一舆情的调查中得到印证:

> 凤凰卫视关于"女司机挨打的事件原因"的调查于 5 月 6 日推出,一天内超过 50 万网友参与。此前,凤凰网已针对遇到"别车"如何应对展开调查,超过 90 万网友参与。对于女司机挨打的原因,65% 的网友认为是"女司机违规变道,继而追逐缠斗"导致的;其次有 27% 的网友认为"男女双方都有责任";只有不到 7% 的网友认为责任在男司机。不过对于人肉女司机的行为,过半网友并不赞成,15% 的网友还明确表示反对,认为警察应该介入,惩处这种侵犯个人隐私的行为。但仍有四成比较极端的网友赞成人肉女司机,认为"就是要教训教训她"。有声音说,网友指责女司机,是因为自己受不文明驾驶之害久矣,如今有人暴揍女司机一顿,相当于替自己出了一口恶气。①

在该事件的舆论传播中,媒体公众号发挥的舆论扩散作用最为显著,而普通用户对此事的关注度明显高于公众号与微博名人。② 关于女司机开房、活该被打等贬损性的表达构成了主要的负面性话语。至此,由讨论女司机开房到女司机生活作风有污点之间的等号式道德评判已经形成。从行车记录仪公布于网上之后,人身攻击、隐私八卦等构成了成都女司机被打事件中民间舆论的主

---

① http://finance.ifeng.com/a/20150507/13689493_0.shtml,2017-03-11.
② 余秀才:《突发事件中微博舆论的传播特征与问题——以成都男司机暴打女司机为例》,《现代传播》2016 年第 4 期,第 134—141 页。

要议题走向。

5月5日"华西都市报"微博《被打女司机就网友"扒皮"作出回应》、新浪"头条新闻"《被打女司机：我正遭受道德批判》（2015-05-05）的微博有7000多条评论，下面是热度最高的前5条评论：

@翁里婶：打人的司机脾气再爆也不会下车打人吧，一定是这女司机太过分了。

@EYNUHC2013：贱女人该打！只是可惜了那奋勇的男子！

@HOYO小馨爷：追你＊＊，咋不打死你呢……

@POPO一居先：从某个方面说，这个女的行为活该。

@Crank_：打得好，这种人就该用暴力解决，因为她根本就不懂得道理。

同样的情况也出现于官方媒体的微博公号上，比如在《中国之声》5月5日的此条微博下，列于热度最高的前5条的评论如下：

@采姑娘的小蘑菇_优妮：打人不对，但她被打活该。

@悄悄地进村了：两人都是缺少教养的恶霸。上天安排两恶霸相遇并且相互惩罚，这种安排有什么不好？

@YL-yue：不作死就不会死。危害社会安全，这种人终身禁驾。她爹还有脸说以前都是自己开车。

@恋曲永远的90：今天不挨打，明天可能出更大的事！

@女人、别让眼泪花了你的……：啥子都不想说了，好人有好报。人在做天在看。是不是她的报应她自己清楚。

几乎一边倒的网民舆论多是对女司机"活该被打"、犯贱、作死的斥责，这与大众媒体舆论还在坚持的理性分析形成明显不同的舆论特征，也即两个舆论场对女司机被打事件的评论视角、话语风格大为不同。民间舆论场充斥着更多相对极化的群体声音；大众传媒的言论则既有对网络舆论监督中牵扯到的个人隐私、网络语言暴力的讨论，也有对普遍存在的"路怒症"现象及车辆增多而人的素质并没有跟上的现象分析……如果说，大众传媒在女司机被打事件中依旧充当了社会规则的维护者与舆论话题的分析者和引导者，那么新媒体平台上的民间舆论则充当着对事件当事人的谩骂与攻击。

舆情趋于一致是新媒体空间对"女司机被打"事件的反应特征，而理性分析为主的传统媒体则坚持着话题讨论的多样性与公共性原则，"两个舆论场"风格迥异。陈力丹在《舆论学——舆论导向研究》中认为，大众传媒的言论不能等同于舆论,把大众传播媒介、宣传行为等同于舆论的说法,容易误把媒介的意见、上级的意见简单视为公众的意见。[①] 这个观点更强调舆论的自下而上,而非自上而下。当然,这个观点并没有触及新媒体盛兴之时舆论、舆情的情绪差异与媒介渠道差异。在关于"女司机"的讨论中,大众传媒呈现出努力引导观点的多元与理性的路径,而本应有"观点的集贸市场"特征的新媒体空间反而体现了极化的特征,某种集体情绪如对"女司机"的厌恶、开房信息公布之后对她作为"贼人"的确该打的讨伐越来越成为一种压倒性的力量,舆情空间的"沉默的螺旋"现象相应出现。

如是而观,舆情的情绪特征还包含着一种群体心理或群体情绪,这种群体心理或群体情绪存在于"女司机被打"这一舆情爆发之前,但却在男司机行车记录仪曝光后得以爆发。在促使舆情逆转或形成舆情第二次峰值的舆情过程中,"女司机"的标签涉及形成多年的女性身份变化带来的有关社会认同的深层次问题。

二、舆情的性别视角

1.性别与舆情公共空间

百度一下"天价彩礼""剩女"网页,都有上千万条相关信息,"女司机"的网页更是有上亿条。以上议题都不是单纯的性别舆情,但又都牵涉到性别议题;同时,这一现象也为近年的舆情实践与舆情研究提供了新的视角:作为公共社会话题的舆情因应了社会变化带来的诸多话题——包括性别关系、性别内涵、性别身份的变化;舆情公共空间也包含性别议题,舆情的性别视角需要受到更多的关注。

近年常见舆情集中于社会民生(衣、食、住、行等)、官员腐败、司法公正、环境污染等领域,这些舆情热点的公共性十分明显,但似乎不那么"公共"的与婚嫁有关的话题比如彩礼,就逐渐成为近年的一类温和型舆情;同样不那么激烈的关于女性身份的标签化,比如"剩女推高城市房价""马路杀手女司机""女司机被打"等事件也与传统习俗、城市房价、交通安全等更加公共性的话题交织在一起,构成持续多年的弱舆情话题。

尽管哈贝马斯所谈论的公共领域是历史特定时期的公共领域,即资产阶级的公共领域,但也逐渐成为抽象型的理想形态。当然,这一具有规范性意义的公共领域概念也受到了质疑,比如女性主义层面的回应:公共领域忽视了女性,

---

① 陈力丹:《舆论学——舆论导向研究》,中国广播电视出版社 1999 年版,第 26 页。

女性主义者把哈贝马斯公共领域的批判归结为"性别盲点"（gender blindness），认为哈贝马斯的宏大理论叙事缺乏性别维度。对此，哈贝马斯反思道："其间成长起来的女性主义研究文献使我们更加清楚地认识到，公共领域本身就带有父权特征。"①与哈贝马斯对传媒主导的公共领域的反思类似，舆情公共空间的多样化也应该包含性别视角，即之前难以公开讨论的话题，比如与家庭、性别有关的话题理应是公共话题的一种。

关于私人问题与公共性的关系，南希·弗雷泽认为：这样的术语涉及文化分层（cultural classifications）和修辞标签（rhetorical labels）。② 并且，文化分层与修辞标签在为一方赋权的同时也容易剥夺另一方的权利。从文化层面看，公共性与私人事件的划分本身就是伪命题，因为在文化上公与私是不分的，所有的文化个体都从属于某一文化认同中。对于"剩女"与"女司机"而言，她们可以在经济上独立，可以有选择婚嫁的权利，然而，在文化与意识形态上，她们却处于话语言说的客体位置。从修辞标签的角度讲，诸如"剩女""女博士"等的标签化、天价彩礼对女方的讨伐、"女司机"之整体的污名化等都是在陈述事实的同时带上了标签化的评判色彩，这就是奥斯汀在其言语行为理论中提及的言有所述和言有所为的功能。言有所述是指语言对客观现实的陈述功能，它有真假之分；言有所为则涉及语言对客观现实的命名与规范，它难用真假衡量，它与价值评判建立了一定的关系。③

南希·弗雷泽专门讨论了公共性与私人性的关系，她认为按照哈贝马斯的说法，"公"可以指：（1）与国家相关；（2）人人可及；（3）关涉每个个体；（4）与某种共同的善或共同的利益有关。相反，"私"刚好与以上每条对照，另外，"私"还包含其他两种情况：（1）只在市场经济中的财产；（2）亲密的家庭或个人生活。④ 就人人可及和关涉每个个体讲，大的事件如山东疫苗、雾霾、水污染、核电危机、转基因话题等的确事关人人，的确可以明确无误地归入"公共"话题之列，但另一方面，在市场经济中的财产问题也未必就是私人性的话题，比如"钉子户"的问题、街头摆摊问题等。再就亲密的家庭或个人生活的层面讲，家庭暴力、代孕、剩女、择偶、私家车司机等话题似乎更具有私人性特征。其实，哈贝马斯已经意识到所谓"公共"话题与"公共领域"是具有父权特征的，人为地划分"公域"与

---

① 哈贝马斯：《公共领域的结构转型》，曹卫东等译，学林出版社 1999 年版，第 7 页。

② Nancy Fraser，Rethinking the Public Sphere：A Contribution to the Critique of Actually Existing Democracy[J]，Social Text，1990(25/26)：56-80.

③ Austin. J. L. How to Do Things with Words? Oxford：The Clarendon Press，1962.

④ Nancy Fraser，Rethinking the Public Sphere：A Contribution to the Critique of Actually Existing Democracy[J]，Social Text，1990(25/26)：56-80.

"私域"只会把一些话题排除在大众视野之外,把一些涉事主体排除在大众的关切范围之外。

女性进入工作领域是对"公域"与"私域"之父权特征的基本挑战,女性主体性的增强更是模糊了"公域"与"私域"、公共话题与私人话题的传统界限,女性进入新媒体领域更为社会舆情的性别意涵增添了色彩。女性互联网用户的数量变化见图 7-3。

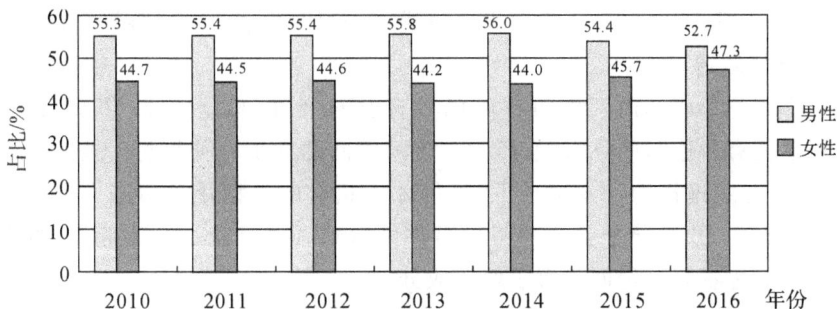

图 7-3　近年中国网民性别结构比①

考虑到截至 2016 年底,中国人口男女比例为 104.98 ∶ 100 的情况,自 2010 年以来的中国网民性别结构比基本呈现女性网民与男性网民数量大致相当的局面。女性作为职业主体和女性接受高等教育的数量,以及互联网空间中男女性别比例的基本持平,这些现象都为社会舆情的性别议题打下了基础。

性别议题的舆情从影响范围讲似乎不及群体性事件更具"公共"属性;从舆情的浓度、热度上也不及山东疫苗等事件更具冲击力与情绪及情势内涵,甚至有时还会被遮蔽于其他议题的视线之下,比如成都女司机被打事件的舆情。传统主流媒体及主流网络媒体均强调"路怒"的危害性,反对网络暴力、反对不文明现象等议题,但是在议程设置方面相比于新媒体空间凌厉强大、几乎一边倒的"该打"舆情几近于"弱势"被动,力量不足。在舆情峰值期,主流媒体关于道路交通的公共安全、社会文明,新媒体空间的语言暴力等议题与民间舆论对"女司机"伤风败俗的讨伐形成两个明显割裂的舆论场。主流媒体少有从性别身份污名化、性别歧视等角度去分析和审视这场舆情热潮的。

从舆情实践的角度讲,近年与性别身份、性别内涵变化有关的温和型舆情却屡屡出现:

---

①　作者根据中国互联网络信息中心发布的历年《中国互联网络发展状况统计报告》相关数据自制而成。

(1)2010年超女王贝整形死亡事件

2010年11月23日晚,网上流传一则消息:"24岁成都超女王贝武汉整形致死"。@DukeKO在网上写道:11月15日上午,王贝母女走进了武汉某整形医院,接受面部磨骨手术,如此简单的手术却出现了意外事故,血液通过王贝喉部进入气管,经转院抢救无效死亡。随后,传统媒体包括《华西都市报》、中央电视台《新闻1+1》、中央电视台《新闻30分》、中央电视台《朝闻天下》及新华社等都对此事展开大规模报道、讨论。至此,"王贝整形"在其死亡后成为公共话题。

一个因整形而起的死亡事件的确具有新闻价值,媒介选择"超女"这一称谓,不仅"言有所述",而且"言有所为",这就如同建立了一种信息传播的定向引导机制,正是在这样的定向引导下,王贝才以超女的类型化身份进入到媒介和受众的视野中,并指导着受众对王贝事件的认知。也是从一开始起,王贝事件因其超女的标签化身份而暗含了娱乐成分。

但这一事件能够引起大范围的并且是持续的讨论,包括传统权威媒体的不断介入,使之成为公共话题,也是值得探究和分析的。11月30日的《新闻1+1》以"王贝之死:私了了,公难了"为题,再次展开对此事件的讨论。节目所指恰是私人事件与公共话题、私人领域与公共领域之间的矛盾所在:个人选择的自由与公共话题中公共性的问题。超女身份是王贝事件成为公共话题的主因,但属于个人行为的"整形"又牵涉到由传媒推波助澜建构的女性审美标准的设定与社会风气的演变。

(2)广场舞大妈的舆情

2013年,汉口某小区广场舞大妈遭泼粪。

同年,北京昌平,56岁的施某因不满邻居跳广场舞的音乐音量太大,在与邻居发生争吵后拿出家中藏匿的双筒猎枪朝天鸣枪发泄,还放出饲养的3只藏獒冲散跳舞的人群。

2014年,温州住户花26万买高音炮对抗广场舞,大妈撤退。

2015年,合肥大妈听神曲跳广场舞 遭"沙石雨"袭击。

2016年,郑州,广场舞大妈遭钢珠袭击。

……

关于"广场舞大妈"的称谓及其各式新闻、舆论,与形同马路杀手的"女司机"一样,已经同时进入到公共物理空间与舆论虚拟空间中了。"广场"的公共性与女性话题的结合也是近年中国社会的新现象——再不同于改革开放前政治舞蹈的群体性与革命性,它与个人和群体的日常生活结合,又与整个社会关于公共空间的公德意识有关。但在关于泼粪、鸣枪、放藏獒、放高音炮的各种新闻中,城市中产维护房产及抵制环境噪声的权利意识不容忽视,普通群众或市民占用城市广场锻炼、社交、自娱自乐的权利也合乎常理。可以想见,不同权利之间的边界问题会是城市化或城镇化进程中越来越常见的问题。同时,原本专属家庭空间的大妈们由厨房进入公共空间也带来了整个社会的不适应。

(3)"剩女"与房价、"剩女"与营销

2013年5月,经济学者金岩石表示厦门"黄金剩女"推动房价上涨,"剩女"是社会进步的标志,"剩女"率与城市化率成正比。他认为"剩女"在都市圈中流动,驱动消费升级。财富越多的地方"剩女"率越高,消费水平也越高。2016年12月,在某房地产论坛上,金岩石继续持"剩女推高房价"的论调,这一话题又在2016年尾和2017年初形成热点话题。

"剩女"之"剩"也与婚嫁有关,这与"丈母娘需求"推高房价的思路类似。如果说"天价彩礼"的主流舆论主要涉及农村贫困、男性婚娶及落后习俗的话,那么"剩女"与房价的话题则主要涉及城市中产、男性婚娶、女性身份变化等话题。与"彩礼"地图相似,一幅"剩女"与城市房价的地图也流行于社交平台上,如表7-1。

表7-1　2016年中国"剩女"最多十大城市新房均价

单位:元/平方米

深圳	上海	北京	天津	广州	郑州	武汉	成都	长沙	重庆
53774	38283	33412	13458	16697	10130	9430	7983	7012	6994

关于"剩女"与房价的舆论波澜渐起:"'剩女'都嫁了,房价就降了?""高房价这口黑锅跟'剩女'有什么关系?""将高房价归咎于都'剩女'是以偏概全""专家称中国剩女多的城市房价高 '剩女'惹你了?""房价高?怪完丈母娘怪'剩女'""是'剩女'推高房价还是房价导致剩女增多?"等,把一个性别的议题与当下中国房价、中国经济的问题关联在一起,更使得原本与性别内涵切近的较为私人空间的"剩女"话题直接与公共性的房价话题建立起关系。

另一个与"剩女"有关的话题是一则营销广告。2016年4月7日,宝洁公司旗下的护肤品牌SK-Ⅱ在其官方微博和优酷上发布了一条视频广告:《她最后去了相亲角》,该广告试图为"剩女"代言,强调女性只要直面自己,真诚快乐自信地生活,就会有精彩的人生。广告通过一系列事业有成的女性独白对"剩女"这一称呼进行了反思,对社会压力下大龄女性对择偶与婚姻的态度表示了关注与理解。广告播出后,迅速在朋友圈和微博被"刷屏";优酷一天之内的点击量就突破了100万;SK-Ⅱ官方微博(新浪)中视频"改写命运"为板块的微博阅读量达1.9亿,讨论数

40.8 万（截至 2017-03-05）。"改写命运"是 SK-Ⅱ在 2015 年发起的全球范围的品牌活动，汤唯、霍建华都以这一主题分享了自己的人生态度，如"改写命运的力量，存在于我们的内心"，"改写命运，于我，是服从内心，活在当下，直面挑战的人生态度"。这条视频广告引发了病毒式传播和现象级的热议。

"我们有改变自己被议论的命运"，这是该条广告戳中当代女性心理困境的地方：经济独立、成熟，却常被议论为"另类"，不将就的择偶态度也容易辜负父母的期望。因此，在微信朋友圈就出现了诸如如下标题的文章：

《她最后去了相亲角……你看哭了吗？》

《她最后去了相亲角……"剩女"的反击》

《她最后去了相亲角，看哭无数努力的女孩》

《她最后去了相亲角，看哭众多女孩》

《她最后去了相亲角，你呢？》

《〈她最后去了相亲角〉这个视频有毒！"剩女"惹到谁了？》

《现实比"她最后去了相亲角"残酷太多》

《她最后去了相亲角，别让压力左右你的未来》

《她最后去了相亲角，感动哭了》

《她最后去了相亲角，SK-Ⅱ催泪广告戳中痛处》

《看哭百万人，她最后去了相亲角》

《4 分钟看哭了 100 万人！SK-Ⅱ广告〈她最后去了相亲角〉》

《〈她最后去了相亲角〉为什么打动了全世界》

《她最后去了相亲角，以胜女的姿态刷爆朋友圈》

……

正是社会普遍存在的观念才使"剩女"容易成为一个引人关注的话题。但与"剩女"与房价的关系议题不同，这次关于"剩女"的热议来自于品牌营销。SK-Ⅱ的全球总裁马库斯•施特罗贝尔（Markus Strobel）表示，推广活动帮助 SK-Ⅱ在华销售在过去 9 个月中增加了逾 50%。这则广告还为宝洁公司在获得素有"广告界的奥斯卡"之称的戛纳国际创意节之玻璃狮奖和公关类金奖。

SK-Ⅱ这则利用社会舆论共识（既有男性中心主义的舆论传统，也有女性渐渐独立的舆论新势力）的营销广告契合了性别平等的社会议题，但也有女性并不买账，诸如有微信文章和"知乎"讨论所讲的：

片中哭哭啼啼的女性并不是独立与自信的表现；

一声声的"对不起"是"剩女"在强化自己的错；

片中把婚姻确定为人生价值的最终体现,窄化了生活的全部
意义;

结尾像童话一样,太过美好虚幻;

人们关注这个群体,也是因为她们作为"白领"的优势,她们是高
级护肤品的目标群体,她们因了经济地位而有更多选择的权利,这与
女性权利关系不大。

……

经济领域与营销领域对"剩女"话题的引用,已经说明性别内涵变化与社会
公共议题的关系越来越多样,而来自新媒体的民众的声音也更加多样,例如在
关于房价与"剩女"的讨论中,更多的人看到了这两个主题的本末倒置;在 SK-
II的"剩女"营销中,在几乎一边倒的感动、看哭等反馈中,也有网民看到了营销
界对社会话题的利用、过度的美化以及以经济地位获得女性性别自信的问题
所在。

"剩女""女司机""广场舞大妈"以及"绿茶婊",王宝强离婚事件中的马蓉被
骂,明星劈腿中男女明星的不同"待遇"等舆情,一方面与其他话题相关,比如城
市高房价、公共空间扰民、拜金、婚姻忠诚等,另一方面却又隐现着社会发展过
程中性别身份、性别内涵变化的脉络。无论是传统主流媒体还是新媒体舆论
场,关于舆情的性别视点都已难以回避。

2.与性别有关的舆情特点

(1)污名化

"污名"的概念来自于社会学家戈夫曼的著作《污名——受损身份管理札
记》中。戈夫曼将污名分为三种类型:首先是痛恨各种身体残废;其次是个人的
性格缺点,比如软弱的意志、专横或不自然的情欲、叛逆而顽固的信念,还有不
诚实;最后是与种族、民族和宗教相关的集团意识强加的污名。在这些污名当
中,都可以发现同样的社会学特色:某个人本来可以在普通社会交往中轻易为
人接受,但他拥有的某种特点却会迫使别人注意,会让我们遇见他就感到厌恶
……他拥有一种污名,一种我们不曾料到的、令人不快的与众不同。[①] 污名化是
一种过度简化及以偏概全——"偏"既是指一小部分,也是指偏见。关于"女司
机"的日常形象多涉及污名化的特点,如马路杀手、技术傻瓜、无助受难者、无理
取闹者等。

涉及女性的新闻舆论和污名化常常包含对女性"有违传统道德"的讨伐,如

---

① [美]欧文·戈夫曼:《污名——受损身份管理札记》,宋立宏译,商务印书馆 2009 年版,第 5—6 页。

"绿茶婊"的称谓本身即强调了对其身份的道德评判和身份歧视;"剩女"的称谓以"剩"来强调被社会正统婚嫁观念排除在外的标签化排斥;"广场舞大妈"则以审丑心态进行了性别与阶层的文化分层;整形的话题则又以消费审美强化了性别凝视中的权力观……性别刻板印象、污名化等本身就在一次又一次的舆情话语链中使女性处于舆论支持的不利地位,并且由个案本身的讨论直接转向对整体范围的性别界定。诸如"女司机的存在,已经对我们的安全造成了威胁"的标题,"不招惹她,她也会想着法地撞你","一定要撞到你服"等罪状;"女司机的驾照多是用来扣分的"等调侃与戏说。

与此同时,"直男癌""渣男""暖男"等有关男性权利与男性身份的各式新闻、评论、帖子等也渐渐增多,《中国男人配不上中国女人》等微信公众号文章和微博帖子也在网络上四处流传。这些网络热词及其相关事件的流行也在近年以弱型的舆情形态见证了女性主体性的增强及性别内涵变化所带来的舆情生态的改变。

当然,污名化并不单单存在于与性别有关的社会舆情中,涉警舆情、医患关系舆情、与城管有关的舆情等也常常有污名化的现象。但是,与以上各类舆情相比,性别层面的污名化似乎因为表面的无关政治、无关社会矛盾冲突而更加自然化,也更易于被大众自然接受。另外,性别身份与性别权利关系的变化与其他舆情事件的即时性、即逝性相比,更与较长时间内经济条件、媒体便利、家庭结构变化、性别主体意识增强、传统观念影响等多项因素相关,因此也更容易使舆情呈现出激烈程度不会太强,但绵延式小舆情不断涌现的特点。另外,污名化的手法也会用于反击——同样以污名化的手法反击男权社会,从而制造出一波又一波的小舆情,比如各式"渣男""直男癌"的标签化、污名化,比如《中国男人配不上中国女人》的文章或帖子的热议等。

伴随市场化、城市化以来的社会发展,与性别有关的议题会成为潜在的持续性反应式议题,对与性别有关的"污名化"现象也将不断受到质疑与挑战。天价彩礼的舆情、"剩女"的话题、女博士、女性招聘、就业歧视、性骚扰等话题仍将是社会不断演进过程中的温和型舆情产生的"幼虫",只等条件具备,这些"幼虫"就会"成蛹""出茧",与之相伴的是性别观念的逐渐更新。

(2)舆情焦点偏移

舆情焦点偏移是指对事件本身的讨论偏移至其他话题上,比如2010年王贝整形死亡事件的舆情中,各类媒体将整形死亡的话题偏移到关于其他超女的讨论上;频繁出现的"广场舞大妈"的扰民议题也常常变成"坏人变老"的声讨;"女司机被打"的舆情则在行车记录仪曝光后迅速逆转并且转移到对"女司机"开房次数、犯贱等行为的"人肉搜索"和鞭挞中;"剩女"的话题更是与城市高房价建立起关联等。基本上,以上的舆论声浪中,当事女性均成为被迁怒于其他方面的对象。

当然,舆情焦点发生转移的表现又各自不同。2010年11月,"超女"王贝整形死亡事件在个人社交媒体上曝光后迅速引发舆论热议,传统纸媒如《华西都市报》、中央电视台的多个栏目以及新华社等加入到对这一事件的讨论中。但在舆情热潮中,"超女"的身份标签也成为该舆情热潮的一条线索。例如屡屡提及的以下新闻:

> "2005年,李宇春是18号,她是20号 超女王贝整形致死"
> "没出成家'超女'韩真真也要整容"
> "'出家''整容'是联手炒作 医生:韩真真最需心理整形"
> "韩真真初次整容完成 母亲称'万幸'"
> ……

与此同时,从事件引入,到对王贝的追忆及最后的火化,与王贝有关的超女们(如张丽、文瑶准备将2005年超女成都赛区的前20名召集在一起,在成都为王贝开一个追思会)频频出现在媒体的各类分析中。王贝火化后,《华西都市报》又迅速把另一超女韩真真作为超女话题的延伸,直至12月12日的报道,又引出拒提超女名号的尚雯婕的话题。从以死亡换来关注的王贝,到出家和整形双重话题的韩真真,再到不想再提超女名号的尚雯婕,近半个月的报道,把失意的超女、悲情的超女和志满意得的超女连接成一种互文式的话语链条,构成关于自2005年以来超女神话的又一神话。

无独有偶,就在王贝事件前,北京荣军医院的一名患者也在颌面整形手术中窒息身亡(《新京报》2010-11-26),但这位整形者的死亡事件并没有引起媒体和社会的广泛关注。对比北京荣军医院患者的死亡和王贝事件,发现两者的死亡时间接近,死亡原因相似,死亡地点亦无特殊意义的区别,唯一不同的是,王贝的身份是超女,本身就年轻、貌美。可见,超女身份是王贝事件成为公共话题的主因。中央电视台2010年11月25日关于王贝事件的报道(《新闻1+1》),在节目的电话采访中,武汉市江岸区卫生局负责人认为:"舆论报道这么猛烈,不过就是一个超女,点在这里,作为你们新闻点来讲,但是对于我们卫生部门讲,应该是作为一个普通的患者来对待。"

各类媒体包括社交平台各类评论把韩真真、尚雯婕、王贝放置于一个关于超女的话题链条中,体现了流行文化对于超女符号的再利用。在这个关于超女的话语链条中,舆情话题尽管也涉及关于整形医疗的规范化、女性审美的消费主义倾向等理性讨论,但也"无意识"地呈现出社会舆情对流行文化、消费文化的偏好,即年轻、美貌、娱乐、女性等元素更容易促使某一事件舆情化。这一舆情偏好也体现于"裸条"借贷、各式"小三门"事件的舆情传播中,对女性裸照的传播与偏好都体现了舆情对女性作为娱乐化元素及消费对象的群体心理。

2015年成都"女司机被打"事件中,因别车被打的女司机,公众从同情到谴责只用了48小时。这个过程中,对女司机隐私的揭露起到了决定性的作用,其中,司机卢某几十次违章、八十多次开房记录被曝光,网友甚至据此推算出司机卢某的生理期,并以此解释她别车给男性"做慈善"的理由。结果是,女司机在被打后又遭遇到严重的"贱人""荡妇"等羞辱。2015年5月11日,司机卢某写下《致歉信》,称"我深知网络暴力、人肉搜索给我及我的家人带来了多么大的伤害,它将那么深远地影响我的生活"。相比于卢某的致歉,网上一片欢腾:"活该,就是一个女贱人,现在后悔了吧!""贱人就是矫情!""贱人该打,我看打得太轻了。""这女的全家都是贱人!""一定是富二代""父母有背景"……

"伸张正义"的舆论喝彩夹杂着"开房"记录蕴含的无尽想象与阶层敌意(一定是富二代!)。与此同时,男司机得到舆论的偏袒。拒不认错、谎话连篇似乎成为其开房记录被曝光的主要原因,但几个因素的结合更使舆情热潮中的民众心理变得复杂:宝马、女司机、富二代的猜测、爱开房等因素的结合,成为女司机人品有问题、该打的直接依据。至此,女司机违章行车的舆情事件在一定程度上偏向了对司机卢某作为女性的"不洁不贞"、有伤风化、作风不正等的羞辱与暗示上。先揭其"伤风败俗",再顺理成章肯定其活该被打,用传统男权社会的私刑方式解决冲突,把不守妇德的暗示或明示当作使"女司机"态度急转直下、迅速认错的利器,当代舆情事件中依旧延续着传统观念对妇德的宣判。

1963年伯纳德·科恩在《报纸与外交政治》一书中指出,"在多数场合,媒介也许不能控制人们去想什么,但在引导人们怎么想时却惊人奏效。"这话被认为是议程设置理论的开端。同样,认为女司机活该被打的群体有多少是受到开房记录所影响,难以确切推演,但至少,这种传统观念的影响在一定程度上影响了舆情焦点的偏移,也阻碍到舆论的理性回归。同时,本已存在的"女司机"的标签化、污名化是否影响到该事件中人们对司机卢某先入为主的评判,也难以确切推断,但至少,在已经存在的对"女司机"不满的社会风气中,与"女司机"有关的事件容易引爆社会话题,甚至点燃传统社会关于性别的规范要求,从而成为一个不断出现的社会话题。

(3)去性别化与再性别化的议题割裂

性别视角的社会舆情还存在一个现象,那就是主流舆论场与民间舆论场的议题割裂——主流舆情往往更强调议题包含的所谓公共性,如"女司机"议题涉及的公共交通安全及道路素养,超女议题中更关切"私人"与"公共"的矛盾或是超女的娱乐性话语链条。两个舆论场的割裂更明显地体现于关于"天价彩礼"的舆情中。

主流媒体关于"天价彩礼"的议题更多指向农村的贫困问题、爱情的真谛问题，如《人民日报》的官方微博《越贫困彩礼越涨》(2017-02-20)，并附彩礼地图。与之呼应的是中央电视台的节目《彩礼真贵，爱情就珍贵？》(《新闻1+1》2016-02-24)。主持人董倩说，其实说到底，农村的天价彩礼问题反映的是农村深层次的一个贫困问题；节目最后的总结是："今天我们关注的是天价彩礼，其实天价彩礼说到本质是一个买卖婚姻。"《人民日报》另一篇官方微博评价"天价彩礼"时虽提及"女孩生得少致媳妇金贵"，"只有让男女平等，让生女儿不再是一种遗憾，才能使比例更加均衡，消除天价彩礼"，但依旧强调天价彩礼多发生在欠发达农村地区。这条微博下有如下热评：

@青觉：男性面对的是娶不起老婆，而之前的女性面对的可能是见不到这个世界。

@宋泉心：彩礼是男权社会的产物，讨论降低彩礼的同时，也要讨论生孩子是不是不管男女不管头胎二胎可以商量着跟爸妈任意一方姓，而不执着和男方姓？是不是也可以商量着婚后和婆婆一起还是妈妈一起住，而不执着于和婆婆住？抛开男权谈降彩礼甚至取消彩礼的都是耍流氓。

@Lady_Margot：因为很多重男轻女的地方要天价彩礼是给儿子娶媳妇的，根本不会给女儿，所以很多男的不愿意给，自己当初重男轻女现在来现世报，我认为他们活该。

@莺俏：女方伺候公婆天经地义，做家务天经地义，孩子跟男方姓天经地义，生完孩子没几个男人会好好带孩子，怎么彩礼就被批了？二十几万很多吗？一点不多。

@亳州臭小子：很大一方面，中国的养老制度决定了大部分家庭必须要一个男孩。并不是轻视女孩，而是男权社会传统下，男孩为主的主体思想难以改变。

近年流行起来的"怼"字——怨恨与反击恰好能说明这一现象——你有你的正解，我有我的理解。关于"天价彩礼"的议题，主流媒体的发声多就事论事，以经济发展、男女人口比例以及性别平等来呼吁或引导舆论；民间舆情则呈现出对传统观念中重男轻女、父姓优先、计划生育的性别筛选、现实婚姻中的男娶女嫁、家庭义务等一连串问题的回应。主流舆论关注的重点是"宏大"的经济发展问题，它隐含的意向是经济发展会导向性别平等、观念更新，这种去性别化的议题走向忽视了城市房价对男女婚嫁的现实逼迫——城市买房亦是城市婚姻的变相"彩礼"。主流媒体对彩礼议题基本采取的是经济发展的视角；民间舆情关注的重点由彩礼问题过渡为性别文化和性别权利和性别意识。这两个舆论场呈现出各说各的局面，这在另一则热点新闻的议论上也有体现——《中国妇女报》一则关于"彩礼"与刑事案件的微博引起了性别组织的回应：

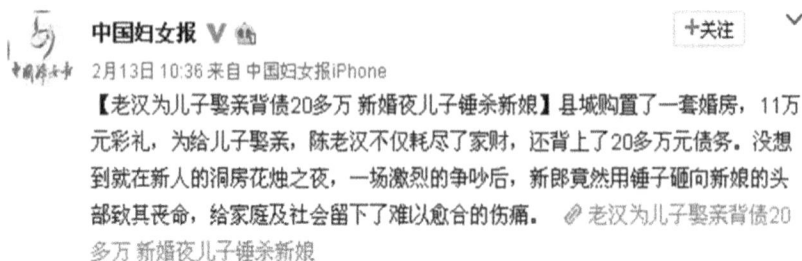

图 7-4 　《中国妇女报》2017 年 2 月 13 日新浪微博截图

2017 年 2 月 13 日上午 10:36 的微博于当天中午 12:10 被"女权之声"的微博@并引起热议，其微博内容如下："给原 po 普及一下此新闻标题的正确打开方式《一家人辛苦养育 20 年的女儿新婚夜竟被畜牲杀害》。"

两个媒体呈现出两个立场、两种视角，后者更强调女性性别意识与性别视角。在这场舆论中，专家学者在关于"天价彩礼"的议论中也多取人口发展不均衡、城市化带来的人口流动、攀比心理、不正确的婚恋观、女性把自己物化为商品等视角，这些视角与主流媒体有很大的相似度——去性别化的议题走向与强调女性性别权利的跟帖评论形成两个差异明显的舆论场。这一方面说明女性性别意识的提升，另一方面也说明主流媒体仍旧没有做好应对性别内涵变化的准备。但新媒体空间也并非全以女性反驳为主，在微信圈里，大量转发文章仍旧借主流媒体表达观点，如"又上央视""政府怎么管""央视关注""再遭央视曝光""央视这次开口了""再上央视""再次遭央视曝光""再次被 CCTV 曝光""人民日报谈'天价彩礼'""面对陋习执政者要敢于出手""天价彩礼被省台曝光，实在看不下去啦!"等标题"拉大旗作虎皮"，讨伐天价彩礼。

污名化、舆情焦点偏移、去性别化与再性别化的议题割裂，大致说明与性别有关的舆情特征，这三个特征是社会发展、媒体演进的综合结果，这些特征与性别意识的不断变化息息相关，也势必伴随性别意识的变化而呈现新的特征。

三、舆情空间的多样化

1.性别化的舆情空间

"私人"和"公共"并没有一个天然的、明确的界限，"所谓被当作公共事务的事件恰恰是由争论决定的，因此在展开讨论之前没什么事情应该先被排除在外。"[①]社会舆情逐渐扩张了其议题空间，原本处于"私人"的、"次级"的性别议题逐渐因性别意识的变化、媒介发声的便利等形成性别的、抵制的舆情空间。所谓抵制更多地指向对主流话语的不完全接受，这表现为身处社会性别的某一位置而发出不同于主流话语的声音。南希·弗雷泽把这一现象称为抵制性的公共空间（counterpublics），她以家暴为例，"比如说，女性主义者们认为家庭暴力是一件女性普遍关注的事情，要对它进行合法的公开讨论。但很多人认为这件事仅仅和少数女性的私人家庭生活有关，没必要专门进行公开讨论。然而女性主义者们成了次级大众或较为弱型公众（weak publics），她们传播这样一种观点：家庭暴力源自男性社会的系统性权利。最终通过持续的讨论与争辩，她们成功地使家暴议题成为一个'公共关注的事件'。"[②]2017年重庆巫山的马泮艳"童养媳"事件即涉及家庭之"私事"与公共议题的关系。使性别议题成为公共关注的事件也是舆情空间不断扩张容量的表现，比如"和颐酒店女子遭袭""南方日报记者涉嫌强奸暨南大学女实习生""我们只是需要男生"的职场招聘歧视、上海地铁"不被性骚扰才怪"等事件或言论，都引发热议。

性别化的、污名化的、抵制性的、弱型的舆情空间逐渐伴随社会行进过程而浮出水面。首先，抵制式的性别舆情强调舆情空间的性别内涵与性别意识，它不同于常见的政治、经济、社会、文化等舆情分类，它与宏大的、激烈的或者涉及面广的利益纠纷、环境保护、食品安全、警民关系、医患关系、贪污腐败等议题不同，它常常因为所谓的非政治性、非利益性而受到忽视。

性别化社会舆情的出现常常是伴随性和依附性的——伴随交通肇事出现的"女司机"话题，伴随城市房价延续的"剩女"话题，伴随刑事案件、坊间奇谈出现的"天价彩礼"话题。2016年6月，深圳两名女孩逛街时被警察盘查，由于没带身份证并要求执勤警察出示证件未果，被该名警察强制带上警车带往派出所。那名警察所说的"我怀疑你是个男的，你上女厕所干吗？""今天就是你自己

---

①　Nancy Fraser,Rethinking the Public Sphere：A Contribution to the Critique of Actually Existing Democracy[J],Social Text,1990(25/26)：56-80.

②　Nancy Fraser,Rethinking the Public Sphere：A Contribution to the Critique of Actually Existing Democracy[J],Social Text,1990(25/26)：56-80.

新媒体与社会舆情

犯贱"等语言侮辱并没有使舆情转向性别视角,在这场舆情中,同情与支持女孩者多数出于对公权力的质疑,而使这场与性别平等有关的舆情走向了典型的涉警舆情。在这场舆情事件中,对警察口中的性别歧视表达少有质疑,"其所依赖的传播路径却并非出于性别平等视角,这就使得性别刻板印象持续存在、性别盲点仍有待扫除。"①

总体上传统主流媒体一统话语的局面已经在新媒体时代被打破,在新媒体、自媒体勃发的当下,宏大的政治、经济、社会等舆情争论中,关于性别身份焦虑、异性恋模式的被挑战、就业市场对性别的挑剔等等,都可以促使民众更多地从性别身份、性别意识角度看待问题。

抵制性的性别舆情还强调抵制——即不认同主流价值观、认识论的视角与声音,也不认同所谓的公共与私人的界限。强调从性别文化与性别权利的层面看待问题,增加舆情场域的话语格局,丰富舆情争议的话题走向,从而形成舆情空间格局的"抗衡"或"制衡"特征。但如果从现有的舆情格局看,性别意识的话语争议还没有形成足够大的力量从它所依附的话题或事件中脱离出来,成为相对独立的、影响力更大的舆情议题。

已有研究者关注到性别层面的社会舆情特征,即性别盲视与性别刻板印象突出,并呼吁女性网络舆情能够进入主流舆论的议程设置之中,这有利于厘清问题由来,使其获得社会关注和公权力的救济。但就女性舆情而言,相关舆情的发酵往往是多元诉求、情绪和因素交织的结果,特别是女性议题与"仇官""仇警"等讨伐公权力的情绪一直充斥网络。性别议题,如果以女性视角看,容易出现社会舆情的"捧"与"棒"的现象——"捧"是赞美,赞美以女子之柔弱与公权力形成的鲜明对比;"棒"是棒喝,痛斥其有违道德伦理、女性陈规。

2009 年 5 月 10 日晚,邓玉娇基于自卫目的,刺死、刺伤镇政府人员引起全国轰动。邓玉娇案发后,"生女当如邓玉娇"的美赞不绝于耳,一个弱女子成为抗击公权滥用的象征,其"抗暴英雄"的形象几乎成为网络舆情的共识,"玉娇曲""浪淘沙·咏娇""烈女邓玉娇传""侠女邓玉娇传"等音乐、文字四处热传。

2010 年 9 月,江西宜黄钟家强拆事件中,钟家姐妹也在舆情传播中成为不畏强权、有勇有谋者的形象。网络上几乎一边倒地对"厕所攻防战"中的钟家姐妹持支持态度,对机场拦访的宜黄政府人员予以痛斥。在宜黄拆迁的舆情中,自焚、被堵厕所等传播热点均有意无意地强化了女性的无畏抵制。女性与权力的对峙是否会强化其抗诉的正义化和舆情的传播力,并没有具体的依据,但这

---

① 南储鑫:《网络多平台格局下妇女儿童舆情的多样态呈现——2016 年度妇女儿童热点舆情观察与分析》,《中国妇女报》2017-01-24,B01 版。

162◀◀◀

一现象还是值得关注的。

从"棒"的角度讲，与性别有关的舆情又往往存在另一种现象，它不是性别盲视，而是性别形象的标签化和性别标准的双重化。郭美美与红十字会的舆情事件中，由她引爆的话题牵扯到社会贫富拉大、财富来源不透明、捐助管理等累积的公众情绪，但"拜金女"的标签化也容易使根本性的问题淹没于对于女性的讨伐中。在"王宝强马蓉离婚"舆情中，网民一边倒地支持王宝强，并对出轨的马蓉一边倒地予以否定，这与2014年马伊琍以"且行且珍惜"大度容忍了文章出轨行为进而赢得一片赞誉形成鲜明对比。

"捧"与"棒"几乎一边倒的舆情态势决定于所涉议题，附着于各式议题的女性或者作为对抗强权的亦弱亦强的英雄女，或者成为谋食谋利的拜金女，或者作为宽宏大量的明理女……舆情的极化态势中少有平等恳切的对话，少有对性别平等意识的呼吁。这样的过程也容易滋生舆情中的二次伤害——即或者继续遮蔽关于性别内涵、性别平等的话题，或者强化对女性的性别标签或污名化角色设定。

性别话题的舆情还有一个特点，就是其隐含的阶层属性。"女博士"、"剩女"、"女司机"、整容事件等舆情话题其实主要关涉城市中产，SK-Ⅱ的视频广告《她最后去了相亲角》所引发的话题争议主要指向其目标群体——城市白领。正如网友评价的："人们关注这个群体，也是因为她们作为'白领'的优势，她们是高级护肤品的目标群体，她们因了经济地位而有更多选择的权利，这与女性权利关系不大。"而所谓推高城市房价的"剩女"话题指向的也不是一般女性。2016年4月"和颐酒店事件"的当事人也是典型的白领——出差，住商务酒店。而"天价彩礼"的系列话题中则忽视了城市中产婚姻也要面对另一种"彩礼"现象——婚姻购房问题。"广场舞大妈"的系列舆论中也不乏城市中产对社会底层群体的审美嫌恶……中产的话语优势在某种程度上成就了事件中女性易于发声、善于发声并且受到广泛关注的优势。

总之，关于性别的舆情有三个方面需要关注：

第一，与性别有关的社会话题会随着社会发展进程及媒体的开放性而逐渐增多，比如女性的职场歧视话题或事件并不会在短期之内消除，如2017年至2018年的me too运动，及生育二胎政策之后女性就业与生育的矛盾等。女性主动选择爱情、婚姻的机率会进一步增大，所谓的"剩女"现象也会持续……与女性进入原本单属于男性社会空间与身份角色的机会相伴的，必定是观念上的一系列冲击及相关事件的持续发生。

第二，性别议题并不等同于女性议题，但目前较能进入公共舆情的即使是依附于其他议题的舆情也多数局限于男权主导的女性话题，其他与性别有关的议题如非异性恋模式的性别话题尚难成为公共性的舆情议题。2015 年美国的同性婚姻合法化的话题在国内也只是引起一些企业与品牌"贴热点"的营销式宣传,多数非异性恋话题难以进入公众视野。

第三,目前的性别议题多数有阶层属性且以城市中产者居多,社会底层如农村底层女性的话题也较少进入公众视野,即使进入也是如下话题居多:"农村留守妇女出轨乱象令人咋舌""网络诱惑下农村女性如何守好'底线'""农村留守妇女需求大,欲望不止"……奇观、道德审判等成为此类舆论的共同特点。

综上,与性别有关的舆情话语场也呈现出城市强农村弱、男性强女性弱、中产强底层弱的特点。

2.去污名化的舆情空间

社会舆情是动态发展的,它与社会环境互为关系。从性别角度看,新世纪以来有关性别的议题也有一个缓慢变化的过程,这个变化主要体现在社会观念的不断调整、舆情的主题走向以及舆情的民间反应上。

以"女司机"的相关舆情为例,就经历了自新世纪以来社会观念与舆论建构互为关系的过程。前面提到,"女司机"——主要是私家车女司机大约是从 2003 年、2004 年开始逐渐成为新闻的热点对象,且以负面形象为主,即以各种新闻构成了一条绵延十余年的"马路杀手"的舆论形象,即整体上这个世界的司机分三类,好司机、不好的司机和女司机。这个过程也是女性进入男性主导的领域后群体心理的反应,与这个社会过程相伴的是新媒体的勃发。新媒体的兴盛既放大了"女司机"的负面舆论,也映射了社会群体心理对"女司机"从不适到逐渐适应,从震惊、指责、标签化、污名化到逐渐发出理性声音的过程。

"女司机被打事件"的舆情发酵阶段,各类媒体的报道、评论与以往对"女司机"的负面偏向一样,有事先判定、污名化、标签化的特征,但随着舆情事件的演进,报道方向及不同的民间声音也开始出现,舆情焦点从单方面的事故问责到呼吁停止人肉搜索和舆论暴力,提倡大众理性看待事件的整个过程。然而,对"女司机"开房、犯贱等的性别侮辱似乎的确成为了威胁卢某发出致歉信的有力"武器"——理性看待事件的呼吁还是处于舆情整体过程的弱势地位,如《中国妇女报》2015 年 5 月 7 日刊发的《谁让女司机遭受双重暴力?》,直指女司机成为"厌女症"的靶子:

> ……躺在病床上的卢某之所以瞬间成了"欠揍"的女人,一个不可忽略的原因在于"司机"前面的那个"女"字。在一些人眼里,女人就该踏踏实实在家当好贤妻良母,双手应该晃动摇篮,而不是操纵方向盘,这位被打者不仅开车,还开斗气车,那么彪悍,那么霸气,这巨大的反

差令某些人不适应,不愉快。于是,人们又开始老生常谈,说什么驾驶是很多女司机的短板,女性不擅长控制机器,应变、判断能力不足,有一种把汽车当碰碰车开的心态,并将个案扩大为女性的全部,歪曲、贬低女司机的形象,把罪过推到女性头上,这种指责就像病毒蔓延一样铺天盖地……①

蔓延于社会的还有传统男强女弱、女性不该操纵方向盘(及与此类似的掌控力)的群体心理和舆论环境,但总体看,与成都女司机被打事件相伴的是为"女司机"正名的新闻报道逐渐增多:

《女司机是马路杀手?错!东莞目前男女驾驶员比例为 7∶3 去年 4214 宗交通事故中女司机仅占一成》,《广州日报》2015-05-06

《统计为女司机正名 九成交通事故由男司机造成》,《每日新报》2015-05-10

《成都女司机被打 舆论狂欢呼唤法治理性》,《北京日报》2015-05-13

《男司机肇事比例远高于女司机》,《北京晨报》2016-01-09

《男司机,别再说女司机了:厦门去年交通事故比例为 男司机 89.1%,女司机 10.9%》,《海峡导报》2016-01-19

《男司机肇事是女司机 9 倍多》,《金陵晚报》2016-03-08

《女司机="马路杀手"?女司机"擅长"急刹 却比男司机更靠谱》,《成都商报》2016-03-10

《大数据显示女司机比男司机靠谱》,《无锡日报》2016-03-14

《别再给女司机贴标签了 她们惹祸比男司机少:保险公司理赔大数据为女司机正名》,《重庆晚报》2016-03-22

《女司机不可怕 出险超八成是男司机》,《南方都市报》2016-05-18

《危险驾驶案以男司机为主 女司机不足 3%》,《成都商报》2016-06-23

《女司机不靠谱?八成多事故是男司机的错》,《金陵晚报》2017-03-06

《女司机比男司机更靠谱:心细少饮酒不开斗气车 非"马路杀手"》,《新疆都市报》2017-03-09

……

---

① 佟吉清:《谁让女司机遭受双重暴力》,《中国妇女报》2015-05-07.

为"女司机"正名逐渐成为近年的舆论苗头,这有两个因素在起作用:一是媒体开始了对"女司机"刻板印象的反思;二是得益于第三个舆论场的主体——专业机构的话语介入。关于"女司机"是不是"马路杀手",更加理性的做法是不对某个事件或事故作印象式评判,而是通过造成交通事故的比例、大数据等整体情况进行说明,这便需要交管部门、保险部门以相应数据统计来适时发声。用事实说话是去除"污名化"、印象式舆论的最佳途径。虽然交管部门和保险行业对"女司机"的去污名化略显迟缓,但总体情况是这样的简单评判甚至歧视女性的用语与表达开始呈现"冷却"的特点;对"剩女""绿茶婊"等的称呼与评论也表现出同样的"冷却"特征。

去"污名化"的舆情空间不仅需要主流媒体的观念更新,需要网民素质的提升,更需要舆情话语空间的多元构成——话语空间的多元构成不光是话语主体的多样化,更是认识论、价值观的多元构成。不同认识论、价值观的观点都有表达的机会,才不至于形成舆论的"极化",才会有多元声音的出现,才会使舆情空间多元共生。拿"女司机"的舆情讲,以主流媒体为代表的专业内容生产(PGC,Professionally-generated Content)在近十余年的时间里基本代表了整个社会对私家车"女司机"的心理不适;这样的情况也呼应或者带动了大量网民(UGC,User-generated Content)对"女司机"的印象管理;在这期间,职业内容生产比如交管部门和保险部门(OGC,Occupationally-generated Content)却相对沉默,任由社会舆情朝着越来越不利于"女司机"形象的方向发展,直到近几年,这种情况才因相关数据的发布得以改观。

舆情"纠偏"的前提是要有确切的信息进行支撑,而不是一味地舆论评论或讨伐,这首先需要参与舆论的主体是多元的,需要舆论空间力量的互相制衡,在制衡的过程中形成对话,达成共识,如图 7-5 所示。

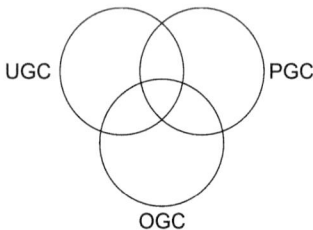

图 7-5　三个舆论场

图 7-5 所示是理想状态的舆情空间,即以主流媒体为代表的专业生产内容和以普通网民构成的用户生产内容及以专业或职业机构为代表的职业生产内容是力量均衡的,而且三方话语有均等的内容交叠。实际情况却常常是,网民

用户生产内容成为设置舆情议题的主导力量,主流媒体的机构内容生产或者跟随网民议题,或者试图引导舆论而又力有不逮,甚至在平时的议题或价值设定中就已存在价值偏向,比如对于"天价彩礼""剩女""女司机"等舆论印象的生产。相对而言,职业内容生产(OGC)在舆论空间中力量更加薄弱,发声更加微小。

寻求并扩大舆情的"最大公约数"——即网民、主流媒体和专业认同三方的共识,是去除舆情极化、避免舆情声音过分同质化的有效手段;在冥顽不化的性别观念与可被塑造的观念更新中,寻求中间地带的可能性是性别舆情以及其他类型舆情趋向良性的有效途径。

具体讲,从网民一方看,"舆论是个体意见聚合的产物。个体意见构成了群体意见。群体的惯性维持着事物的既能秩序。"[①]大量普通网民对性别观念、性别秩序有承袭特点,面对社会变化带来的新现象——女性高学历、女性独立、女性进入男性主导的领域、异性恋模式的松动等都会带来对普通人观念的挑战。从媒介一方看,"女司机""女博士""剩女"的污名化与去污名化均与媒体有关,而关于"女司机""女博士""剩女"等是否改变或正在改变难有准确数据支撑,但对这些新的性别内涵的看法多一种视角、多一种上下"传通"倒是更加合理的办法,即刻板印象、群体观念的改变仍然需要媒体人的性别意识跟进与舆论引导。从专业或职业的内容生产看,在大数据的基础上,以事实为依据的舆情介入也需要这些信息或舆情的"第三方"向媒体传递专业信息,向民众解释专业知识。

总之,与性别有关的议题如家暴、彩礼、整形、私家车司机、性骚扰、"剩女"等既是公共领域也是私人领域,"私人的"与"政治的"没有本质的区别,私人的家庭生活领域与其他社会领域原本不可分割,与政治生活也具有密切的关系。再者,与性别有关的新闻、消息、论坛帖子等并不一定构成新媒体背景下的社会舆情,它构成的是舆论环境或舆论氛围,但这种舆论环境或舆论氛围为社会舆情提出了一个新的现象:与社会变迁相伴的社会观念的转变是舆情生成的基本土壤——这类似于舆情的"幼虫",这类舆情的激烈程度——"成蛹"和"出茧"也许与突发社会事件的强型舆情无法相比,它更容易表现为温和但持久的舆情话题,在一系列的舆情话语链条中体现、改变社会观念。再次之,伴随社会变化以及媒介生态的改变,文化滞后(如性别观念相对缓慢的演进)、文化观念的调整等现象也会越来越多地进入舆情范围之中。

---

① [美]爱德华·L.伯内斯:《舆论的结晶》,胡百精、董晨宇译,中国传媒大学出版社 2014 年版,第136 页。

本章小结

1.舆情发生、演变及应对中,性别视角容易被忽视,而当代舆情不可避免地会涉及到性别的议题,尤其是关于女性性别的议题。从常见舆情看,涉及女性性别议题的舆情往往包含女性身份的标签化、负面化以及与婚嫁有关的舆情。

2.与性别有关的舆情特征可归纳为污名化、舆情焦点偏移以及去性别化与再性别化的议题割裂,这三个特征是社会发展、媒体演进的综合结果。

3.关注舆情空间的多样化构建,舆情"纠偏"离不开确切的信息、多元的参与主体以及舆论空间力量的互相制衡。

复习与思考

1.结合南希·弗雷泽的观点,理解私人问题与公共性的关系。

2.理解与性别有关的舆情特点,结合具体案例进行阐析。

3.从性别视角探析某一具体的舆情案例。

第八章　阶层议题与新媒体舆情

一、案例:上海女孩逃离江西农村及其他

1."上海女孩逃离江西农村"案例

2016 年 2 月 6 日晚上,网名为"想说又说不出口"的网友发布题为"有点想分手了"的篱笆网帖子,引起大量网民热烈讨论。这则帖子的"上海女孩"称自己被江西男友家第一顿年夜饭吓到而选择分手并逃离江西:

> 楼主正宗上海人,88 年,长相一般性,在外企做 HR。爸爸国企已经退休,妈妈是学校老师,还有两年退休,家庭小康。
>
> 谈了个朋友,有一年了,是外地的,人工作能力蛮强,卖相是我喜欢的那种,但是因为没有家底,估计近两年没法买房。我爸妈是极力反对找外地人的,尤其是还穷的外地人,后面是妈妈原话,毕竟父母都不希望自己女儿将来吃苦的。
>
> 我也有点动摇了,尤其是今年,在男友的再三要求下,让我去他老家过年,我同意了,不去不知道,一去吓一跳!
>
> 这是今天到他家的第一顿晚饭……

文后是帖子主人附上的晚饭照片——一桌黑乎乎的饭菜(图 8-1)。

这则帖子迅速引发大量点击与评论,至当夜 24 点跟帖达 700 多条,该帖演变为热帖。2 月 7 日,微博网友将此事发至新浪微博后,引起网友热议,微博评论量高达 18 万条。7 日下午,这条微博被@华西都市报、@新浪江西、@东方今报、@重庆商报等诸多媒体微博转载,并随后登上腾讯、凤凰网及北美最流行的网站文学城。至此,这则帖子迅即成为热门话题。在这个过程中,"上海女"还与网友互动,更新自己的回家过程;随后还有自称"江西男友"的发帖回应;还有江西女网友致信上海女孩的帖子等。接着,@人民网、光明网、澎湃新闻、知乎、@人民日报和"人民日报评论"等在内的主流媒体平台(含微博微信端)也纷纷

图 8-1 "有点想分手了"帖子所附图片

参与到事件的转发与评论中来;上海的《新闻晨报》更是以《放开那个上海女孩》为题,对此事进行了整版报道。至 2 月 21 日,网络部门公布并证实该事件为虚假内容,发帖者不是上海人,是一位已为人妇的母亲,她春节前压根没来过江西;所谓的"江西男友"也只是话题的碰瓷者,与发帖者素不相识。

这一事件成为延续十余天的舆情热点,体现了典型的舆情形成态势:从小范围的话题讨论转向各大媒体的广泛参与进而扩散成公众议题;以图片及貌似真实的述说提升传播的注意力;与网友的不断互动又弥补了新媒体环境下信息内容转瞬即逝、不断被覆盖的短板……但更加根本的原因却在于——它触动了大众的社会神经。

这是一则假新闻,却是一种真舆情。刊登于上海《新闻晨报》的《放开那个上海女孩》[①]有如下内容:

> 有好事者统计,有超过一亿人次的评论指责小姑娘"没有教养""歧视农民"。这个小姑娘就这样俨然成为继春晚之后的"春节头号炮灰"。很快,打击面又扩大到整个上海女生,再次变成了外地人 PK 上

---

① 子不语:《放开那个上海女孩》,《新闻晨报》2016-02-15.

海人的"传统套路"……

　　在老两口的最高标准与准儿媳的最低标准之间,依然有着一条巨大的难以逾越的鸿沟。这本就不应该怪谁,因为这并非贫富差距导致的巨大落差,而是日积月累的生活习惯划出的鸿沟。小姑娘被这种巨大的差距吓退,恰是因为她在认真考虑着结婚的可能——恋爱的时候可以不管不顾真爱无敌,但一旦结婚便无处躲藏,各种细小的差异都需要双方认真磨合,否则小到一桩桩诸如牙膏怎么挤、洗澡是不是要每天洗、爸妈来了住哪间房间这样的琐碎小事,都会慢慢累积成婚姻崩溃的根源。

　　人家姑娘家可能提前发现了差异,又觉着这个差异在未来婚姻生活中恐怕难以磨合,遂做出了自己谈婚论嫁人生选择的判断,本来就是无可厚非的事情,这跟嫌贫爱富有半毛钱关系?

　　《放开那个上海女孩》发表于"上海女孩逃离江西"被证伪之前,这篇评论的重点在于强调"难以逾越的鸿沟"并非贫富差距导致,而是"日积月累的生活习惯划出的鸿沟";并非"上海女孩"之错或地域差距之错,而在于"无可厚非"的生活差异的问题。这样的评论的确抓住了这一舆情的爆点所在——事件的真假并非舆情爆发的主因,其内含的社会征兆才是舆情持续发酵的本质原因。

　　舆情中的"上海姑娘"引发了大致两个阵营的论争:一方是支持派——主要是上海市民和中产女性的声援;另一方是谴责派——主要是站在男方或农村立场的谴责。"门当户对""凤凰男""娶不了别娶""凤凰男骗婚"等与"嫌贫爱富""没教养""地域歧视""歧视农民""装中产""装小资"等构成话语对峙的主要内容。上述《新闻晨报》的评论内容也是以上海娘家人的身份为这位发帖者背书,同时文化精英的话题加入更是强化了生活选择的"正义"性:

　　一切从那个亮晃晃的不锈钢盘子和乌糟糟的筷头开始。它意味着一切。生活方式的差异,审美和审丑的差异,金钱观的差异,养育后代方式的差异,对未来预期的差异。

　　无论你承认与否,接受与否,建国之后,社会阶层曾经被命运剧烈地晃动,泥沙、粗盐、水、草根全部黄汤一样地浮沉不定,大家伙都成了一锅浊汤,许多虚伪的价值观附庸在一些宏大的口号里,被强行推销给人们。粗暴、鄙陋、野蛮和不卫生的一切,曾经被视为光荣的,甚至话语里也充满了暴力的沙砾。但这锅浊水,随着时间推移,正在清晰地复归它的自然的分层。——宏观的话语也许还在唱高调,但是社会自己正在通过若干符号、生活方式及社交圈自然地完成它的分层与分级。

该沉淀的沉淀，该轻扬的轻扬。

有稳定的阶层及其文化积淀的社会中，原本不应有这样巨大的地域文化差异，更不应有因户籍资源而产生的灭绝式的发展差异。这种制度式的差距，不应该让一个逃跑的上海姑娘用道德买单。说风凉话的人，你自己为什么不嫁？或为何不娶同村的小芳？①

……

作家陈岚发表于凤凰博客的文章《上海姑娘，不是逃饭，是逃命》力挺"上海女"，确认社会以生活方式、若干符号、社交圈等完成的分层与分级，又强调这种制度式的差距不应让上海姑娘的道德来承担。这一观点代表了那些支持"上海姑娘"的城市人的立场。

假新闻、真舆情的原因在于它"戳中了人们的情感神经"：

因为一顿饭与男友分手，上海女孩引发讨论。事件尚存疑点，却戳中了人们的情感神经。不必对其口诛笔伐，深层问题值得反思。农村大学生改变了个体命运，却无法改变家庭出身。婚恋讨论的背后，反映出的是城乡之间的差距、社会身份的重建。唯有城乡共同发展，来自农村的他们才能多一分从容。

这是《人民日报》于 2016 年 2 月 12 日发在新浪微博的内容。在此情况下，帖子本身是不是真实已不重要，重要的在于大量网民以及主流媒体跟进的关于城乡差距、关于阶层固化、关于生活习性的讨论。"上海女孩"和"江西农村""孔雀女"和"凤凰男"成为体现阶层固化的两个标签，一个大都市、一个穷山村；一个委屈诉说，一个无声被黑，构成了身份对立以及媒介话语影响力的状况。

作为话题涉及方的江西也参与到这个阶层与地域及身份的讨论中。2 月 13 日，一名自称是在江西农村长大的网友"尔雅 2016"在中国江西网的"大江论坛"发帖，致信上海女孩，诉说自己眼中的江西农村是美好与温暖的，称江西农村有能力滋养年轻人的爱情。"尔雅 2016"在帖中表示，外界对江西的印象存在比较严重的偏见，也缺乏对江西年轻人的认识与了解。这与事件中的所谓"江西男友"于 2 月 10 日发的微博内容形成了前后呼应："江西有巨大潜力，有青山

---

① 陈岚：《上海姑娘，不是逃饭，是逃命》，http://blog.ifeng.com/article/43791671.html，2016-02-11，2017-04-30.

绿水,有蓝天白云,我为什么不留下来创业呢?"中国江西网的"民生江西"还于
2016 年 2 月 13 日在新浪微博开通了"上海姑娘逃离江西,江西人何不奋起直
追"的话题,阅读量达到十多万,"留下创业,不失为一种最有力的回应,人穷志
不穷……"成为该话题的核心内容。另外一位江西人则以江西籍北大才子的身
份写出《真实的中国农村是这样的》的文章,回应农村是否真的那么糟糕以及故
乡真的回不去的讨论,此文也被多家媒体官微和微信公众号予以转载。

　　至此,舆情事件的当事人双方尽管事后被证伪,但其所涉及的地域与阶层
话题均成为这场论争的焦点所在,从而使一个原本只涉及私人感情事件的帖子
终于演变为一场全民参与的话题。在这个过程中,各方讨论包括"人民日报评
论"微信公众号发布的"锐评"——《农村,想说爱你不容易》均是在认定信息属
实的前提下评论的:"这位女孩晒出晚餐照片确实有欠考虑……故事的男女主
角都有情非得已的隐衷……"

　　"上海女孩逃离江西农村"呈现了层层递进的舆情过程——从起初网友对
帖子中男女主人公的支持或讨伐,到主流媒体及文化精英参与到有关城乡差
异、年轻人婚恋观念等的讨论,再到江西媒体、江西人对地域歧视的回应,再到
辟谣后各方对发帖者及话语碰瓷者的批评及对"上海女孩"的身份揭露——不
是上海人,而是上海周边某省的一位有夫之妇徐某某,春节前夕与丈夫吵架,不
愿去丈夫老家过年而独自留守家中,于是发帖宣泄情绪——这样的身份披露又
引来新一轮的话题:"上海女孩"是在抹黑上海;两位当事人的无聊;虚假内容为
什么会产生等。整个舆情过程如图 8-2 所示。

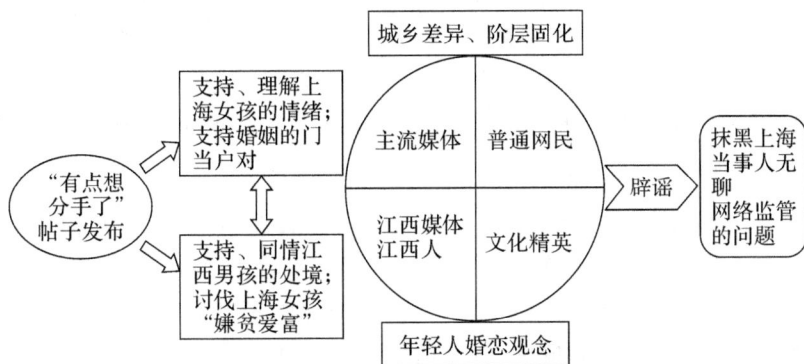

图 8-2　"上海女孩逃离江西"舆情过程

　　当然,并非所有的媒体和网民都选择了完全接受与相信这则信息。在网友
关注事件的同时,对事件的部分细节,一些细心的网民和澎湃新闻等都有质疑,
网民从照片、订火车票、返程时间等一系列细节推断出帖文存在欺骗性。比如

"网际传媒"微信公众号在 2 月 11 日发表了《上海女白领一顿饭甩了江西农村男,极有可能是猴年第一个假新闻》一文,质疑此事并没有被正式媒体报道,因此认为不能作为真实事件来讨论。"澎湃新闻"记者苏雄在 2 月 12 日发表了《上海女因一顿饭逃离江西农村男友家? 网友称内容多处存疑》一文,援引网友推理对此事的真实性提出了质疑。"界面新闻"在 2 月 15 日发表了"画生十七"的《上海姑娘逃离江西农村营销骗局大揭露,你被骗了吧》一文,似给读者开了一个脑洞,提出故事背后的营销骗局:营销这个男孩马上要开启的江西家乡创业项目,营销手机的 HDR 功能,等等。这些质疑展现了人们对真实的坚守。只是,在一片喧嚣中,他们显得得太过势单力薄形单影只。①

其实,虚假信息与真实舆情之间并不矛盾——新闻的本质和生命在于客观真实;舆情的本质则在于它是社会情绪的体现,它是历史演进的客观体现。"上海女孩逃离江西农村"的舆情中,城乡差距、地域差异、贫富分化是舆情衍生的基础,当然,这些并不能成为传播虚假消息的理由,但是它却体现了真实的社会情绪。

陈力丹认为,舆论形成的影响因素及其过程一般表现为社会的变动、较大事件的发生,刺激意见的出现,意见在社会群体的互动中趋同,权力组织及其领导人、大众传播媒介促成所希望的舆论,文化和道德传统对舆论形成的制约。②"有点想分手了"的帖子即是"刺激意见的出现"——帖子中上海—江西、城市—农村、中产—农民、孔雀女—凤凰男、精致—简陋等一系列的对比正是全面市场化、加速城市化以来种种社会热点、痛点的体现,这个刺激性因素搅动了社会群体的互动参与,也搅动了以主流媒体、精英等为代表的"所希望的舆论"——这个热点与痛点正是新闻所需要的以小见大的题材;直至辟谣信息出来后,舆情又转向对个体道德、网络监管等的反思。总之,当事人身份与事件本身是虚假的,但它引出的城乡差距、地域差异、贫富分化等则是真实的社会情绪。

2.舆情的阶层议题

与"上海女孩逃离江西农村"类似,近年涉及民生、政治、法律等的舆情均与某种已有的舆论氛围有关——已有的舆论氛围如同"成蛹"与"出茧"之前的"幼虫"阶段,它是舆情的社会基础。这种舆论氛围就是阶层分化加剧所引起的种种社会矛盾与社会情绪,近年的类似舆情并不少见:

---

① 黄海燕:《对真相的悬置和污名化效应的产生——"上海女孩逃离江西农村"事件中的媒介伦理问题反思》,《宜春学院学报》2016 年第 5 期,第 100—103 页。
② 陈力丹:《舆论学——舆论导向研究》,上海交通大学出版社 2012 年版,第 59 页。

"70 码"与富二代

2009 年 5 月 7 日发生在杭州的一起交通事故，一名走人行横道线过马路的行人被一辆超速行驶跑车撞死。事后，杭州交警部门在新闻发布会上表示肇事车辆的时速在 70 码左右，"70 码"一词迅速在网络流传开来。同样激起舆情高潮的还有肇事司机朋友在事故现场叼着烟、勾肩搭背、表情轻松漠然的网络照片。"超速""富二代"等迅速使这起交通事故成为舆情热点，警方"每小时 70 码左右"的说法，更是助燃了舆情的爆发。

"我爸是李刚"与官二代

2010 年 10 月 16 日晚，在河北大学某校区内，一辆黑色轿车将两名女生撞出数米。被撞一陈姓女生于次日傍晚经抢救无效死亡，另一女生重伤。肇事者李某事发之初并不承认撞人，李某在驾驶室的照片、车牌号、两个女孩倒在地上的照片被上传至人人网、猫扑、天涯等。在网传的内容里，李某下车后口出狂言："我爸是李刚，有本事你们告去""看看你们把我车弄成什么样了"等成为舆情发酵的触发点。此后，这句话成为嘲讽"官二代"的流行语。

郭美美炫富

2011 年 6 月开始，网名为"郭美美 Baby"的女子在新浪微博发照片炫耀奢华，包括其玛莎拉蒂豪车、爱马仕包和高档消费场所信息。由于其身份认证是"中国红十字会商业总经理"，引发公众长达三年多对红十字会及其相关机构募集款项使用的舆论质疑。其间，郭美美"干爹"、郭美美澳门豪赌、红十字会"捐款去向"等成为此次舆情的持续议题。

李天一案

2013 年 2 月，李双江之子李天一涉嫌轮奸被刑拘，引发舆论热潮。一时间，"星二代"、"富二代"、权贵父母护子心切、特权、家庭教育失败等成为舆论焦点。以下是官方媒体的评论：

新华视点［新华微评］(2013-02-28)：据新京报，2010 年梦鸽送给 14 岁的李天一宝马一辆，该车 9 个月违法 32 次，全部未受处罚。未成年就无照驾驶，且视违法稀松平常，是谁为这种危害公共安全行为提供保护、大开绿灯？执法者尊重公民赋予的公权力了吗？聚光灯打在李天一身上,实则反映了公民对特权的深恶痛绝,当反思!

人民日报(2013-02-25)的评论:没有要不到的东西、没有摆不平的事情,势必会把父亲大名当成嚣张通行证、把炫耀财富视为理直气壮、把无视法律看作勇敢者行动,以致做出种种伤天害理之事,并最终只能害己……诸多"坑爹"个案所以升级为社会热点,就与其中夹杂身份、暴力、嚣张等元素有关。更何况,他们所处的时代,还需要纾解阶层分化的心绪、搭建社会信任的桥梁。

……

江苏官员夫妇殴打护士事件

2014年2月25日,微博号"江苏身边事"爆出"南京口腔医院护士医生被打"。

2014年2月25日,南京市口腔医院二门诊官微称:"又一起恶意伤人案发生,昨夜凌晨鼓医集团口腔医院陈护士及朱医生被嚣张家属打伤,陈护士被打到全身僵硬动弹不了……原因仅是不能把夜里急诊外伤病人收住在她的病房!

随着媒体报道、网络大量跟帖等,此事形成医患矛盾、官员特权的舆论框架:

"中国新闻网"发文《南京官员夫妇殴打医生护士致护士脊髓损伤》(2014-02-26)

"中国新闻网"发文《南京被打女护士上肢恢复正常 双下肢肌力恢复不明显》(2014-02-26)

"中国网"发文《南京官员夫妇被曝在医院持伞暴打护士》(2014-02-26)

《京华时报》刊文《南京官员夫妇殴打护士》(2014-02-27)

"人民网"发文《警方公开护士被打监控 称受害人并未瘫痪》(2014-03-01)

……

常州外国语学校"毒地"事件

2015年12月,江苏常州外国语学校的家长怀疑学校环境出现问题。

2016年1月,当地媒体介入学校"毒地"的报道。

2016年4月17日,中央电视台新闻频道《新闻直播间》以《不该建的学校》为题报道常州外国语学校的"毒地":自搬新址后,近 500 名学生检出异常症状,493 名检出皮炎、血液指标异常等,个别查出淋巴癌、白血病等。该校区地下水、空气均检出污染物,污染最重的氯苯,在地下水和土壤中超标达 94799 倍和 78899 倍,而罪魁祸首疑为学校北边的一片化工厂旧址。

　　事件曝光后,立刻引起大范围的舆论关注。随后常州市人民政府立即做出回应。人民网、新华网、中国新闻网等报道了相关新闻,事件的影响力进一步扩大。4 月 18 日下午,常州市外国语学校国际部向家长和师生发布了一封公开信,称充分理解家长及师生的关切,同时直指央视的报道存在一些"硬伤"。4 月 25 日,常州市人民政府发布了相关情况的通报⋯⋯

舆情是社会的温度计——它的发生、发展与演变均既离不开社会土壤的培育;同时,舆情也成为社会环境的组成部分。与经济发展并行的如土地污染、空气污染、食品污染、教育问题等更容易促使本已具备一定话语权、媒介素养及维权意识的中产家庭的关心。常州外国语学校的"毒地"事件与北京西城区白云路小学的"毒跑道"事件中的城市中产家庭均成为舆情的当事人与主力军。

　　无论是与"二代"有关的舆情,还是其他如江苏官员夫妇、常州外国语学校等有关的舆情,均折射出舆情类别、舆情走向中的阶层议题或阶层困境。比如与"二代"(穷二代、富二代、官二代、星二代等)的话题流行相伴的是《我奋斗了 18 年才和你坐在一起喝咖啡》在网络贴吧引发的共鸣;2009 年,廉思的《蚁族》出版;2012 年"屌丝"一词开始流行起来。"富二代""官二代""星二代"是与"穷二代""蚁族""屌丝"等互为说明的社会身份。再有就是近年流行的春节前后"对比照":Linda、Cindy、Vivian、Julia 们回家过年变回了翠花、小红、丫蛋的照片对比——都市中产变身农民的对比照与被证伪的"上海女孩逃离江西农村"事件均牵涉到城乡差距等阶层内涵。

　　这里需要补充的是舆论环境与舆情的关系——舆论氛围是舆情产生的基础或原因,舆情爆发则是舆论氛围的现实结晶。近十余年的"二代"话题、阶层固化等现象构成了某些舆情爆发的舆论氛围,人们对于"二代"的指摘或同情,对于城乡差距、阶层差距议题的敏感都构成了舆情爆发的"火药",某件事件的爆发则成为点燃"火药"的"捻子"。虚构出来的上海白领女孩在江西农村的情节引发大范围的舆论热议,无疑不能单单用春节期间人们都闲适需要某些刺激性新闻调味来解释。李天一的案件中,舆情走向与其父母的身份、言辞、表现等一直紧密关联。常州外国语学校与北京西城区小学的"毒地""毒跑道"也应和了南京学生家长高考减招请愿中附带的中产移民话题。

关于舆情与阶层固化,有学者认为大致有 3 个阶段。第一阶段是舆论萌芽及情绪化阶段,即 2007 年前后至 2009 年前后围绕着"富二代"和"官二代"展开对"二代"现象的热烈讨论,这一时期的舆论具有较强的情绪性。第二阶段是严肃媒体的加入与舆论引导的深化。第三阶段是学术介入与讨论的理性化阶段。2012 年以来,学术界关于"二代"的研究渐成气候,关于阶层固化的讨论出现了学界和媒体的互动,相关的研究逐渐客观和理性化特征。[①] 但从舆情的大体情况看,近年关于"二代"的舆情并无减弱之势;同理,与中产有关的舆情、以中产为主的舆情话语主体也会与既有的舆论氛围一起持续衍生。

关于"上海女孩逃离江西农村"的话题,《人民日报》2016 年 2 月 21 日的新浪微博有这样的评论:

> 一桩无中生有的话题碰瓷,让"上海女孩逃离江西农村"的口水大战搅动整个春节。铺天盖地的"地图炮"与"凤凰男",每个标签都在无端挑起社会的情绪对立。而公共讨论的起点若无事实根基,话题争鸣若只有成见没有理性,那被撕裂的舆论就成了商业逐利、情绪放纵下的牺牲品。当思,共省。

"撕裂的舆论"是否成了商业逐利、情绪放纵的牺牲品尚待证明,但话题争鸣的事实根基则并不限于这个上海女孩是否是上海人,是否是江西农村媳妇的问题,事实根基还有一种——那就是比上海白领的真实性更真实也更有影响力的舆论氛围。于是,对舆情的反思便不能只局限于是否容易相信假信息的情绪放纵或商业逐利,而更应该反思社会情绪的深层原因。喻国明认为,一个事件能引起网民的高度关注,聚集网络舆情焦点,主要是该事件刺激了网民乃至社会公众"最紧绷的那根神经"。[②] 社会公众紧绷的神经构成某种舆论氛围,它是促使舆情之"蛹"与"茧"成型的"幼虫",幼虫阶段类似于集体记忆和集体情绪,对舆情的分析与应对就不能忽视这种舆论氛围的现实存在。

———————————

① 顾辉:《"X二代"舆情衍变特征及其与社会问题的互构》,《重庆理工大学学报》(社会科学)2016 年第 30 卷第 4 期,第 103—109 页。

② 姜胜洪:《网络舆情形成与发展规律研究》,《兰州学刊》2010 年第 5 期,第 77—79 页。

二、与阶层有关的舆情特点

1. 社会敏感度高

"上海女孩逃离江西农村""甘肃一家六口自杀事件""常州毒地""70 码"及"我爸是李刚"等"二代"舆情、涉警舆情、与城管有关的舆情等，看似各不相干，其中有以个体为主体的，有以群体为主体的；有的舆情较为温和如"和颐酒店事件"，有的则舆情汹涌如"甘肃一家六口自杀事件"，但却有一个共同的特征，那就是触动了相关阶层的共同情感，社会敏感度更高。

舆情是社会问题的集中体现与社会情绪的集中表达，与"二代"有关的舆情便清晰地体现了阶层分化引发的社会情绪，这是舆情发生、演化的基本原因。相较于食品安全（如酸菜鱼传播 SB250 病毒）、疫苗安全（如山东疫苗事件）、人身安全（如和颐酒店事件）等舆情事由的具体原因，这一类的舆情能够引发大量网民、群体参与其间——不论是关注、点赞、转发还是评论——这种大量参与或关注、评论等才是舆情发酵的直接体现。

"邓玉娇案"事发后，当事人邓玉娇即在网民群体中成为一个象征符号——与权力对抗的一介草民。"烈女斗贪官""平民杀权势"等成为舆论场的主调。在央视投票调查中，"邓玉娇属正当防卫，应无罪释放"的票数高达 92％以上。网络上各种关于"烈女邓玉娇""替天行道邓玉娇""抗暴英雄邓玉娇"的网络热议还延伸到音乐、"传记"等方式中，"玉娇曲""浪淘沙・咏娇""烈女邓玉娇传""侠女邓玉娇传"等，均凸显了官民对立的情绪。

为声援邓玉娇而建的 QQ 群和"邓玉娇"维权网迅速建立，而巴东当地官方则陷入"不管说什么，都会被网民骂死"的窘境之中。在这场舆情中，为民除害的邓玉娇成为社会情绪的发泄口，官民的对立与割裂也在某种程度上加剧了这个案件的社会敏感度：

> 2009 年 6 月 16 日上午，邓玉娇案在湖北省巴东县人民法院开庭审理。法院大门围聚了三四百人，希望了解开庭情况，人群旁边是穿着便衣维持秩序的武警，气氛严肃。
>
> 法院门口大约一公里的路段，实施了临时交通管制，当有消息传来邓玉娇故意伤害罪成立，但免予刑事处罚时，人群仍然久久不肯散去。[①]

---

① 田豆豆：《邓玉娇案经历 37 天始末：当地政府陷入信任危机》，《南方周末》2009-06-18。

社会情绪的集聚与民众的高度关注是舆情发酵与放大的主因,同理,"70码"事件中,两位当事人一方胡斌是被贴上"富二代"标签开着跑车的富家子弟及其事发后依然勾肩搭背、嬉笑风生的朋友;另一方是毕业于浙江大学、学习与工作期间都很优秀的受害者谭卓。公众对"70码"的不认同,不仅源于表面的身份对峙,更源于警方的判定是否向有钱有权者一方倾斜的问题。于是,不同阶层的身份标签就成为民众拷问执法公正与社会公正的筹码。富家子弟把城市道路当作F1赛道、肇事者朋友的态度、家庭背景被"人肉"、警方匆忙得出的"70码"的时速等引发的是普通大众对"权大于法"的质疑与愤怒。

魏则西事件又与"70码"事件中的谭卓相似,前者是西安电子科技大学的学生,后者是浙江大学的毕业生,在这两场舆情过程中,大学生的标签也成为一种呼吁民情关注、引发中产不安的线索。另外,与魏则西事件有关的竞价排名等话题也与贫富差距涉及的"马太效应"建立了联系——有钱的商家用高价占据搜索结果前列,获得更多露面机会,没钱或钱少的商家却只能排在后面。这样的竞价排名事实也容易激发舆论更偏于以"大学生"都被骗成这样,更何况普通底层的心理印象。

2012年"毕节垃圾桶内闷死五男童事件"被喻为当代版本的"卖火柴的小女孩",其中关于"贫穷""流浪儿童""底层贫困"等成为该类舆情的关键词。2016年"南京母亲为女儿偷鸡腿被抓事件"则被喻为"悲惨世界"的现实版本,也再次引发民众对底层群体社会保障问题的关注……

2.阶层参与的橄榄型形态

舆情话题的橄榄型特征是指从数量及话语影响力角度讲,以社会中产为主的舆情话题数量明显较多,舆情的参与主体也以中产为主;而社会精英或者说社会上层及社会底层则是数量较少的舆情主体或舆情参与者。这一特征是从舆情的集中度及其总体表现特征而言的,并不等同于社会结构体系的表现特征。

从阶层与整体社会状况看,自20世纪90年代开始,中国社会学界对社会阶层的整体判定渐趋于三种不同的看法,如以陆学艺为代表的"中产化",以李强、李培林为代表的"碎片论",以孙立平为代表的"断裂论"。也有学者明确指出,中国的社会形态不应简单地套用"中产阶级"占最大多数的"美国模式"来理解,也不应等同于"无产阶级"占最大多数的古典马克思主义模式。中国的社会实际与两大模式的关键差别在于其小资产阶级。"旧"的小资产阶级,包括农民和工商个体户,今天仍然占据中国社会从业人员的一半以上。至于"新"的小资产阶级,亦即"白领阶层"/"中产阶级"……在中国当前的社会结构中,低收入的小资产阶级,加上低收入的工人阶级,明显占绝大多数;也就是说,从经济收入来考虑,中国的社会结构明显仍然是金字塔型的,而不是橄榄型的……①

不论整体上是什么样的阶层结构状况,阶层既蕴含着社会冲突与不平等特征的结构化特征,又以多层分化的形式繁衍滋生。以中产为例,这一群体滋生于市场化改革,并且在此过程中成为既得利益者;但同时,这些主要凭借专业知识与才能获得中等收入的中产,又有其受损于市场化改革的地方——房改、子女教育负担等使得这一群体开始关注阶层利益与公共政策。主要生发于中产的"屌丝"化情绪与面对底层而生的阶层优势,及一定程度上开始出现的对社会公正、社会福利、公共利益的关注均是中产的复杂性所在。

同时,不同阶层的利益诉求会有相互冲突的可能,如房产物业维权中城市中层与城市上层之间的利益冲突;城市新底层子女的教育公平与城市中产对城市教育资源优势的保护等议题。目前看,社会底层更多关注生活、工作的基本权利,比如讨薪、子女教育、工作维权等。但大致上,与中产相比,社会上层与社会底层显出相对而言"不可见"的特征,但这"不可见"自有不同的原因。社会舆情中关于精英群体、社会上层群体的舆情相对较少——这一群体掌握了社会较多的政治、经济、社会资源,如果出现了与这一群体有关的舆情,多数时候则以负面曝光为主——如经济腐败事件、政治敏感事件等,但这一类舆情不会是常态性的舆情,它不会频频爆发。社会底层处于社会的弱势地位,拥有的经济资源、社会资源甚至是话语资源、媒介素养均不能与其他社会阶层相比,即使令"人人都有麦克风"的新媒体时代,新媒体的赋权力量也未必普惠于这些经济贫困者与信息贫困者。

舆情话题的橄榄型特征,在中产而言明显体现出中产维权意识的突显、媒介资源的充分利用和媒介素养水平较高的特征。

以魏则西事件为例。"魏则西事件"始于魏则西本人生前于 2016 年 2 月 26 日在知乎上的一则题为《你认为人性最大的"恶"是什么?》下的回答;魏则西父亲于 2016 年 4 月 12 日在一则"魏则西怎么样了?"的知乎帖下透露魏则西于当日早上去世,这引爆了事件的大讨论。知乎不光是引爆舆情的平台,它还是聚集以知识分子为主要讨论者的话语平台,以下是魏则西事件中发生于知乎的一些相关表现:

　　除了《你认为人性最大的"恶"是什么?》这篇流传范围最广的问

---

　　① 黄宗智:《中国的小资产阶级和中间阶层:悖论的社会形态》,《中国乡村研究》第六辑,福建教育出版社 2008 年版,第 1 页。

答,还有《怎样才能帮助知乎用户魏则西?》这样的持续跟踪评论性热门文章。而且,不止是赞同数高的问答,知乎的每一个答案都有相应的链接网址,分享或者保存都十分便捷,给敏感事件的跨平台传播创造了有利条件。

话语权掌握在少数精英用户手中,事件热门问答被多方转载,主流媒体的议程设置被削弱。与微博的名人大 V 机制不同,知乎通过知识和信息进行权力赋予,掌握知识、文化、文凭的社会精英拥有这个社区中最核心的文化资本,而文化资本又在用户专业纵深的分析回答中转化为话语权和影响力。

当敏感事件初被搬上知乎平台,精英意见领袖旁征博引式的严谨推断剖析、认真负责的态度、货真价实的分享、积极主动的交流,使事件问答变成为小型舆论场。①

对比社会底层,中产有文化有知识,娴熟掌握新媒体各种信息手段,他们的联合可以最大限度地扩大舆情效应,从而构成较为理性的施压群体。中产成为舆论主力军的现象逐渐成为一种共识:

刚刚过去的一年,诸多调查数据都显示出,中国中产阶级正在告别网络中"沉默的少数"这一角色,成为走在网络舆论前台的主力军。这不仅由新的网络生态环境引起,更与中国社会长期以来存在的社会问题息息相关。

2016 年,在中国涉及城市居民、人身安全、财产安全、人格尊严和法治保障的舆情事件多于往年,而这些恰恰是中产阶级特别关注的领域。人民网舆情监测室发布的《2016 年中国互联网舆情分析报告》的数据显示,过去一年来,公共管理事件成为所有舆情热点事件中数量最多的一类,共 228 件,在热点事件中占比 38%。这些事件往往涉及中产阶级的切身利益,自然容易引发其强烈的代入感。不过,其中更为根本的原因还是中国既有的诸多社会问题长期以来没有得到解决,使得中产阶级愈发恐慌。②

虽然目前关于中产的界定仍有不同的说法,但从普遍认同的角度看,接受

---

① 清博舆情:《敏感事件在知乎上的演变特征及抢占舆论制高点的原因》,载氧分子网,2016 年 9 月 17 日,http://www.yangfenzi.com/shehui/65339.html.2017-04-20。

② 李玲:《网络舆论场上的中国中产阶级》,http://news.ifeng.com/a/20170227/50735662_0.shtml,2017-04-20。

高等教育,享有一定的经济资本,拥有相似的消费水准、文化水准等是中产的基本内涵。中产既通过相对于权贵者较低的、较不安全的弱势者地位,运用对媒介的使用与掌握,为教育、食品安全、社会公正、阶层固化等问题发声,又通过相对于底层弱势者的相对优势,为自身的权利、为弱势者的权利而发声。因此,作为橄榄型舆情结构的中坚力量,中产一边利用着市场经济获利者的优势以各种资源的调动与利用保卫着阶层的生存空间;一边又站在弱势者的立场上抵制权贵者对各式资源的垄断与占有,并通过各种话题呼吁重新分配资源、呼吁社会公正等以缩小贫富差距、扩张阶层生存空间。

社会底层虽然也会遭遇各类问题,如农村的征地问题、留守儿童问题、农民工的相关问题等,但这些群体对网络的接触、使用及使用目的等均难以与中产相比。进一步讲,也许在解决了网络接触的问题之后,社会底层对于网络内容的使用还是存在着明显的信息鸿沟、信息贫困的问题,比如只是接受信息,只是浏览、观看,信息共享少,对海量信息难以甄别、以娱乐信息的接受为主等情况。底层群体经济资源和认知的有限性会影响到对信息的主动使用。网络论坛、微博、知乎问答、微信公号等新媒体空间里,底层的身影相对较少。再从各类舆情讲,虽然有些舆情涉及底层身影,比如"甘肃一家六口自杀事件"、洗脚女邓玉娇的案件、天价彩礼的争议等,但搅动舆情话题的却往往是中产为主的群体。

3. 舆论调动的不同特征:网络动员与线下行为

舆论调动的不同特征是指以中产为代表的舆情力量善于网络动员,以底层为主的舆情话题则以线下行动为主要形式。

网络动员指通过网络的方式,发布、共享信息以进行集体性的干预和抵制,网络动员的事项各自不同,但又可根据动员对象及事件性质分为个人诉求动员、群体利益动员和公共利益动员。

以近年舆情的发生情况看,占有较多资源的中产阶层多数是通过网络进行群体利益动员和公共利益动员。各种资源处于劣势的底层即使通过网络进行动员,也多数以个人诉求为主,通过网络意见领袖等的中介方式进行网络动员,或者是直接以其悲剧性、奇观性的行动引发新闻爆点,再以此进入大众视野,引发以中产为主的舆情介入。

中产对群体阶层利益的维护往往通过网络信息的发布、共享及有意识地扩大等形成舆论压力,进而以压力群体的身份倒逼相关部门表态或处理。在这个过程中,对公共利益的逐步介入也是近年较为突出的现象,例如在房产维权、教育维权的私利争取以外,中产也越来越介入对公共利益的呼吁、倡导中。2010年上海胶州路火灾事件,从韩寒对高楼消防的网络质疑,到当时的《财经》副主编罗昌平在微博爆出承包商与政府勾结的可能,再到"北京厨子"等人在微博中号召博友组织自发性悼念活动,媒介人、知识分子等城市中产成为舆情事件的主要身影。2011年3月,南京地铁建设中搬迁、砍倒南京老城区许多梧桐树,引起市民关注,但这事件直到媒体名人的微博转发后才引起广泛关注。与其他事件相似,舆论的形成逐渐显出一个共有的模式:事件发生、市民通过新媒体发布信息、中产意见领袖通过新媒体发表关注、大众媒介报道扩大影响力、政府重视、问题解决。2012年北京"7·21"暴雨之后不久,以中产为主的"双闪行动"以微博、主题网页等形式引发公民互助的公共议题,随后,武汉、太原等地相继成立"双闪"志愿者民间组织。

从网络动员的优势位置讲,中产内部虽然也存在着一定的差异性,比如居于中上层的意见领袖,以及居于中下层的"蚁族"大学生、"屌丝"等,但整体上的数量庞大以及对互联网各种平台、渠道的熟悉掌握等,加上相对优势的社会资源的占有,这些中产可以上下沟通,比如为底层呼喊,比如动员社会精英如院士、专家等。见多识广、消息灵通、有相当的话语权和影响力使得中产成为各类舆情中积极的评论者、转发者和号召者。与其说这是新媒介的力量,不如说是阶层力量差异在新媒介环境下的平移甚至强化。与容易被忽视的农民"群体事件"不同,城市中产阶级的抗议更容易受到瞩目,原因就在于他们具备一定的专业知识,具有相对丰富广泛的社会资源,以及与媒体和各级政府部门沟通的技巧,并且本身就拥有一定的政治与经济资源。

但是,值得关注的是作为利益阶层的中产在利用优势结构位置进行诉求时,也存在挟底层而主导舆论焦点的情况——对底层的话语关注也存在着中产把底层作为话语筹码的可能。[①] 因此,在对舆情的理性分析中,也需注意中产的代表性与普遍性,中产维权的权利意识既存在阶层利益的争取,也存在公共利益的呼唤。总之,这一群体"是个杂领群体"。[②]

与之对应的是,舆情事件主体如果是底层弱势者,则或者是以悲情事件引发舆论关注,或者是想尽办法联络意见领袖、网络大V以达到诉求。毕节垃圾桶内闷死五男童事件,南京母亲为女儿偷鸡腿被抓事件,辽宁夏俊峰案,农民工讨薪之"跳楼秀""下跪讨薪",江苏7名访民在中国青年报社门前喝农药集体自杀等舆情事件均不是以较为理性的、策略的网络动员方式强化舆论影响力的。底层最可利用的阶层资源是其身体与生命,是悲剧与悲情,是伦理资源与情感

---

① 郑杭生、邵占鹏:《舆论焦点掩盖下的中国阶层流动现实》,《人民论坛》2014年第1期(中),第8—11页。

② 周晓虹主编:《中国中产阶层调查》,社会科学文献出版社2005年版,第8页。

资源。2016年甘肃母亲杨改兰杀4子后自杀的悲剧引发舆情关注,随后一篇署名格隆的《盛世中的蝼蚁》出现于各社交媒体上:

> 　　这就是杨改兰们——中西部绝大多数农民的真实生态:他们都是"盛世"下的蝼蚁,无关紧要,无人在意,也无人关注。他们在社会的最底层苦苦挣扎,但始终看不到一个出头之日。对他们而言,勤劳致富只是一个美丽且虚幻的泡沫。杨改兰即使不自杀,穷尽一生所得,也可能无法在哪怕省城兰州买一个厕所。"精英"占有和集中了社会所有的资源,留给杨改兰们的,只剩下贫瘠和这辈子也可能爬不出的穷困泥沼。社会车轮滚滚向前,但他们被毫不怜悯地刻意甩下、遗弃甚至无情碾压。
>
> 　　……

这篇文章的阅读量很快达到10万＋,底层、悲愤、蝼蚁、生如草芥、贫富对立、无情……这些情绪性的文字无疑是以阶层对立的视角写就的。当阶层固化成为社会共识时,所有与贫穷有关的舆情议题——不管事件主因是什么,都容易被扯进这个"结构性不公"的框架里。因而,底层的舆情参与,与其说是参与,不如说只是事件的当事人,他们并不具备主导舆论走向的话语能力。

从引发和参与舆情的特征看,中产往往以理性诉求求得认同,而阶层资源更加薄弱的底层则往往采取感性及道德诉求的方式赢得关注与同情。弱者的武器中因为缺少经济的、政治的、文化的、媒介的资本而尽力以其示强的义愤或示弱的悲情为资源——他们只剩下这些资源,哪怕是知识分子式的戏谑的本领都不具备。[1] 只能选择悲情或义愤而不具备理性、克制、逻辑说理甚至法律知识,是与文化资本紧密相关的社会阶层的问题,如城管与小贩的冲突性议题中常出现的情感与道德诉求方式。因此,还应该看到公共交往过程中理性原则神话化背后存在的对底层话语方式的忽视。但悖论也在于:"为悲情抗争的空间是伦理空间而非法理空间,伦理化的抗争空间反过来也限制了抗争所能采用的手法……降低了靠制度化途径解决利益矛盾和社会冲突的可能。"[2]

当然,舆情事件中的中产阶层与底层群体并非就只是泾渭分明的理性与感性的区分;或是一个懂得运用网络动员策略,一个只会采取实际行动以自伤等方式引发舆情关注的"被侮辱与被损害"的对象。中产的庞杂与底层的变迁及

---

　　① 杨国斌在他的《悲情与戏谑:网络事件中的情感动员》中认为一喜一悲往往成为网络事件中情感动员的两种风格,参见《传播与社会学刊》2009年总第9期,第39—66页。
　　② 王金红、黄振辉:《中国弱势群体的悲情抗争及其理论解释——以农民集体下跪事件为重点的实证分析》,《中山大学学报》2012年第1期,第160—163页。

社会现实的复杂等都会使个人诉求、阶层利益诉求及公共利益诉求出现"变异":如网络的煽动性动员、舆情中的谣言现象、人肉搜索、网络泄愤等。即使是在中产内部,观点对立引发的互相攻讦、情绪激烈,甚至标签化、站队式的抨击与点赞也是群体"极化"的端倪所在。

总之,新的传播技术为阶层空间的建构提供了可能,但它并非建构公共空间的充分条件,政治、经济、文化等各种因素的交织始终伴随着新媒介的种种应用及行动方向。当然,新媒体因提供更多自我发声的机会而正在改变社会舆论形态。

三、舆情与社会进程

1. 社会进程与"双向运动"

陆学艺关于中国十大阶层的研究报告,大致与美国的"橄榄型"结构相似,陆学艺认为中国的中产已经成为社会多数人群。2002 年中国共产党十六大召开,会议提及因经济发展形成的社会分层与陆学艺的《当代中国社会阶层研究报告》(2002 年)所说的社会阶层一致,即国家与社会管理阶层,经理人员阶层,私营企业主阶层,专业技术人员阶层,办事人员阶层,个体工商户阶层,商业服务业员工阶层,产业工人阶层,农业劳动者阶层,城乡无业、失业、半失业者阶层。[①] 当然,2002 年的这个研究报告并不能说明社会阶层的全貌,同时社会阶层也是变动不居的。

但关于"橄榄型"特征的阶层构成也有不同的看法,黄宗智认为中国的社会形态不应简单地套用"中产阶级"占最大多数的"美国模式"来理解……中国的社会结构明显仍然是金字塔型的,而不是橄榄型的。[②] 关于社会结构是不是橄榄型的特征虽然各有各的说法,但从舆情空间讲,橄榄型的阶层话语结构却相对明显——无论舆情主体是否中产,他们均构成舆情空间的主要力量。当然,这种情况或特征只是一个相对而言的局面,社会底层因极端性事件比如杨改兰一家六口自杀、毕节儿童垃圾桶内闷死、抵制强拆而自焚、跳楼式讨薪等也因新闻曝光而常常进入舆情视野,但搅动舆情的当事人仍旧常常是舆情空间的沉默者,报道者、讨论者、转发者、声讨者仍旧以中产为主。同理,处于社会上层者也会因腐败、涉案等事由成为舆情的当事人,但参与舆情的主要群体却并非上层自己。

---

① 陆学艺:《当代中国社会阶层研究报告》,社会科学文献出版社 2002 年版。
② 黄宗智:《中国的小资产阶级和中间阶层:悖论的社会形态》,载《中国乡村研究》第六辑,福建教育出版社 2008 年版,第 1 页。

舆情的阶层视角来自两个主要因素:一是中国范围内市场化体制促发的阶级/阶层的巨大变革;二是全球范围内媒介化社会的兴起。

先从全球范围内媒介化社会的大背景讲。全球范围内媒介化社会的形成与互联网的普及有紧密的关系,学界业界也通常用信息化、数字化予以表述,信息环境、数字技术已然成为社会"环境"——即媒体的巨大影响力和建构性。当代传播科技广泛而深入地渗透于文化、经济与政治和社会体系当中,势必会影响到个体、群体间及社会阶级/阶层等社会关系的变化。对舆情频发的解释往往可以用社会转型来解释,自改革开放以来,由计划经济向市场经济的转型已经有近四十年的时间,但舆情相对集中的发生却是近十几年的事,这与新媒体的赋权特征有关。

再从市场化以来中国的阶级/阶层变革讲。计划经济体制下中国的阶级/阶层结构主要是两个阶级一个阶层:工人阶级、农民阶级和知识分子阶层。1978 年 12 月 18 日,党的十一届三中全会结束了"以阶级斗争为纲"的发展路径,提议把全党的工作重点转移到社会主义现代化建设上来。1992 年,邓小平"南巡讲话"拉开了中国市场经济体制改革的序幕,启动了新中国后革命时代经济全球化的进程。在这个过程中,资源重新分配与重新积聚的状况对社会结构产生了巨大影响。90 年代中后期以来,伴随国企、住房、教育和医疗卫生四大改革的集中推出,中国社会短时间内出现了一个规模庞大的底层社会或弱势群体,1997 年世界银行发表的《中国收入分配差异》报告指出,中国的基尼系数已由 1981 年的 0.281 上升为 1995 年的 0.388。21 世纪以来,媒介融合现象加剧,移动互联网技术得以普及;社会阶层间的流动性似乎受阻,代际流动继承性增强,标识收入分配及贫富差距的基尼系数持续走高,如图 8-3 所示。

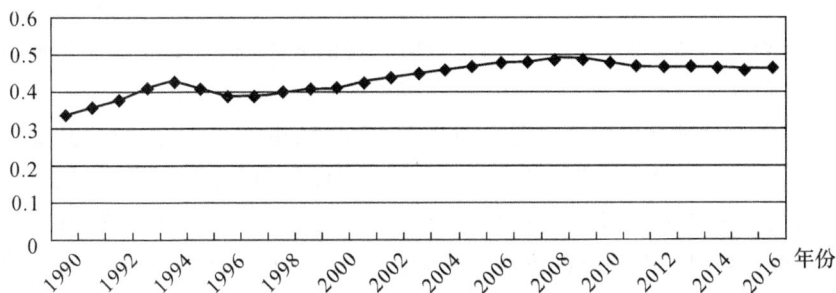

图 8-3　1990—2016 年中国基尼系数

国际上通常把 0.4 作为收入分配差距的"警戒线"。贫富分化的基尼系数在 2008 年达到近年来最高水平,为 0.491,从 2009 年开始,基尼系数略有下降,但仍维持在较高水平。在此社会背景下,"富二代""官二代""贫二代""农二代""星二代"等热词的流行,正是所谓舆情背后的舆论环境。上海女孩与江西农村之间的标签化、城乡对立就是在一个已经存在多年的舆论环境的基础上形成的。喻国明认为,舆论是社会心理内容的外化集合化的表征,而外化集合化需要赋予舆论可感知的符号形态及意见表达、相互作用的具体环境称之为舆论场,有了舆论场的具体环境,舆论主体的意见表达和态度得以成形。① 随着社会阶层结构的分化,再借助于自媒体的迅速性与广泛性,社会的分化现实就延伸至媒介空间,舆论场或舆论环境的"施压群体"得以形成,社会分化更加明显。阶层分化与新媒体之间的互相影响或者说叠加效应便不容忽视。

伴随新的社会阶层的出现,以及相较于 80 年代之前单纯从政治上界定阶级的不足,阶层划分的其他维度——如在生产资料的所有权之外,通过收入、职业、市场资源、政治权力资源、文化资源甚至媒介素养、话语表达能力获得量等综合而成的阶层划分或阶层内涵,也越来越明显地体现于舆情的话语空间中。

舆情是一种社会"反制",如同波兰尼所说的社会的"双向运动"。他认为市场是嵌入在社会当中的,并且受到社会的控制。但是自 19 世纪以来,市场逐渐摆脱了社会的控制并不断扩张,进而把所有的生产因素如劳动力、土地和货币都商品化了,这是社会的"大转型"——商品化的溢出也是贝克谈风险社会的背景性因素。波兰尼认为,自我调节的市场并不存在,因为如果要创造一个完全的自发调节的市场经济,那么,人类社会关系与自然环境就会彻底的商品化,这样的结局自然是毁灭性的。波兰尼认为,市场的彻底商品化过程必然会遭到社会的自我保护。自我调节的市场过程也是社会反抗的社会过程,参与这个反抗过程的是所有的社会阶层。② 就中国而言,自改革开放以来资源重新分配,社会结构体系相应发生变化,这个"大转型"的过程既包含商品化的全面渗透,也包含社会各阶层群体权利意识的增强与阶层利益的维护,这就如同波兰尼所说的"大转型"及这个大背景下"双向运动"的同时展开。

近年发生的种种舆情不过是一种对经济至上、市场化决定一切的"反向运动"——腐败议题、环保议题、教育公平议题、农民失地议题、农民工讨薪议题、房产议题、涉警议题、医患纠纷议题,还有涉及社会公平、公正等议题,无不触及市场化、商品化对各个领域的渗透与侵袭。"今天不发声,明天你就是下一个××""今天你不发声,明天就没有人为你发声"等口号的煽动性也昭示着社会经济发展过程中各阶层群体缺乏安全感、试图构建防御性共同体的心态。2016 年

---

① 喻国明、刘夏阳:《中国民意研究》,中国人民大学出版社 1993 年版,第 283 页。
② 王绍光:《波兰尼〈大转型〉与中国的大转型》,生活·读书·新知三联书店 2012 年版。

的杨改兰杀子自杀事件,也被多数自媒体贴上"因贫穷致死""取消低保致死"等标签,再进而把话题顺利地滑入贫富差距、社会不公的讨论中。

这种"反向运动"——舆论反制一方面是对社会全面市场化、商品化的抵制,另一方面却容易引起或加剧社会的风险程度。就阶层分化的事实看,舆情一方面体现了阶层分化的事实,另一方面又以其舆论氛围的强化、舆论话题的反复、情绪动员的影响以及事件过后的舆情集体记忆而对阶层分化的现实起到"建构"作用。

从"上海女孩逃离江西农村"看,这一舆情过程便以"上海女孩"一方与"江西农村"一方展开。尽管是虚假的身份设定,但代表市场经济获利方的"上海女孩"及支持其自主选择婚姻对象的一些网络名人、社会精英、大众媒体等构成了自由主义市场经济的价值立场。而代表弱势方的"江西农村"家庭及虚构的"凤凰男"形象则成为市场经济丛林法则下的话语弱势方。虚假的双方当事人恰好成为阶层固化背景下不同阶层阵营的代言人,媒体及网民对这一话题的热情参与体现了转型社会背景下的"双向运动"——可以说就是"面包与爱情"的争议、城市中产与农村底层的争议、市场功利原则与反功利原则的争议。

再以魏则西事件为例。这一事件不仅包含了普通大众、中产阶层对自身身份的不安及其引发的共鸣,也包含了对市场化机制全面渗透的不安与抵制。百度的竞价排名意味着市场化机制已经把信息入口商品化了,即所有人都需要的信息检索通道也没有逃脱商品化及"有钱者通吃"的法则。与百度竞价排名一起牵扯出来的还有相关医院已经被"莆田系"承包的事实,因此,关于魏则西的舆情沸腾包含有对市场化机制及百度垄断性地位的不安和不满。

当土地、资本、劳动力、知识等演变为生产要素之后,信息的生产与信息的入口、医院的救死扶伤也成为谋利的要素之后,这种无利不往的态势几乎深入于经济、政治、社会与文化的各个方面,因此,"反向运动"应运而生。

2.阶层视角的舆情种类及舆情新常态

舆情的阶层视角来源于社会现实状况——社会转型的大背景。所谓转型即是以市场经济为主取代计划经济为主的发展模式,但是这种经济机制不会只在经济领域发生影响,它还会影响政治、社会与文化领域。以舆情的视角看,与阶层议题相关的舆情大致可以有如表8-1所示的归类。

表 8-1　阶层议题的舆情归类

涉及领域	主要舆情议题	主要当事主体
偏于经济领域的劳资矛盾	劳工维权、讨薪、几连跳……	打工者、企业主
偏于政治领域的官民矛盾	涉警、涉城管、贪腐话题、征地、拆迁、扫黄打黑……	政府职能部门、普通民众、公检法、各阶层……
偏于社会领域的各类议题	关于"二代"的议题;"邻避"、治安、食品安全、教育、医疗等议题……	城市中产、底层、权贵者
偏于综合领域的城乡矛盾	"地域黑"、征地、婚嫁……	城市中产、农民

　　从经济领域讲,市场机制及其相应理念致使劳动力与资本均成为生产要素,劳资冲突成为一个既涉及企业又涉及政治管理的话题。但是在这个过程中,资本要素相对于劳动力要素成为绝对优势,这也是劳资冲突的发生机理与化解难度的原因所在。在此背景下,劳资冲突、劳工维权、讨薪等冲突性较为激烈的事件难以在短期内得到完全解决,关于效益与公平的话题也会是各阶层共同关注的问题,这也是经济领域内舆情的常见类型。

　　从政治领域讲,市场机制从经济领域延伸至政治管理理念,政治职能部门的执政理念、公检法的官民立场等均发生相应变化。维持投资环境、维持市场秩序及经济高速发展的理念自然会影响到政府部门与普通民众的关系。在此背景下,伴随新媒体技术手段的普及以及民众权利意识的增强,各阶层民众对政府职能部门的更高要求、对权利部门的问责等也将是一个长期存在的舆情发生领域。

　　从社会领域讲,高速发展的经济模式附带的环境污染、贫富分化、社会治安状况、食品安全问题、教育资源问题、医疗体制问题等均成为与各阶层民众日常生活息息相关的话题。这些问题也许不会像经济领域里劳资之间的激烈、不会像政治领域的话题敏感,但相关议题的普遍性、反复性及对各阶层尤其是城市中产的影响性及参与性等均会使这类议题生成或演变为重大舆情。另外,因为经济高速增长而带来的一些问题如环保议题,因为市场机制带来的一些问题如教育、食品安全等议题,均会有一个相对于经济发展、制度管理等相比的滞后期,在短期之内,这类问题的出现频率是否会有变化还难以判断。

　　从城乡矛盾讲,社会流动带来的文化矛盾、文化适应及其背后涉及的经济地位等问题也会成为一类常见的、但情绪矛盾不太激烈的温和型舆情。比如城市化扩张过程中的农村征地问题,与性别及农村底层有关的彩礼问题,涉及地域歧视与"地域黑"的争议,"凤凰男""孔雀女"的标签化等问题。有些议题如征地问题相对于社会观念、地域歧视、身份标签等阶层与文化的问题,其冲突性会更加明显。相比而言,偏于城乡文化观念的议题则相对温和却也将更加持久,如伴随社会流动性及经济发展等问题,与阶层身份及性别有关的婚嫁、购房、观念冲突等议题,应该也是未来各式舆情里的常客。

越来越多的阶层群体会因各种舆情的爆发氛围而产生焦虑与不安的心态,这种"被剥夺与被损害"的心理会从社会底层向社会其他阶层扩散。正如伯内斯在谈论舆论的未来所说:"舆论正是被越来越多的来自底层社会的力量所影响、改造或震荡。这一发展趋势昭示着人类社会与文化的进步,而同时危险也是对显而易见的。"[①]与社会进步相伴的是各个阶层效益与权利的分配和所得,这是各类舆情的产生、社会风险的潜伏等的原因所在。

还有两个需要提的特征:"跨界"或"混合"。

(1)阶层议题的"跨界"特点。阶层议题常常不是单纯的经济、政治、社会、文化领域的议题,它常常表现为既是经济领域的议题,也是政治领域、社会领域、文化领域的议题。比如与劳资冲突相关的舆情往往是效益与公平的观念冲突,效益与公平的观念与政府管理、政府职能有关,因此经济上的工资纠纷也是对政治领域的规章质疑。中产参与度较高的"邻避"类事件、环保类事件、教育类舆情等也都关涉到政府职能部门、商业投资、市场规范等角色和监管职责。比如常州外国语学校污染事件,便从学校范围、本地范围蔓延至全国范围,当地学生面临的污染问题演变为对化工企业污染、学校用地规划、经济快速发展及可能的官商勾结等问题的质疑。跨领域、全媒体的舆情态势搅动多个领域与话题,舆情的"龙卷风"效应一时难以抑制。

即使是偏于文化领域的舆情类别,比如"上海女孩逃离江西农村"也是既与城乡差距也与经济发展水平相关的话题争议。正因此,一则舆情事件或多或少会牵涉多个领域多个部门,这既是舆情具有广泛扩散与广泛影响力的原因,也是舆情应对中的"老大难"问题所在——舆情诉求对象往往涉及多个领域多个部门,舆情应对往往需要多方协调互动补充。

(2)阶层议题的"混合"特点。比如内含阶层权利、阶层身份的舆情还会与性别权利、性别身份及其他的议题如民族、宗教等混合交织。进入舆情视野的"剩女"推高房价、"剩女"营销等均以中产女性为主要诉求对象;"逃离江西农村"的上海女孩又是"凤凰男"与"孔雀女"的阶层身份与性别身份结合体的桥段;而上海与江西的城乡标签也与博士记者的"回乡记"等话题一起搅动城乡与

---

① [美]爱德华·L.伯内斯:《舆论的结晶》,胡百精、董晨宇译,中国传媒大学出版社 2014 年版,第177 页。

阶层的对立情绪。另外,民族问题、宗教问题等也会与经济发展过程中的收入差距、文化认同、社会流动、社会治安、传播手段等结合在一起,成为未来舆情可能的话题。

以上现象之外,还要关注的是新媒体的不断创新,这一特点无疑会继续增加舆情发布、舆情参与的渠道,以及舆情的话语形态及话语特征,比如社交媒体具有的"先分享再集中"的特征取代了群体行为"先集中再分享"的旧法则。[①] 先分享再集中——插上翅膀的舆情信息既容易调动各阶层群体的情绪,又容易因"快意恩仇"的情绪化而导致谣言与误解的生成,这也对舆情应对、舆情管理等提出更大的挑战。社会化传播手段改变了信息共享、群体认同及集体行动的方式,比如微博、微信、知乎等信息阅读本身就是信息共享的终点与起点,而点赞、评论、转发等是比信息共享更高层次的合作,是情绪、态度与理智判断的结合,是走向集体合作的基础,也是走向集体行动的前兆,或者说,网络语言、信息分享或参与本身就已经是一种述行行为。

德国社会学家伊丽莎白·诺尔·诺依曼提出了著名的"舆论是社会的皮肤"的观点,当下网络舆情已然成为社会情绪的"皮肤"和"温度计"。从根本上讲,舆情是社会变动的结果,也是社会发展的情绪面孔。刺激性事件的发生与意见群体的存在,再加上主流媒体舆论场与民间舆论场的博弈或互动,使得传播手段、社会各阶层力量与政治、经济权利等形成一个三方力量。这三方力量一方面各自动态化地发展演变,另一方面又一起推动舆情态势的行进,其中政治与经济权利依旧占据着主导地位,新型传播技术与传统主流媒体一道以全媒体或跨媒体的形式,或自上而下、或自下而上地与政治、经济权利及各阶层力量进行合作或话语博弈;而各阶层群体也因不同或相同的利益诉求借助不同传播手段获取更多的舆论支持。

以上均构成舆情的新常态:舆情的泛政治化、泛经济化、泛社会化、泛文化化等特征;舆情诉求主体从底层向其他阶层蔓延;以中产为主的舆情话语主体以及阶层议题"跨界"与"混合"的特点。各级政府职能部门应该以知晓舆情的新常态为基础,规划出更加合理、可行、有效的舆情应对方式。

本章小结

1. 与阶层相关的舆情特性表现多样,新的传播技术为阶层空间的建构提供

---

① [美]克莱·舍基:《人人时代:无组织的组织力量》,胡泳、沈满琳译,中国人民大学出版社 2012年版,第 30 页。

了可能,但它并非建构公共空间的充分条件,政治、经济、文化等各种因素的交织始终伴随着新媒介的种种应用及行动方向。

2.舆情诉求主体从底层向其他阶层蔓延;以中产为主的舆情话语主体以及阶层议题呈现"跨界"与"混合"的特点。

复习与思考

1.理解与阶层有关的舆情特点,关注舆情演化过程中中产阶级与底层群体之间的关系。

2.结合舆情的阶层视角,理解舆情是一种社会"反制"的观点。

3.辨析阶层视角的舆情种类,理解舆情新常态。

4.就伊丽莎白·诺尔·诺依曼提出的"舆论是社会的皮肤"的观点,谈谈你的看法。

第九章　新媒体舆情的应对法则与理念

一、新媒体舆情的应对法则

舆情应对的法则是指舆情应对的具体思路。首先,舆情应对的主体各自不同,小到某一学校、某一企业的负责人,大到国家层面的政府管理,但不论哪一层次的主体,应对法则与应对宗旨是相似的。其次,舆情应对还要明确关于舆情的认识与价值判断,如果各主体把各类舆情的发生、发展视为检验工作效果、完善工作能力、加强民意沟通的方式,舆情应对的原则与策略就更加积极有效;如果把舆情一味地当作洪水猛兽、当作"惹麻烦",那么舆情应对可能会消极被动,甚至因此引发舆情的次生灾害。所以,只有在明确了对舆情发生的认识论与价值判定之后,关于舆情应对的原则与策略才能更加有效更加精准。

目前关于舆情应对的法则众说纷纭,其中一些法则多数参照危机公关的基本原则,如里杰斯特的 3T 原则:1. 以我为主提供情况(Tell You Own Tale),强调政府应掌握信息发布的主动权;2. 尽快提供情况(Tell It Fast),强调危机处理时政府应该尽快发布信息;3. 提供全部情况(Tell It All),强调信息发布要全面、真实,而且必须实言相告。[①] 3T 原则中既包含了具体的策略、方法如"尽快""全部"等,也包含了基本的原则思路如主动应对的态度与思路。如果从新媒体的角度看舆情,3T 原则相比于传统大众传媒显得更加贴切,它实际上是舆情应对的"时""效"和"度"三个方面。

1."时"的法则

"时"就是"快",即尽快提供情况(Tell It Fast),而"快"则是个相对的、动态的概念。习近平强调,做好舆论引导工作,要把握好"时、度、效"。"时",就是要把准舆论引导的最佳时机,什么问题第一时间报道,什么问题看看后续发展再说,都要有比较清晰的时间规划,做到不滞后不超前。舆情应对也是这样的原

---

① ［英］迈克尔·里杰斯特:《危机公关》,陈向阳、陈宁译,复旦大学出版社 1995 年版,第 124 页。

则,把握最佳时机,不滞后不超前。

　　不论是大众传媒生态背景下突发事件"黄金 24 小时"的处置准则,还是新媒体背景下舆情处置"黄金 4 小时"的原则,都是舆情应对的"时"的法则。人民网舆情监测室基于互联网环境提出的"黄金 4 小时"原则,就是因应新媒体环境下信息瞬息万变的特征。当然,"黄金 4 小时"并非铁律,考虑到舆情发生之后信息核对、情况准备等,以此为基准的应对时间可长可短。比如微信等即时通讯工具的普及,甚至会促使 4 小时的应对时间进一步缩减;而面对重大舆情,因事件影响力、复杂性等问题,4 小时的窗口期可能会适当延长。2016 年 8 月 11 日,国务院办公厅印发了《关于在政务公开工作中进一步做好政务舆情回应的通知》,要求对于涉及特别重大、重大突发事件的政务舆情,最迟应在 24 小时内举行新闻发布会;对其他政务舆情应在 48 小时内予以回应,并根据工作进展情况,持续发布权威信息。北京市 2017 年政务公开工作要点中也规定将加强重大政务舆情的回应与督办,严格执行特别重大、重大突发事件最迟 5 小时内发布权威信息、24 小时内举行新闻发布会的时限要求。因重大舆情造成严重不良影响的,实行通报批评和约谈制度。而在谣言类舆情的传播与应对中,一般情况下,舆情发生后的三四天时间是谣言的高发期,因此又存在着制造和传播谣言的"黄金 72 小时"现象,由于谣言的查明、辨识需要一定的时间,那么 4 小时、5 小时或 24 小时的时间准则便难以维持,在必要的解释之后则可能是持续性的信息发布与新闻通报,以尽可能缩小谣言类舆情的传播范围与传播效力。

　　以 2016 年 7 月下旬邢台的洪涝灾害为例。2016 年 7 月 20 日凌晨 1 点,邢台市大贤村洪水突至,熟睡中的村民突遭洪灾猝不及防,整个村庄几乎被淹,多位村民被洪水冲走,其中包括几名儿童和老人。针对灾情,当地媒体对灾情的报道较少,接受采访的官员甚至表示"没有人员伤亡"。而在另一个舆论场——新媒体空间中,与灾害有关的图像、视频,甚至触目惊心的被淹尸体的图片已然四处传播,民众的悲愤、怨怒直指天灾之外的人祸,即上游水库进行人为泄洪导致下游被"灭村"。

　　相关舆情量在 7 月 23 日达到顶峰。7 月 23 日,邢台市防汛抗旱指挥办公室召开抗洪救灾新闻发布会,公布洪灾遇难者及失踪人员名单。晚间,邢台市召开抗洪救灾新闻发布会,邢台市市长董晓宇代表市委市政府,向所有遇难、失踪者亲属和受灾群众表示道歉。但这次新闻发布会已是被动之举:之前的 7 月 22 日,邢台开发区东汪庄大贤村村民堵路要求与政府对话,导致 107 国道与326 省道邢台段交通瘫痪。随着群情激动和事态发展,开发区管委会工委副书记王清飞赶到现场处置,为安抚群体情绪向群众下跪。

　　邢台市市长董晓宇表示,这次洪水教训除了对强降雨的预判和应急能力的不足,还有一个原因就是灾情统计、核实、上报不及时、不准确,上述原因综合导致当地村民围堵高速公路,要求与政府对话的舆情危机。从7月20日凌晨到7月23日的新闻发布会,官方的权威信息发布时间滞后了两到三天,正是这两到三天的时间,才使"人祸说"的舆论风潮得以占据上风。

舆情事件中回应时间的滞后不只是回应态度与解决问题的效力所在,它还是诸多舆情"恶化"或升级的直接原因,即快速回应本身成为当事群体的主要诉求。快速回应不力容易使小事变大,大事变坏,如2009年石首"6·17"事件就是小事变大,甚至演变为群体性事件的典型案例。

2009年6月17日,湖北石首市一酒店内发现一具尸体,死者为酒店厨师,因死因不明,死者家属将尸体停放在酒店大厅。事后两天,数千群众围观,交通堵塞,警民发生少许冲突,公安、武警人员共62人受伤;16台警用车辆遭到不同程度的损毁;永隆大酒店、疾控中心、笔架山派出所被焚烧、打砸;周边企业、学校等单位的生产经营、教学和居民生活秩序受到严重干扰,造成重大财产损失和恶劣的社会影响。

以下为事件的具体过程:

2009年6月19日,石首市政府网站发布《我市发生一起非正常死亡事件》的消息,内容称,众多不明真相的群众设置路障,围观起哄。

6月20日,石首市政府发布《致全市人民的公开信》,表示要严格依法查明死因,号召市民不被少数不法分子蛊惑,不信谣,不传谣,不围观,不起哄。

6月22日,湖北省省委书记、省长亲赴石首市处置事件。

6月23日,荆州市委书记应代明表示坚决将"6·17"事件查个水落石出,案件将由省公安厅指导督办,荆州市公安局成立专班办理案件,请国内最权威的专家主持尸检。

6月25日,专家组公布尸检结果,死者系自杀身亡。

从6月17日事件发生到20日石首市政府发布公开信,时间超过3天,《人民日报》对此的评论是:在长达约80个小时内,一方面是政府的新闻发布语焉不详,一方面是网友借助非正式媒体发布信息,探寻真相。据不完全统计,在这段时间里,体现政府立场的新闻稿只有3篇,而一网站的贴吧中就出现了近500个相关主帖及现场视频。

事后,中共石首市委书记在事件发生过程中,因没有及时发现并报告情况,错过了事件处置的最佳时机,被免去中共石首市委书记职务。正是这一时段,中共中央办公厅、国务院办公厅于2009年6月30日发布《关于实行党政领导干部问责的暂行规定》,对群体性、突发性事件处置不当,导致事态恶化,造成恶劣影响的等7种情形要对党政领导干部实行问责。

错过最佳处置时间,常常成为舆情爆发的强化因素,它容易趋向于负面舆情的主要原因就在于民众的集体记忆——民众会因已有的印象或记忆而强化其对公信力的不信任,并且也会因此滋生谣言。因而,快速、正确的舆情处置正可以扼制谣言的蔓延、强化民众对政府的信心。

2012年雷政富不雅视频事件,由网络爆料开始到相关部门的信息核实及处理,全程时间63小时。2012年11月20日、21日,新浪微博认证用户@纪许光连发多条微博,爆料重庆市北碚区区委书记雷政富包养情妇,并直播事件进展,引发网民广泛关注并成为网络舆论热点话题。22日,@纪许光继续发布微博呼吁对视频进行司法鉴定,引发网民纷纷跟帖响应,呼吁并要求第三方对涉事视频进行司法公正。经重庆市纪委调查核实,23日,@重庆市人民政府新闻办公室发布消息确认:北碚区区区委书记雷政富为涉事不雅视频中的男性。同日,重庆市委研究作出免去雷政富北碚区委书记的决定,并对其立案侦查。随后,@纪许光在其11月26日的微博中写道:63小时,开创中国网络反腐新记录!2013年6月28日,重庆市第一中级人民法院一审宣判,法院以受贿罪判处雷政富有期徒刑13年,并处罚金30万元。2013年9月17日,重庆市高级人民法院对雷政富受贿上诉案作出二审判决,维持一审判决,雷政富因受贿316万余元被判处有期徒刑13年,剥夺政治权利三年。

雷政富不雅视频事件得益于微博直播的曝光与围观,也得益于该事件的性质不同于邢台及石首事件的突发性、群体性。因此,事件性质的不同也影响甚至决定舆情处置的反应时间,但涉事因素的复杂并不能作为处置时间滞后的借口——不论是事由相对明了的雷政富不雅视频事件,还是事由突然的邢台洪水或需要时间去澄清的石首群体性事件,尽管事件性质不同,但是其面临的信息环境是相同的。"让子弹先飞一会儿"的观望态度在病毒式传播的新媒体环境下,既会错失最好的沟通时间强化不满情绪,又容易为谣言满天飞提供机会。

2."效"的原则

"效"的原则就是实际效果与质量,类似于里杰斯特3T原则的"提供全部情况"(Tell It All),就是要尊重民众的知情权,使之所获信息不仅来自民间发布,也来自官方发布,要把自上而下与自下而上的信息进行对接,确保舆情信息的传播有更好的效果。这需要在舆情治理中更新理念,以政务舆情为例,新媒体环境下政务工作、服务工作的理念也在逐渐更新。

2016年3月5日,李克强在国务院《政府工作报告》中指出,要大力推行"互联网+政务服务",实现部门间数据共享。

2016年4月26日,国办转发发改委等10部门实施方案——《推进"互联网

＋政务服务"开展信息惠民试点的实施方案》,提出要加快推进"互联网＋政务服务",深入实施信息惠民工程,构建方便快捷、公平普惠、优质高效的政务服务体系。

2016年9月14日,国务院常务会议上,李克强部署加快"互联网＋政务服务"。

2016年9月29日,国务院印发《关于加快推进"互联网＋政务服务"工作的指导意见》,关于"互联网＋政务服务"的工作目标是:2017年年底前,各省(区、市)人民政府、国务院有关部门建成一体化网上政务服务平台,全面公开政务服务事项,政务服务标准化、网络化水平显著提升。2020年底前,实现互联网与政务服务深度融合,建成覆盖全国的整体联动、部门协同、省级统筹、一网办理的"互联网＋政务服务"体系,大幅提升政务服务智慧化水平,让政府服务更聪明,让企业和群众办事更方便、更快捷、更有效率。

更有效率的政务工作自然会减少或避免舆情爆发的事由。以舆情重要发生地微博为例,自2010年"微博元年"以来,某种程度上,新媒体的舆情就类同于微博舆情。民众借由微博等通道＠政府部门已成常态,但政务微博的"休眠"现象、官腔现象、居高临下现象仍屡见不鲜,如2011年10月,银川市委办公厅、市政府办公厅在其官方微博"问政银川"上曝光19个最懒微博。政府身影的缺席不仅把第一时间权威发布的优势拱手让出,而且还传递出冷漠、不作为的姿态与理念。正是在这样的背景与压力下,国务院印发的《关于在政务工作中进一步做好政务舆情回应的通知》才应时而生。

从搭建微平台、推进"互联网＋政务工作"到"提供全部情况"(Tell It All)还有一段较长的路要走。据《国务院办公厅关于2016年第二次全国政府网站抽查情况的通报》反映,在随机抽查的各级政府网站746个中,仍有112个网站不合格,其中,云南省"勐腊县保护所"网超过6年未更新。从信息通报、信息沟通的效度讲,对舆情的防微杜渐正可以借由即时通讯工具达到最佳效果;而由忽视、冷漠而造成的沟通不畅等也易形成民情怨愤或舆情危机的隐患所在:

> 2016年7月,湖北武汉遭受强暴雨袭击。武汉市政府应急办的官方微博持续主动发声:"晒湖涵洞地区渍水严重,建议附近单位调整工作时间,市民减少外出","武汉地铁武昌火车站恢复正常"……这些极具时效性、服务性的微博赢得百姓纷纷点赞,《楚天都市报》等多家媒体微博予以转载,阅读量一度达到45万。

相比而言,一些地方在突发事件的舆论引导上是被动的。比如排在"平安昌平"官方微博热门排行榜第一位的,依然是今年5月一起刑事案件的两次情况通报,转发量、评论数分别是第三条热门微博的 70 倍、16 倍,社会关注度可见一斑,但网友评论多是质疑和追问。

一些基层政府要么"不回复",要么"神回复"。"请把我局第一次回复内容读三遍,若还不理解,最好屈尊到户籍窗口咨询为宜。"面对网民的咨询,福建霞浦县公安局今年 3 月在交流板块中如此回复。有网友曾问:"首套房产证明办理需要哪些资料和手续?可否由亲属代办?"对此,江西省九江市房管局网站管理员回复:"bu zhi dao。"[①]

舆情回应"效"的问题要比"时"的问题更难拿捏。第一时间发出权威声音的理念解决了"及时说"的问题,但其后所要面临的是"说什么"的问题。民众知情权的满足是诸多舆情事件的诉求所在,比如 2012 年湖南"黄金大米"事件。

2012 年 8 月,美国塔夫茨大学汤光文等在《美国临床营养》杂志发表了题为《"黄金大米"中的 β-胡萝卜素与油胶囊中 β-胡萝卜素对儿童补充维生素 A 同样有效》的研究论文,引发社会关注。2012 年 8 月 30 日,国际环保组织"绿色和平"表示,美国一科研机构发布了其对 24 名中国湖南省儿童进行转基因大米人体试验的结果,呼吁中国政府对这一实验进行调查。

2012 年 8 月 31 日,有媒体以《美国企业被曝用 24 名中国儿童做转基因大米人体试验》为题进行了报道,引发舆论强烈反应。

2012 年 9 月 1 日,衡阳市政府消息称,经查证没有涉及小学生的转基因大米人体试验。

随后,湖南省疾病预防控制中心、美国先正达公司、塔夫茨大学、中国疾病预防控制中心、湖南农业厅、浙江省医学科学院等均发布声明表示,所涉大米并非转基因大米等。

2012 年 12 月 6 日,中国疾控中心、浙江省医科院和湖南省疾控中心联合发布关于"黄金大米"事件的调查结果,称"黄金大米"试验的确于 2008 年 6 月在江口镇中心小学开展,有 25 名儿童于当年 6 月 2 日中午,每人食用了 60 克"黄金大米"米饭。项目实施时,项目负责人始终没有告知当地主管部门和项目承担单位开展的是"黄金大米"试验;在与学生家长签署知情同意书时故意使用"富含类胡萝卜素的大米"这一表述,刻意隐瞒了使用"黄金大米"的事实。

中央电视台《面对面》栏目(2012-12-09)对此事件的评论是:

在湖南衡阳的黄金大米事件透视出的是人们对转基因食品安全

---

① 张洋、黄兴华:《一些政府网站微博等更新不及时　"神回复"屡发生》,《人民日报》2016-08-24,第 17 版。

性的担忧,那么现在哪些转基因食品已经被国内外证明是安全的?还有哪些在试验的研究过程中具有不确定性?那么面对这些问题,面对很多公众的疑问,对于政府的主管部门还有研究单位来讲,恐怕不能够遮遮掩掩,要想赢得公众的信任,需要的是信息更加地公开,监管更加地严格。

正如央视节目中所讲,事实上,缺少知情权导致的不信任,不仅仅出现在江口镇。在关于转基因食品的争论中,消费者也常常把矛头指向于此。"黄金大米"牵涉到的转基因话题已经持续多年,其中关于知情权的争议一直与转基因是否安全的争议混合在一起,而知情权的相对缺乏又容易导致人们对转基因不安全的印象。

"提供全部情况"(Tell It All)也符合贝克关于"风险社会"的分析:随着现代性和科学技术的飞速发展,人们所面临的风险与过去相比发生了本质的变化,风险的不可感知性、整体性、不确定性等使得人类社会的风险性质更加泛化。在这种情况下,信息的不充分所造成的不信任、恐慌会进一步强化不确定性带来的不安;进而,谣言滋生、情绪激化就在所难免。即具体可见的事由、话题与不可见、不确定之不安情绪的结合造成吉登斯所说的外部风险和被制造出来的风险:外部风险来自客观自然物质世界的固有特性,而被制造出来的风险指的是人类不断发展出来的知识对这个世界的影响所产生的风险。因此,风险的扩大,既来自事件本身,也来自人们对风险的解释。如同吉登斯认为的——"风险意识本身即为风险",这是关注社会舆情、关注信息公开及民众知情权所不能回避的风险社会的特征。

当然,"提供全部情况"之"全部"主要指既报喜也报忧的信息公开与知情权的尊重;再者,舆情回应中"效"的原则也并不就是"提供全部情况"(Tell It All)一个方面,在"说什么"中至少不能回避关键的信息,也不能在关键信息部分做过分的处理。2017年4月,国务院食品安全办会同11个部门下发通知:监管部门要支持新闻媒体舆论监督;新闻媒体关于食品和药品违法犯罪案件的报道应实事求是、表述严谨、措辞准确。未经核实,不得使用"毒""致命""致癌"等字样。只"报喜"不"报忧"、或过分强调"喜"或"忧"都会成为舆情加重的原因。山东疫苗事件中事件更新速度快,传播效果大,但这次舆情传播中以"毒疫苗"为标签的新闻信息既增强了政府快速介入、全面盘查的决定,也引起了对疫苗注射不信任的社会后果。

另外,从媒介生态的角度讲,社会舆情往往以多种媒体端口呈现,不同的媒体形态如新闻网站、两微一端、知乎、网络直播等社群平台以文字、图像、视频的形式全方位地推动着舆情的发生、发展,不同传播内容与传播形式的结合会产生不同的舆情效果。以 2014 年 5 月新疆暴恐事件为例:

> "5·22"乌鲁木齐暴恐事件发生后,最早的信息出现在新浪微博,进而引起主流媒体和其他自媒体用户的关注和跟进。很多新疆自媒体用户在 5 月 22 日后把自己的用户头像换成黑丝带,通过此种方式表达对遇难者的哀悼和对暴恐事件的谴责;新疆地区自媒体用户倡导 5 月 23 日晚在事发地点举行"点亮公园北街"悼念活动,为遇难者哀悼和为新疆祈福。在此次暴恐事件中,自媒体成为新疆公众对暴恐事件表达关注的渠道,缓解了民众情绪的压力,起到了解压阀的作用。①

从媒介形态到媒介内容形成的整合式传播利于以多元传播格局稳定民众情绪,消除民众猜疑,引领舆论方向。协同式的媒介组合与传播方式如主流媒体、官方微博、微信、意见领袖、新闻通稿、小视频、图片等可以扩大三个舆论场(见图 7-5)的共识空间,即以主流媒体为代表的专业生产内容和以普通网民构成的用户生产内容及以专业或职业机构为代表的职业生产内容是力量均衡的。

3."度"的原则

"度"的问题是指发布信息的态度或者说就是指"怎么说"的问题,即按照舆情性质、涉及主体、影响力等因素把握舆情应对的导向、分寸、火候。以我为主提供情况(Tell You Own Tale),强调应掌握信息发布的主动权,但这一原则并非意味着站在政府或涉事方的立场上只讲"自己的故事"。

站在涉事方的立场只讲"自己的故事"或三缄其口等可能会防止舆情由量变转向质变,但身处新媒体生态环境之下的舆情越来越难以封堵。相反,简单的删帖、封号等可能会使问题变得更加复杂,甚至由此引发舆情危机,激发民众的情绪逆反,也给不实信息或谣言传播可乘之机。美国社会心理学家奥尔波特和博斯特曼提出的谣言传播公式就指出,信息的模糊性容易增加谣言产生的可能,即谣言决定于事件的重要性及其与信息模糊程度的乘积效应。②

"以我为主提供情况"是把握舆情应对、舆情引导的正确立场,而不是"自说自话"、任性妄为。以 2017 年 2 月丽江古城景区有关言论为例:

2017 年 2 月 25 日,国家旅游局在新闻发布会上对云南丽江古城景区等 3 家 5A 级旅游景区给予严重警告,限期 6 个月整改。当天下午,丽江古城区委宣传部官微@古宣发布就相关消息与微博网友互动时疑似出现不当言论:"你最

---

① 杜松平、但扬:《新疆暴恐事件自媒体传播的效果》,《青年记者》2015 年第 12 期,第 76—77 页。
② [美]奥尔波特等:《谣言心理学》,刘水平、梁元元、黄鹏译,辽宁教育出版社 2003 年版。

好永远别来！有你不多无你不少!"该条微博(如图 9-1)引发舆论关注。

图 9-1　@古宣发布 2017 年 2 月 25 日引发争议的官微截图

2017 年 2 月 26 日,@古宣发布的又一微博再次引发争议,如图 9-2 所示。

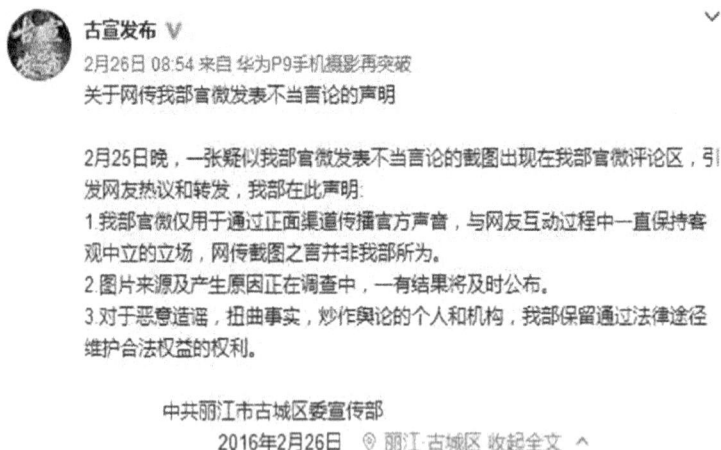

图 9-2　@古宣发布 2017 年 2 月 26 日继续引发争议的官微截图

以上微博不仅否认 25 日内容为该微博所为,而且声明的时间下署为 2016 年 2 月 26 日。2 月 27 日,"古宣发布"又发情况通报:

一、对古城区委宣传部副部长和俭、外宣办主任李国璋采取停职检查,并进行党纪立案。

二、责令古城区委宣传部向古城区委作出深刻检讨,汲取教训,严防类似问题再次发生。

26 日的矢口否认与 27 日情况通报所述的"停职检查""深刻检讨""汲取教训"前后态度的不同,确证了此前声明的"自说自话",也体现了舆情应对中不当言论的出现和尺度方面的失控。政府部门的微博、微信公众号不是言论与情绪的"自留地"，它应该是引导民意、沟通民情的主要渠道，这一点已经逐渐成为共识。当然，政府部门的微博、微信公众号也都是由具体的个人来经手或介入，小编说法不谨慎、不严密的情况也会发生，但出了差错及时纠正，而不是一味地掩饰、回避等也是舆情应对的应有态度。

2016年7月国务院办公厅印发的《关于在政务公开工作中进一步做好政务舆情回应的通知》中也明确：回应内容应围绕舆论关注的焦点、热点和关键问题，实事求是、言之有据、有的放矢，避免自说自话，力求表达准确、亲切、自然。通过召开新闻发布会或吹风会进行回应的，相关部门负责人或新闻发言人应当出席。对出面回应的政府工作人员，要给予一定的自主空间，宽容失误。《通知》既提到避免自说自话，也提到表达的准确、亲切、自然，这与舆情回应中"效"与"度"的原则类似。

如果说丽江古城"古宣发布"的案例有自说自话、极力掩饰的"失度"，那么济南公安2017年3月以来发布的一些官微则是高高在上、态度生硬的"失度"。

2017年3月，"山东聊城辱母杀人案"的新闻掀起舆论热议，关于法律与人情的讨论是此次舆论的主要议题。

2017年3月25日，@济南公安发布一条微博：情感归情感，法律归法律，这是正道。

作为此案所在地的同省警方官微，如此评论引来大量网民围观、评论，并且此微博被视为警方对此案的正式态度与官方回应。

2017年3月26日，@济南公安又发一条"毛驴怼大巴"的图文，称"世事多奇葩，毛驴怼大巴。毛驴：不服来战！大巴：容你战我千百回，受伤的驴总是你啊！"@济南公安的情绪化微博直接将舆情引火上身，并激怒民众，本来由真实案情引发的舆情又次生出由言论不当引发的二次舆情。

对此，济南公安的回应是：两条微博不代表任何观点，是未经请求的个人行为，值班人员也并非民警，目前两条微博均已删除。@人民日报对此的评论是：官微不是某个人的菜园子，想种什么菜就种什么菜，想施什么"肥"就施什么"肥"。面对舆论关切，不能不说话，更不能乱说话。不说话就是尸位素餐，乱说话则会添乱。当前，越来越多机构开通了微博微信，守住权力边界，按捺住个体冲动，才能少生事端。

"不能不说，不能乱说"，这是舆情回应的基本原则。舆情回应的"时""效""度"原则，其背后首先要确立的是从管理到治理、从管理到服务、从管理到沟通的基本定位，明了以上的治理思路、服务思路和沟通思路，才能执行"时""效""度"的基本原则。

二、舆情回应的理念

对舆情的应对,面临两个层面的问题:一是之前所讲的应对法则的问题,是舆情应对中"术"的问题;二是现在所讲的应对理念的问题,是舆情应对中总体思路的问题。舆情回应的基本宗旨是法治理念、治理理念和沟通理念。

1.法治理念

舆情治理中政府的权力边界与民众呼声的权利边界均是新媒体舆情生态下需要认真定位的,法治思路可以扼制权力任性与言论任性。从政府职能部门的角度讲,治理思路的一个基本前提是法治思路,政府新媒体应对要有法必依、有法可依,法律面前人人平等是长期有效的舆情治理的基本前提;从网民的角度讲,网络言论自由也需要法律的保驾护航,需要有言论自由的边界意识,杜绝网络暴力、网络暴民等现象的出现。

但新媒体环境下的信息应对法案在全球范围内也并不完善,而且往往存在相对滞后的现象。新媒体的迅猛发展及其"病毒式传播"的特征加上匿名性的低门槛均加大了法治治理的难度。如 360 微博第一案,"秦火火""立二拆四"等人的微博言论,再如郭美美微博对"红十字会"的影响,以及微信里随处可见的食品安全谣言等,均向新媒体的法治化建设之路提出了挑战。通过"隐秘及匿名"的方式,虚拟空间名誉侵权与犯罪的现象远远超出了传统的名誉侵权与犯罪的范围。并且,互联网的跨地域特征也使原本的条块分割、政府管制面临挑战;跨越国界的互联网信息、互联网犯罪更是增加了地域治理的难度,例如近年恐怖主义在一些国家和地区的发展及蔓延就是利用了互联网技术。

互联网不是法外之地。自互联网出现以来,国内关于互联网的相关规定就在逐步完善之中。现有的《全国人民代表大会常务委员会关于维护互联网安全的决定》《全国人民代表大会常务委员会关于加强网络信息保护的决定》《互联网电子公告服务管理规定》《最高人民法院最高人民检察院关于办理利用信息网络实施诽谤等刑事案件适用法律若干问题的解释》《互联网信息服务管理办法》《互联网新闻信息服务管理规定》《最高人民法院关于审理侵害信息网络传播权民事纠纷案件适用法律若干问题的规定》,国务院关于修改《中华人民共和国计算机信息网络国际联网管理暂行规定》的决定,《即时通信工具公众信息服务发展管理暂行规定》(俗称"微信十条")等均涉及网络言论自由、名誉权、隐私权、社会秩序、法律等权利边界的限定问题。"微信十条"之后的"账号十条"于2015 年 2 月公布,即《互联网用户账号名称管理规定》,就账号名称、头像和简介等对互联网企业、用户的服务和使用行为进行了规范。2015 年初,国家网信办依法关闭 133 个微信公众账号。2015 年 4 月,网信办发布《互联网新闻信息服务单位约谈工作规定》(俗称"约谈十条");2017 年 6 月 1 日起《中华人民共和国网络安全法》实施……可以看出,关于新媒体的各式立法加快了步伐,互联网的监管体系与法制化建设在走向正轨。

目前,中国以宪法、国家安全法、国家保密法、计算机信息系统安全保护条例、民法等构筑了有关网络言论、网络安全的法律体系。但相比于其他国家,中国的网络立法还不太完善,关于隐私权保护、大数据与隐私、网络支付安全、信息自由等的立法还相对欠缺。

关于新媒体空间的法治治理,国外有一些相应的条文。俄罗斯为了"提供高效率高质量的信息",于 1995 年颁布了《联邦信息、信息化和信息保护法》。1996 年美国总统克林顿签署了《传播净化法案》(*Communications Decency Act*,简称 CDA),在保护公民权益的同时加强对互联网行为的监管力度。英国也于同年颁布了《3R 互联网安全规则》,三 R 代表"分级认定、检举揭发和承担责任"。德国 1997 年制定实施了《多媒体法》,该法案对网络经营者和信息服务提供者的经营责任进行了规定,并将网络言论纳入法治的框架,对"禁止的言论"和"有害但并非禁止的"内容作了严格区分。2006 年,法国通过了《信息社会法案》,加强对互联网的"共同调控"……2016 年 4 月 19 日召开的网络安全和信息化工作座谈会上,习近平明确指出,"要加快网络立法进程,完善依法监管措施,化解网络风险"。为此,应借鉴国外互联网立法的有益经验,在保障网民正常表达权、监督权的基础上,尽快制定体现大数据技术特点、具有针对性和富有前瞻性的网络管理法律法规,明确政府网络舆情治理的任务边界、治理责任及治理行为。坚持"治理＋技术"并重原则,大力研发网络信息监控技术和数据安全技术,加快网络实名制进程,维护国家信息主权和个人信息安全,保障网络舆情健康发展。

舆情治理中的法治思路一般涉及三方:政府权力部门、媒体及大量普通网民。各式法律条文打破了常见的"政府/民众"二元对立的模式,使舆情治理有法可依,不论是政府权力部门,还是普通个体,都应该在法律的框架下行事。尽管面对迅猛发展的新媒体生态,相应的法治还有待完善,但最低程度上,行政管理依法行事,克制自己的任性而为也可以矫正公信力相对薄弱的问题。2006 年的"彭水诗案"就是地方政府滥用公权及非法干预司法的案件,公安检察部门如临大敌、雷厉风行的立案撤案均显现了偏离法治轨道的权力任性。2009 年的"王帅事件",因征地事由王帅把信息发于网络社区遭抓捕,后撤案。这类案件均引起舆论哗然,并涉及司法公正与言论自由、地方政府与个人言论、网络监督与依法治理等话题。因此,有法可依、有法必依、执法必严、违法必究不应该只是针对普通民众。政府部门、执法部门尤其应该恪守法律的边界,不能借法律之名滥用权力,也不能因管控思维而过度限制网络言论的空间,使民众产生"寒蝉效应"。

除拥有最多权力的政府部门应该有法治理念扼制权力任性之外,媒体与网民的法治理念也十分重要。

从网民的角度讲,在法律的边界内说话、行事是舆情治理的必然要求。近年的舆情案例往往存在以舆论倒逼政府部门公开信息、倒逼政府部门公正作为、倒逼某些涉事者"就范"的现象,逼使当事方"就范"也是一种对"任性"行为的反制。倒逼所采用的手段不只是"人海战术"以多胜少,而且还会以"人肉"搜索、谣言四起、真假信息混合等方式搅动舆情风潮。这些方式有些在一定程度上纠正了法律、政府部门的过错,也有一些则越过了法律的边界,"以恶治恶"、以犯法对付犯法。"许霆案"引发的舆论大讨论使许霆从一审的无期徒刑转变为后来的五年有期徒刑。这个过程中,网络民意与司法机关的话语拉力使得司法机关面临着空前的社会压力,从而使判决结果向民意倾斜。此外,"宝马撞人案""张君案""邓玉娇案"等均与媒体及民间舆论有关,"其中多数监督产生积极影响,弱者正是通过监督由'地位'的弱者变成了'舆论'的强者。"①但舆论倒逼未必全部合理,在法治国家,舆论监督对司法的要求或"倒逼"应该限于其诉求的正当性、公共性而非恶意诽谤。

对"任性"行为的扼制或反制包含另一种情况:以任性对任性。民众方面通过舆论倒逼达成目的的过程也包括"多数人的暴政"现象,即以人数众多的非理性诉求强逼司法就范,从而有碍公正公平,这种现象也可称之为代替法律审判的舆论审判。新媒体自由开放的言论环境使管理愈加困难,奉行知情权、参与权、表达权与监督权的网民往往以正义之名逼迫当事人就范的事例并不少见,这种民间审判的形式似乎又十分有效。"多数人的暴政"以最常见的"人肉"暴力展开这种"以暴制暴"的舆论狂欢和"义正词严"的网络声讨,既指向民间当事人,也指向一批中小官员。"表叔"杨达才面带微笑在车祸现场的照片引发舆论愤怒,于是被"人肉"、被撤职;周久耕天价烟事件、上海法官集体招嫖案等,均涉及普通民众舆论监督中的"正义"之举和以弱胜强,其引出的民众监督权与官员隐私权的争议也是法治不完善的间接证明。"人肉"搜索的"暴力"特征十分明显,并且这种"暴力"又常以同情弱者、弘扬真善美、贬斥假恶丑为目的,如虐猫事件、姜岩自杀事件等。

---

① 范以锦、袁端端:《对"舆论审判"之说的深思考:谁在审判? 谁能审判?》,《新闻爱好者》2010 年第 2 期(上),第 6 页。

　　针对普通网民的"人肉"之法常常使舆情升级,它也因常常游走于法外飞地或身处法治的灰色地带且自带"正义"光环而成为更加棘手的现象。因而,法治思路的舆情应对还需要在完善法治环境的前提下,对普通网民的法律素养提出进一步的要求。"人肉"搜索既是对法律观念缺乏信心的表现,也是法治观念不强的表现。2014 年公布了《最高人民法院关于审理利用信息网络侵害人身权益民事纠纷案件适用法律若干问题的规定》,该《规定》明确了个人信息保护范围,加大了对被侵权人的司法保护力度。如其中明确规定:

> 　　网络用户或者网络服务提供者利用网络公开自然人基本信息、病历资料、健康检查资料、犯罪记录、家庭住址、私人活动等个人隐私和其他个人信息,造成他人损害,被侵权人请求其承担侵权责任的,人民法院应予支持。

　　这意味着,"人肉"搜索属于被禁行为、违法行为,法院将保护公民在互联网上的个人信息权益作为司法的一项重要任务。即使"被人肉搜索者"有其他违法行为,但其合法的人身权益依旧受法律保护。而其违法、犯罪等行为,只能接受法律的制裁或审判,非经法定程序,非经法定机关,任何他人都无权做出对其不利或者说是影响其合法权益的行为。当然,需要再次强调的是,依法独立行使审判的过程是否会受公权力的影响也是网络民意以舆论反制的因素之一,法治的健全与公正是网络"人肉"搜索及道德声讨的基本前提。再从媒体一方讲,舆论审判更容易涉及到媒体审判。一般来讲,舆论审判有两个"审判方":媒体和网民,即媒体利用自身的强大声势以舆论监督之名行"媒体审判"之实;大量网民以正义之名行舆论风暴的审判之实。关于"媒体审判",有学者认为"媒体审判"指新闻媒体为影响司法审判的结果而发表的各类文图信息。要点有:主体是新闻媒体,不是个人,也不是在学术性讨论中的"媒介审判";目的是影响审判结果,而不是讨论一个法律问题;内容这一点最重要,是给案件定性,给嫌疑人定罪;时间是在诉讼程序中间,也就是立案以后、结案以前才可能存在"媒体审判";形式上,媒体各类文图信息都可以构成。① 魏永征则认为"媒体审判"指新闻媒体报道正在审理中的案件时超越法律规定,影响审判独立和公正,侵犯人权的现象。这种现象多数发生在刑事案件报道中。主要表现为在案件审理前或判决前就在新闻报道中抢先对涉案人员做出定性、定罪、量刑等结论。关于"媒体审判"也常有一些典型的方式,魏永征认为"媒体审判"的报道在事实方

---

　　① 吴飞、程怡:《传媒与司法的对话——"公开与公正——司法与传媒关系研讨会"述评》,《新闻记者》2006 年第 4 期,第 44 页。

面往往片面、夸张以至失实,其报道语言往往是煽情的,以力图激发公众对当事人憎恨或者同情的情绪。它有时会采取"炒作"的方式,即由诸多媒体联手对案件作单向度的传播,有意无意地压制了相反的意见。它的主要后果是形成一种足以影响法庭独立审判的舆论氛围,从而使审判在不同程度上失去了应有的公正性。[①] 媒体"越位"式的评判、领导指示、舆情强化、审判结果被影响等,再一次证明司法审判的公正之路任重道远。

新媒体对政府公信力与信息管理、舆情应对带来挑战,也对传统媒体的影响力带来挑战,在这样的媒体生态中,传统媒体是否借讨好民意、迎合民意来挽回流行度和好感度难以判定。但观察近年的舆情案例,可以发现一个共同的传播规律:由某新媒体平台曝光、传统主流媒体介入、各式新媒体平台端用户及大小"V"用户纷纷评论、转发……其中,传统主流媒体的介入对舆情的走势与影响十分重要,因此,媒体审判既包括新媒体也包括传统主流媒体。2017年于欢案引发舆论对于司法的监督,由新旧媒体带动的舆情声势,体现了民众对司法公正的诉求,促进司法机关更加严谨地对待案情审理。但法制领域自有其专业规则与法定程序,媒体引发的舆论风暴不能越俎代庖;媒体与司法之间的良性互动应该在法治化的框架下运行。

不可否认,媒体行使舆论监督的权利无可厚非,但兼具不"失语"与不"乱语"的操守也是媒体应该秉持的基本原则。以客观公正的立场发声聚焦事件的报道与评论,无形中会对事件的发酵与扩散起到很大的作用,这个过程中坚持不偏倚不偏激,不以民粹主义之煽动情绪为准则就尤为重要了。媒体掌握着舆论引导的"专营权",因此,不"失语"中的道德惩戒或"人心所向"是把双刃剑,既可以赢得民心也可以失去理性,舆论批判的过程中掌握好与司法审判的合理界限而不"乱语",十分复杂而又十分必要。

2.治理理念

首先,舆情是社会情绪的晴雨表,是人心所向的问题,对社会舆情的治理不只是管理与控制那么简单。每一次舆情的发生、发展均是既有具体事由,也有更深层次的舆论氛围所在,这就是前面屡次提及的舆情"成蛹""出茧"之前的"幼虫"的存在。或者说,是具体事件对集体记忆、集体焦虑的"火药捻子"的问题。换句话说,简单的舆情应对是解决了"燃烧物"的问题,但潜伏状态的"易燃物"并非就此死寂。

正视舆情传递出来的社会情绪和根本原因,需要由之前的管理思路转向治

---

① 魏永征:《新闻传播法教程》(第三版),中国人民大学出版社2010年版,第97页,114页。

理思路。习近平总书记在中共中央政治局第三十六次集体学习时强调,随着互联网特别是移动互联网发展,社会治理模式正在从单向管理转向双向互动,从线下转向线上线下融合,从单纯的政府监管向更加注重社会协同治理转变。进一步促进提升政府的良好形象,引导公民了解国家大政方针,积极参与社会共治,维护社会和谐稳定,进一步促进政府职能的转变,使国家治理体系和治理能力逐步实现现代化。管理思路就是政府本位,而非社会本位。① 政府本位的舆情管理思路之下,视舆情为惹麻烦、为非理性,视民众为惹是生非者。这种管理思路与一些舆情所表现出的官—民对立情绪相呼应,互相推助舆情的情绪性堆积,而容易使舆情生成次生灾害。

　　一些情况下,这种管理思路下的舆情应对往往有"短、平、快"的效率,但又常常类似"打地鼠"的游戏一样"此起彼伏",或者是俗语所讲的"按下葫芦浮起瓢",治标不治本。这种管理思路通常有几种常见的舆情管控方法,如果用消防灭火的方法讲,就是窒息(隔绝空气)、冷却(降低温度)和拆除(移去可燃物)等三种方法。窒息就是封号、删帖、禁言等;冷却就是置之不理、置若罔闻,消极等待,静观其变,总以为民众情绪会有冷静与忘却的时候;拆除则类似于对引发事由的人与事进行具体处理,而无视该事由与其他事由反复发生的共同规律、共同原因等。

　　管理思路下,所谓的正面舆情、负面舆情便已事先设定了对立思维,这样做既会强化舆情中已然存在的对立情绪,也不利于长久的舆情治理。舆情研究专家喻国明认为:

　　　　面对社会舆论,有人常常把舆论分为两种:一种是"正向舆论",一种是"负向舆论",其实,这就是一种极不专业的分类方法……作为一个普通人,面对那些针对自己的偏激的议论、发泄的情绪、良莠不齐的事实叙说,很可能会产生一种本能的厌恶和拒绝的心态;但如果作为一个专业的社会舆情的管理者、引导者,就不能仅仅停留在本能和直觉的层面。而是必须懂得,凡是大面积流行的舆情,在表面的张力之下总是蕴含着极为强悍的人心、公道和社会的正能量,因此,必须善于透过舆情的喧嚣和不那么令人愉快的表达,看到人心所在、公道所在、社会表达中的正能量之所在,并且因势利导,透过问题的化解来争取人心,回归公道和激发社会的正能量。②

---

　　①　童志锋、郁建兴:《从政府本位到社会本位:社会管理体制变革的新分析框架》,载周红云《社会治理》,中央编译出版社 2015 年版,第 35—52 页。

　　②　喻国明:《网络舆情治理的基本逻辑与规制构建》,《探索与争鸣》2016 年第 10 期,第 10 页。

如果以对立式的官民思维处理和应对本已存在于一些舆情中的官民矛盾，那么对立或矛盾只会强化，甚至会引发更大的对立。比如涉警类舆情中警察群体所代表的国家权力很容易与以弱者形象出现的民众形成官对民的强弱对比，舆论也往往会同情、支持弱者，从而激发民众的仇警仇官情绪或舆论危机。比如2016年5月兰州大学生吴某被警察踢打屁股及索要视频的事件，在被打视频曝光后引发民众对警察滥用执法权的舆论热议。这一事件与2016年6月深圳两逃街女孩被警察强制传唤有相似之处，都印证了近年逐渐形成的关于警察的负面的刻板印象。但是这种刻板印象也在一定程度上体现了舆论氛围，体现了民众积存于心的对警察权力边界的质疑。

应对这类舆情便不只是简单的一事对一事的处理，而是在治标之外反思警察形象何以如此反复地出现，反思媒体、警察、政府各级部门的权力边界。同时，在舆情治理中，权力机构要为自己设置限度与范围，"要在政府控制和网络舆情表达之间寻求平衡：既通过政府控制，确保公共利益和私人利益不受侵害；又要注意政府的控制活动边界不能无限扩大或任意作为。"①

以上的管理思维容易使舆情应对时失察、失声、失态。失察就是对社会情绪并不了解，或了解滞后；失声就是错失发言或引导舆论的良机，引发社会秩序更加混乱；失态就是舆情应对的理念与方法有误，引发更激烈尖锐的矛盾冲突。

关于舆论氛围中存在的对于公权力的不信任，2014年习近平在兰考县委常委扩大会议上的讲话中提到了"塔西佗陷阱"。他说，古罗马历史学家塔西佗提出了一个理论：当公权力失去公信力时，无论发表什么言论、无论做什么事，社会都会给予负面评价，这也是涉及政府职能部门的舆情频繁以及民众通过舆论风潮自我赋权的基本原因。

社会治理的思路，强调管理理念的创新，更强调各方协作、协商，各方话语权力的协调，治理主体也比先前的管理主体相对分散多元。"治理"强调"过程""调和""多元"和"互动"等不同于传统管理的特点。"治理"是指"政府行政系统作为治理主体，对社会公共事务的治理。就其治理对象和基本内容而言，其包含着政府对于自身、对于市场及对于社会实施的公共管理活动"②。舆情的治理理念首先要落实的是管理者的立场——站在民众的利益，互利、调和、互动，把民众的利益与政府的利益放在一起考虑，是合作式的而不是命令式的，这样的立场前提下，"晓之以理，动之以情"才能发挥作用。

---

① 彭知辉：《网络舆情治理新模式》，《人民论坛》2014年第15期，第58—59页。
② 王浦劬：《国家治理、政府治理和社会治理的基本含义及其相互关系辨析》，《社会学评论》2014年第3期，第14页。

权力系统的自我更新是舆情治理思路的出发点,这是基于舆论生态的变化、民众权利意识的增强及执政者尤其是基层执政者相对滞后的管制思维:

> 随着互联网日益深入地介入公众的日常生活,人们的权利生长方式也正在发生变化,他们不再被动等待执政者赋予自己权利,而是主动去争取本属于自身的权利。但对于这种变化,执政者尤其是一些基层执政者,普遍处于一种不自觉状态,还习惯用管制的方式,粗暴对待底层民众的权利要求。如果不实现基层政府的转型,不规范和限制政府的权力,不将官员赶到权力的笼子里去,等待我们这个社会的,很可能是更多修脚刀的出现。[①]

这是邓玉娇事件中某媒体的评论。事后,巴东县政府新闻办主任王海波也总结道:"这是我们第一次处理这种类型的突发事件""工作经验不足,是一种挑战"。[②] 一些部门的舆情应对思路跟不上新媒体环境及普通民众权利意识的发展,是现今普遍存在的现象。

治理思路不仅是去除家长式思路,以平等、协作、协商的方式处理舆情的态度问题,更应该讲求法制的理念。在秉持有法可依、有法必依、执法必严、违法必究的前提下秉公行事才是舆情治理的根本前提。

3.沟通理念

顺应治理思路而来的就是沟通的思路。如果说传统媒体时代是以宣传为主引领舆论的话,那么新媒体时代就是以互动沟通为要。沟通思路与开放思路必然面临经验不足的风险,但政府职能部门如果依旧固步自封,依旧止步于过去的管控模式、管理思维的话,社会舆情只会继续蔓延发酵甚至"破茧而出"。沟通思路需要沟通的方式,具体讲就是舆情过程中诚恳的对话态度、正面的信息公开、抓住时机的沟通以及具体舆情发生之前和之后的正面宣传与引导。

诚恳的对话态度需要改变"只唯上、不为下"的作风,放低姿态倾听意见,例如常州网友对环保问题的质疑及当地领导的对话态度:

> 2009年7月12日,网友"认真"在常州中吴网、化龙巷等论坛发帖称,"北塘河三河口段今天又有黄水排放,我们从前年就开始不断向环保局反映,'12369'热线有记录在案,今年3月24日政风热线我们第一个打进电话反映河道污染,时至今日黄水照样滚滚流淌,更为气人的是每次打'12369'热线要求环保工作人员第一时间到达现场取证,

---

① 邓聿文:《从邓玉娇案的舆情看社会的断裂》,《中国青年报》2009年5月22日。
② 黄秀丽:《与邓玉娇案相关:巴东37天》,《南方周末》2009年6月18日,第1版。

总要过上一段时间,等河水变清了才会有调查反馈信息说,河水是清的。"

网友"认真"最后言辞激烈地发难:"周斌你作为常州环保第一责任人负有不可推却的责任,必须引咎辞职!"这条帖子一经发出,立即引来了众多网友的关注,短短几天该帖的跟帖量已经上千。

帖子发出的第二天,常州市环保局便在网上作出了回应,"感谢你对我市环保工作的关心。关于北塘河三河口段的水环境问题,市、区两级环保部门非常重视,武进区环保局近日派了12个检查小组在现场检查并监测采样。"

今年(2010年)3月11日,常州市环保局在常州中吴网发帖,对这名叫"认真"的网友发动全城"人肉搜索",希望能找出"认真"本人,给他颁发"网络监督奖"2000元,以此感谢他对常州的环保监督,对家乡环境的重视。

3月15日下午,网友"认真"主动来到了常州市环保局,环保局长周斌向他送上了该市首笔"网络监督奖"——现金2000元。[①]

正面处理与诚恳对话可以化小事为好事,而不是化小事为大事以致舆论纷纷。

正面的信息公开虽然受制于《保密法》《安全法》等法律条令,但在法律允许范围内的信息公开透明是沟通过程的必要方式,这可以纾解舆情过程中的情绪浓度,增强普通民众对职能部门的信任并且扼制谣言的产生。例如在灾难性事故或事件发生后,总会有人质疑政府隐瞒死亡人数的现象,就是由于公信力受损所引发的"后遗症"。2010年11月15日上海静安公寓大火,致58人遇难,一天后官方公布遇难者及失踪者名单;2012年6月30日天津蓟县莱德商厦失火,天津官方7月6日公布大火的遇难者名单。在这一周的时间里,民众四处打听遇难者名单,有网友在微博抱怨:"官方媒体在集体睡觉,死难者亲属在哭泣。"直到7月7日,被网友称作"集体睡觉"的当地传统媒体如《天津日报》《今晚报》《每日新报》等开始刊发新华社的有关通稿。天津官方在应对火灾事故时由于其模糊、躲闪的态度而致网络谣言的出现:

7月5日,新浪微博中"天津蓟县火灾疑云"已经上升为被推荐的热点话题。虽然也有人声称经过逐一调查后"初步认可"官方"10人死

---

① 《江苏常州网友发帖骂环保局长获2000元奖励》,http://news.qq.com/a/20100319/000126.htm,2017-05-22。

亡"的数字,但微博中流传更广的是另外一种说法:"商场着火后,广播里高喊'不结账不许走',随即商场大门关上,商场如焚尸炉一样'火化'了包括100多个孩子在内的378个活人。"此外还有耸人听闻的说法是"县太平间都满了,火葬场冷库都装不下",只有"从冰窖运来冰块将尸体冻住"。另有媒体报道"现场目击者"称"多人跳楼逃生,场面惨不忍睹"。在天涯社区、凯迪社区等知名论坛,"蓟县大火"也成为热议话题。①

蓟县大火引发的舆情二次灾害主要与缺乏正面、清晰的信息公开有关,遮遮掩掩的处理方式只会使民众疑窦丛生,谣言四飞。同时也可看出,抓住时机的信息公开与正面的信息公开是一而二、二而一的方式。时隔一周才公布人命关天的死亡人数,这与所谓的黄金24小时甚至黄金4小时相比都相去甚远。时间上的迟缓带来的不仅是谣言找到了生长的缝隙,而且也是面对民众生命、民众情绪的态度怠慢。与此对照的是另一案例,2016年1月5日7时许,宁夏银川市一辆301路公交车行进过程中突发火灾,造成8男9女共17人死亡,32人受伤。事发两个小时后,@银川发布权威发布公交车突发大火的官方消息,对事态发展、人员救治、案件侦查、官方善后进行了连续、多维传递,披露了大量一手信息。各大媒体纷纷引述报道,事件现场调查逐渐清晰。5个小时后,@平安银川发出通报,并将受伤人员的救治情况及时发布。

以上都是舆情发生过程中的沟通方式和处置方式,但是任何舆情都不是没来由的"空穴来风"。舆情应对中沟通思路除了面对事态中的舆情,还要关注舆情过程的"两头"——具体舆情发生之前和之后的预警、引导,以及整体上或系统上的舆情分析、总结,这需要大数据的支持和多方协调应对。具体讲就是抢滩新媒体、发力新媒体、创新沟通方式,坚持正确舆论导向,以及利用大数据多方协调、事后总结。

舆情应对之前的舆情风向预测是建立舆情预警机制的目的。新媒体的信息传播已经从"人人都有麦克风"发展为"人人都有摄像头"的阶段。发出声音,发出图像、视频已经不仅是民众手握话筒自我发声的表现,也是各级职能部门沟通民意、引导舆论的所在。为此,政府职能部门的信息传播不仅要通过政务微博、公众号等方式进行,而且也要以视频直播等方式主动设置议题,疏导民意而不是被动的"潜水"、旁观。《2016年人民日报·政务指数微博影响力报告》指

---

① 法制网舆情监测中心:《从蓟县火灾看网络谣言的处置应对》,http://opinion.legaldaily.com.cn/content/2012-07/27/content_4307543.htm? node＝42590,2017-05-22。

出截至 2016 年岁末,新浪微博平台认证的政务微博达到 164522 个。其中,政务机构官方微博 125098 个,比前一年增长 9％;公务人员微博 39424 个,比前一年增长 5％。① 如深圳"禁摩限电"政策的舆情应对。2016 年 3 月底,深圳开始实施最为严厉的"禁摩限电"政策引发市民关注。@深圳交警权威发布、@深圳交警等微博发布公告,邀请全国媒体和各界代表参加新闻发布会,提供采访便利。4 月 4 日,@深圳交警权威发文回应民众问题,决定适当延长过渡期。4 月 5 日,深圳交警召开座谈会,邀请快递、物流、人大代表、政协委员等参加,听取各方意见。会议针对舆论质疑逐一解释,随后,舆情回落,政策得以推进,政府沟通民意的做法与态度也得到认可。

与此同时,对视频直播的布局也已展开。2017 年 2 月 19 日,《人民日报》与微博、一直播共同推出了全国移动直播平台。2017 年 2 月 19 日,新华社推出"现场云",为国内媒体提供融合发展新平台,包含中央媒体、地方媒体、地方党政机关在内的 102 家机构同步入驻该平台。2017 年 2 月 19 日中央电视台"央视移动新闻网"推出,该平台除了供央视记者完成现场的采集(拍摄)、编码、传输等环节,还设置了矩阵号板块,吸引入驻机构协同进行内容发布、视频直播,目前已有包括央视新闻、四川观察、江苏新时空在内的 50 家广电机构入驻。这三家大型主流媒体之所以选择 2 月 19 日同时推出视频直播,是因为这一天是习近平在党的新闻舆论工作座谈会上的讲话发表一周年的时间。2016 年 2 月 19 日,习近平主持召开党的新闻舆论工作座谈会时强调,党的新闻舆论工作是治国理政、定国安邦的大事,要适应国内外形势发展,从党的工作全局出发把握定位,坚持党的领导,坚持正确政治方向,坚持以人民为中心的工作导向,尊重新闻传播规律,创新方法手段,切实提高党的新闻舆论传播力、引导力、影响力、公信力。

舆情事件只是舆论氛围、社会民意的"爆点",除了具体事件中舆情的处置方式,治标之外的治本之法还需要在舆论氛围上下功夫,即除了上述主流媒体抢滩新媒体或以"融合"媒体的方式引领舆论外,渠道之外的内容引领也是十分重要的。即使是视频直播这样的创新手法,也只是渠道上的"流量"优势,在"流量"的基础上,内容创新或舆论氛围创新也很重要,比如 2017 年春热播热议的《人民的名义》就是最高检主动制造舆论氛围、反腐反贪、沟通民意的一种方式。

① 人民网:《2016 年人民日报·政务指数微博影响力报告》发布,http://yuqing.people.com.cn/n1/2017/0119/c209043-29036185.html,2017-05-23。

三、大数据及多方协调

舆情治理需要法治理念、治理理念和沟通理念。此外,新媒体语境下的舆情治理还需要借助于技术手段,比如大数据的支持。需要指出的是,大数据并不等于全数据和真数据,数据对象、数据分析等也依赖于对媒体形态的全面认识,依赖于对分析对象的全局把握,比如网民的情绪、态度、信念、意志等的流动性或不确定性等,这些未必是大数据能够包含的内容,技术决定论、技术依赖论的理念并不可取。

沟通方式要适应大数据时代的技术变迁及沟通思路中的多方协调,新媒体舆情并非只有新媒体参与,准确说应该是新媒体背景下的舆情,新媒体与传统媒体合力、新媒体各平台之间的信息平移成为舆情生发的常见现象。从方式上讲,文字为主的知乎、微博微信的图像"加持"以及秒拍、短视频等的视频冲击力更容易使某一事件快速传播。这些均构成舆情中的大数据——情绪、态度、认知、传播方式、时间节点、空间节点、聚合特征等。与大数据对应的是"大舆情"的概念,即跨越地域、行业、领域、职业、性别、阶层等的舆情理念,以大数据为基本的技术支撑,建立舆情信息共享系统以及联动机制,打破"信息孤岛""数据孤岛"或数据的条块分割现象,以全局意识统筹舆情治理。

大数据既带来舆情应对的挑战,也带来舆情应对的机遇。就舆情与大数据的关系而言,涉及以下几个方面:数据监测、数据存储、数据深挖、数据人才、数据安全等。

目前的数据监测较多集中于商业性数据监测平台与数据分析、品牌监测等领域,舆情监测的商业性、市场化现象较多,全局意识的以国家政治治理为要的大数据中心还需完善。

从数据监测的范围讲,大数据之"大"分好几个方面:从空间角度讲,数据监测的地域范围从地区到全国、从国家范围扩展到全球范围;从时间角度讲,数据监测的时间范围是一天 24 小时,一周七天的全天候数据监测;从数据对象看,各类传统媒体、论坛、微博、微信及文字、图像、视频、物联网、云储存等的全面监测并且提高对图片、音视频等数据的自动识别能力;从监测领域讲,各行各业的动态数据都应在大数据的范畴之中。近年国内在舆情监测上已研发出了一些产品,如:GOONIE、泰一指尚、蚁坊、麦知讯、军犬、中国舆情网(帕拉斯)等,这些系统均运用互联网信息采集技术和信息智能处理技术,如网络舆情采集与提取技术、网络舆情话题发现和追踪技术、舆情信息分析统计、热点信息发现、传播分析、倾向性研判等,实现对论坛网站、搜索引擎、移动通信等的舆情采集、研判,并以图表、报告、简报等形式呈现网络舆论发展态势。

数据存储是在数据监测基础上对海量信息的分类储存,通过"舆情量化指标体系""舆情深化发展模型"等模型的建立,为大数据的进一步深挖做好准备。即从海量的数据中识别、判断有价值的信息与数据,并以此为基础分析其共同规律或演化模式。这种对于大数据的深挖需要跨专业的知识结构,例如语言学层面的关键词分析、新闻学层面的框架分析、社会学政治学层面的社会议题理解、计算机技术的数据关联分析以及数据安全保护等问题。因此,大数据人才队伍建设是舆情应对的必要之举。另外,以上各种数据的抓取、储存、深挖等还涉及公民隐私、涉及数据挖掘与法律底线的问题。大数据不论是作为产业发展的新路径,还是政府治理的新思路,都需要制度与法律的保驾护航,在制度法律允许的框架内进行,并接受社会舆论的监督。政府在利用大数据的时候也要克制权力滥用的欲望,把大数据的应用与社会治理的理念(而不是社会管控的理念)结合起来。

新媒体背景下大数据以外的多方协调也不容忽视。传统的舆论监管与地方政府、地方权力有密切的关系,但新媒体环境下,跨地域的言论或舆情治理还需要协调多地域的权力部门、多平台的信息传输渠道,沟通思路还需要从政府—个体的二元范畴向纵向的政府各层级部门、当事方及横向的网络服务商、电信运营商等的沟通与协调。2016 年 7 月国务院印发《关于在政务公开工作中进一步做好政务舆情回应的通知》,对多种政务舆情分别明确了各地区、各单位的责任,通知指出:

> 对涉及国务院重大政策、重要决策部署的政务舆情,国务院相关部门是第一责任主体。对涉及地方的政务舆情,按照属地管理、分级负责、谁主管谁负责的原则进行回应,涉事责任部门是第一责任主体,本级政府办公厅(室)会同宣传部门做好组织协调工作;涉事责任部门实行垂直管理的,上级部门办公厅(室)会同宣传部门做好组织协调工作。对涉及多个地方的政务舆情,上级政府主管部门是舆情回应的第一责任主体,相关地方按照属地管理原则进行回应。对涉及多个部门的政务舆情,相关部门按照职责分工做好回应工作,部门之间应加强沟通协商,确保回应的信息准确一致,本级政府办公厅(室)会同宣传部门做好组织协调、督促指导工作,必要时可确定牵头部门;对特别重大的政务舆情,本级政府主要负责同志要切实负起领导责任,指导、协调、督促相关部门做好舆情回应工作。

基于现有行政区划、条块管理的情况,对政务舆情的管理体现了部门主责与统筹治理的思路。但总体上,目前国内在大数据管理方面还存在数据的条块分割及多方协调不足的现象,对数据的深挖还不足,数据的安全意识及法律意识相对薄弱等现象。从国家战略的高度在全国范围的大数据监测、储存、分析的枢纽式中心还没有发挥更大的作用。

如果从新媒体跨区域跨国家的特性看,舆情应对中的全球化思路也是必然趋势。在互联网的跨地区、跨国家的特性影响下,国际议题的舆情也会逐渐增多,如民族主义、恐怖主义的跨国化蔓延。因而,与国际互联网组织的协作、与国际互联网机构的协作、与国际专业机构的协作等都是未来跨国化舆情增多后更高的治理要求。

总之,舆情应对要有战略意识与战术方法,"时""效""度"的操作方法需要以法治思路、治理思路和沟通思路作为基本原则;从系统性统筹的角度以大数据、多方协调做好舆情的预警与全局式总结,兼顾舆情治理的"标""本"兼治,这样才能更加从容地应对社会转型期的舆情高发状态。

本章小结

1. 舆情应对的法则是指舆情应对的具体思路,舆情应对需关注"时""效"和"度"三个方面。

2. 舆情回应的基本原则是"不能不说,不能乱说",基本宗旨是法治理念、治理理念和沟通理念。舆情事件只是舆论氛围、社会民意的"爆点"所在,除了具体事件中舆情的处置方式,治标之外的治本很重要。

3. 新媒体语境下的舆情治理需要借助技术手段,比如大数据的支持,但需要注意的是大数据并不等于全数据和真数据,数据对象、数据分析等也依赖于对于媒体形态的全面认识,依赖于对分析对象的全局把握,技术决定论、技术依赖论的理念并不可取。

复习与思考

1. 类比里杰斯特的3T原则,理解舆情应对的"时""效"和"度"三个方面。

2. 了解常见的舆情监测平台,学会基本的数据分析和对数据对象的基本勾勒。

3. 结合具体案例,评析相关部门舆情应对措施。

参考文献

[1] [德]哈贝马斯:《公共领域的结构转型》,曹卫东等译,译林出版社,1999
年版。

[2] [德]乌尔里希·贝克:《风险社会》,何博闻译,译林出版社,2004年版。

[3] [德]乌尔里希·贝克:《世界风险社会》,吴英姿、孙淑敏译,南京大学出版
社,2004年版。

[4] [德]伊丽莎白·诺尔·诺伊曼:《沉默的螺旋:舆论——我们社会的皮肤》,
董璐译,北京大学出版社,2013年版。

[5] [法]弗拉索瓦丝·勒莫:《黑寡妇:谣言的示意及传播》,唐家龙译,商务印书
馆,1999年版。

[6] [法]古斯塔夫·勒庞:《乌合之众——大众心理研究》,冯克利译,中央编译
出版社,2004年版。

[7] [法]让-诺诺尔·卡普费雷:《谣言:世界最古老的传媒》,郑若麟译,上海人
民出版社,2008年版。

[8] [加]哈罗德·英尼斯:《传播的偏向》,何道宽译,中国人民大学出版社,2003
年版。

[9] [美]爱德华·L.伯内斯:《舆论的结晶》,胡百精、董晨宇译,中国传媒大学
出版社,2014年版。

[10] [美]丹尼尔·戴扬、伊莱休·卡茨:《媒介事件:历史的现场直播》,麻争旗
译,北京广播学院出版社,2000年版。

[11] [美]亨利·詹金斯:《融合文化:新媒体和旧媒体的冲突地带》,杜永明译,
商务印书馆,2012年版。

[12] [美]杰夫·贾维斯:《公开——新媒体时代的网络正能量》,南溪译,中华工
商联合出版社,2013年版。

[13] [美]克莱·舍基:《人人时代:无组织的组织力量》,胡泳、沈满琳译,中国人
民大学出版社,2012年版。

[14] [美]麦克·布洛维:《公共社会学》,沈原等译,社会科学文献出版社,2007

年版。

[15] [美]麦克尔·哈特、[意]安东尼奥·奈格里:《帝国:全球化的政治秩序》,杨建国、范一亭译,江苏人民出版社,2003年版。

[16] [美]曼纽尔·卡斯特:《网络社会的崛起》,夏铸九、王志弘等译,社会科学文献出版社,2006年版。

[17] [美]尼古拉·尼葛洛庞帝:《数字化生存》,胡泳、范海燕译,海南出版社,1997年版。

[18] [美]桑斯坦:《网络共和国:网络社会中的民主问题》,黄维明译,上海人民出版社,2003年版。

[19] [美]斯蒂芬·戈德史密斯、威廉·D.埃格斯:《网络化治理:公共部门的新形态》,孙迎春译,北京大学出版社,2008年版。

[20] [美]沃尔特·李普曼:《公众舆论》,阎克文、江红译,上海人民出版社,2002年版。

[21] [美]约翰·R.扎勒:《公共舆论》,陈心想等译,中国人民大学出版社,2013年版。

[22] [美]约书亚·梅罗维茨:《消失的地域:电子媒介对社会行为的影响》,肖志军译,清华大学出版社,2002年版。

[23] [美]詹姆斯·C.斯科特:《弱者的武器》,郑广怀、张敏、何江穗译,凤凰出版传媒集团、译林出版社,2011年版。

[24] [英]卡尔·波兰尼:《大转型:我们时代的政治与经济起源》,刘阳、冯钢译,浙江人民出版社,2007年版。

[25] [英]维克托·迈尔-舍恩伯格、[英]肯尼思·库克耶:《大数据时代》,盛杨燕、周涛译,浙江人民出版社,2013年版。

[26] [英]约翰·基恩:《媒体与民主》,郗继红、刘士军译,社会科学文献出版社,2003年版。

[27] [英]詹姆斯·卡伦:《媒体与权力》,史安斌、董关鹏译,清华大学出版社,2006年版。

[28] 陈力丹:《舆论学——舆论导向研究》,中国广播电视出版社,1999年版。

[29] 胡百精主编:《中国危机管理报告》(2006),中国人民大学出版社,2007年版。

[30] 胡百精主编:《中国危机管理报告》(2007),中国人民大学出版社,2008年版。

[31] 胡百精主编:《中国危机管理报告》(2008—2009),中国人民大学出版社,2009年版。

[32] 胡百精主编:《中国危机管理报告》(2010—2011),中国人民大学出版社,2013年版。

[33] 胡百精主编:《中国危机管理报告》(2014),中国人民大学出版社,2014年版。

[34] 胡泳:《众声喧哗——网络时代的个人表达与公共讨论》,广西师范大学出版社,2008年版。

[35] 姜胜洪:《网络谣言应对与舆情引导》,社会科学文献出版社,2013年版。

[36] 李强:《转型时期中国社会分层》,辽宁教育出版社,2004年版。

[37] 刘建明、纪中慧等:《舆论学概论》,中国传媒大学出版社,2009年版。

[38] 刘文富:《网络政治:网络社会与国家治理》,商务印书馆,2012年版。

[39] 刘毅:《网络舆情研究概论》,天津人民出版社,2007年版。

[40] 骆正林:《舆论传播与社会治理案例分析》,中国广播电视出版社,2016年版。

[41] 孙立平:《断裂——20世纪90年代以来的中国社会》,社会科学文献出版社,2003年版。

[42] 文学国、范正青主编:《中国危机管理报告》(2013),社会科学文献出版社,2013年版。

[43] 谢耘耕主编:《中国社会舆情与危机管理报告》(2011),社会科学文献出版社,2011年版。

[44] 谢耘耕主编:《中国社会舆情与危机管理报告》(2012),社会科学文献出版社,2012年版。

[45] 谢耘耕主编:《中国社会舆情与危机管理报告》(2013),社会科学文献出版社,2013年版。

[46] 谢耘耕主编:《中国社会舆情与危机管理报告》(2014),社会科学文献出版社,2014年版。

[47] 谢耘耕主编:《中国社会舆情与危机管理报告》(2015),社会科学文献出版社,2015年版。

[48] 谢耘耕主编:《中国社会舆情与危机管理报告》(2016),社会科学文献出版社,2016年版。

[49] 喻国明,李彪主编:《中国社会舆情年度报告》(2015),人民日报出版社,2016年版。

[50] 喻国明主编:《中国社会舆情年度报告》(2010),人民日报出版社,2010年版。

[51] 喻国明主编:《中国社会舆情年度报告》(2011),人民日报出版社,2011

年版。

[52] 喻国明主编:《中国社会舆情年度报告》(2012),人民日报出版社,2012
年版。

[53] 喻国明主编:《中国社会舆情年度报告》(2013),人民日报出版社,2013
年版。

[54] 喻国明主编:《中国社会舆情年度报告》(2014),人民日报出版社,2014
年版。

[55] 曾繁旭:《表达的力量:当中国公益组织遇上媒体》,上海三联书店,2012
年版。

[56] 周红云:《社会治理》,中央编译出版社,2015 年版。

观察资源:

[1] 人民网舆情频道　http://yuqing.people.com.cn/

[2]中青在线舆情频道　http://yuqing.cyol.com/

[3]新华网舆情频道　http://yuqing.news.cn/

[4]天涯舆情　http://yuqing.tianya.cn/

[5]中国网舆情　http://yuqing.china.com.cn/

[6]浙江舆情网　http://yq.zjol.com.cn/

[7]上海交通大学舆情研究实验室　http://yuqing.sjtu.edu.cn/

[8]新浪微舆情　http://wyq.sina.com/login.shtml

[9]泰一指尚　http://www.typsm.com/

[10]林克舆情分析平台　http://yq.linkip.cnuserlogin.do

图书在版编目(CIP)数据

新媒体与社会舆情 / 韩素梅等著. —杭州：浙江大
学出版社，2018.6(2024.7重印)

(求是书系.新闻与传播硕士)
ISBN 978-7-308-18237-9

Ⅰ. ①新… Ⅱ. ①韩… Ⅲ. ①互联网络－舆论－研究
生－教材 Ⅳ. ①G206.2

中国版本图书馆 CIP 数据核字（2018）第 103269 号

新媒体与社会舆情

韩素梅 等著

责任编辑	李海燕	
责任校对	孙秀丽	
封面设计	雷建军	
出版发行	浙江大学出版社	
	（杭州市天目山路 148 号　邮政编码 310007）	
	（网址：http://www.zjupress.com）	
排　　版	杭州青翊图文设计有限公司	
印　　刷	广东虎彩云印刷有限公司绍兴分公司	
开　　本	710mm×1000mm　1/16	
印　　张	14.5	
字　　数	260 千	
版 印 次	2018 年 6 月第 1 版　2024 年 7 月第 2 次印刷	
书　　号	ISBN 978-7-308-18237-9	
定　　价	50.00 元	